Sociedade de classes e subdesenvolvimento

Sociedade de classes e subdesenvolvimento

Florestan Fernandes

Apresentação de
Paul Singer

© **Herdeiros de Florestan Fernandes, 2006**
1ª edição, Difel, 1968
5ª edição, Global Editora, São Paulo 2008
1ª reimpressão, 2022

Jefferson L. Alves – diretor editorial
Gustavo Henrique Tuna – editor assistente
Flávio Samuel – gerente de produção
Rita de Cássia Sam – coordenadora editorial
Luicy Caetano e Lucas Carrasco – revisão
Victor Burton – capa
Arquivo Florestan Fernandes – foto de quarta capa
Antonio Silvio Lopes – editoração eletrônica

Dados Internacionais de Catalogação na Publicação (CIP)
(Câmara Brasileira do Livro, SP, Brasil)

Fernandes, Florestan 1920-1995.
Sociedade de classes e subdesenvolvimento / Florestan Fernandes ; apresentação de Paul Singer. – 5. ed. rev. – São Paulo : Global, 2008.

Bibliografia.
ISBN 978-85-260-1270-7

1. Brasil – Condições econômicas. 2. Brasil – Condições sociais. 3. Classes sociais – Brasil. 4. Desenvolvimento econômico. I. Singer, Paul. II. Título.

08-00851   CDD-305.550981

Índices para catálogo sistemático:

1. Brasil: Sociedades de classes e subdesenvolvimento   305.550981

Obra atualizada conforme o
NOVO ACORDO ORTOGRÁFICO DA LÍNGUA PORTUGUESA

Global Editora e Distribuidora Ltda.
Rua Pirapitingui, 111 — Liberdade
CEP 01508-020 — São Paulo — SP
Tel.: (11) 3277-7999
e-mail: global@globaleditora.com.br

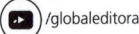   

 Direitos reservados.
Colabore com a produção científica e cultural.
Proibida a reprodução total ou parcial desta obra sem a autorização do editor.

Nº de Catálogo: **2872**

Sociedade de classes e
subdesenvolvimento

Florestan Fernandes em sua residência, em São Paulo, 1995.

Sumário

Notas de Releitura dum Clássico (Paul Singer) 11

PRIMEIRA PARTE

O *Estudo sociológico do subdesenvolvimento econômico*

Capítulo I – Sociedade de Classes e Subdesenvolvimento 23

1. Introdução 23
2. A explicação macrossociológica do subdesenvolvimento econômico 28
3. A sociedade de classes sob o capitalismo dependente 57

SEGUNDA PARTE

Alguns Dilemas da "Revolução Burguesa" no Brasil

Capítulo II – A Dinâmica da Mudança Sociocultural no Brasil ... 97

1. Vigência e eficácia da civilização ocidental 98
2. O elemento político na mudança sociocultural 104
3. Requisitos dinâmicos da integração nacional 113

Capítulo III – Crescimento Econômico e
   Instabilidade Política no Brasil 119

1. Introdução 119
2. Intensidade e limitações do crescimento econômico 121
3. Significado e funções da instabilidade política 129
4. Conclusões 140

Capítulo IV – O Desenvolvimento como Problema Nacional 145

1. Introdução 145
2. Civilização, sociedade e desenvolvimento 146
3. Os ciclos revolucionários da evolução da sociedade brasileira ... 150
4. O desenvolvimento como "problema nacional" 155

Capítulo V – "A Revolução Brasileira" e os Intelectuais 159

Capítulo VI – Anotações sobre Capitalismo Agrário e
   Mudança Social no Brasil 171

1. O capitalismo agrário brasileiro 173
2. Capitalismo agrário e formação da sociedade de classes 180
3. Causas e efeitos da resistência sociopática à mudança 185
Bibliografia de referência selecionada 191

Bibliografia sobre a modernização do Brasil, principalmente
   depois de 1930 200

Notas de Releitura dum Clássico

Este volume reúne diferentes escritos de Florestan Fernandes, versando basicamente sobre o subdesenvolvimento brasileiro e as perspectivas históricas de sua superação, nos limites da sociedade de classes, elaborados entre 1965 e 1967. Desde então, quarenta anos se passaram, o que permite que o leitor de hoje possa avaliar, com a vantagem do tempo que passou, as análises e teses apresentadas naquela época pelo célebre sociólogo.

Florestan trabalhava sob o impacto da grande discussão, deslanchada após o fim da Segunda Guerra Mundial, sobre o destino dos numerosos países que haviam sido colônias e que já eram independentes ou estavam em via de se tornar. O conceito de desenvolvimento estava tomando forma sob o impacto da iminente descolonização da Ásia, da África e dos territórios ainda dependentes da América Latina e do Caribe. A grande maioria desses países era pobre e atrasada e essa sua condição podia ser atribuída ao fato de terem sido explorados pelas metrópoles, que de modo algum estavam interessadas em seu progresso.

Mesmo os países da América Latina, que haviam deixado de ser colônias há mais de um século, eram relativamente pouco industrializados e urbanizados, em comparação com o pequeno número de nações da Europa Ocidental e da América do Norte (além do Japão), efetivamente adiantadas. Nos anos 1960, já não cabia dúvida de que o mundo estava dividido em três partes: o Primeiro Mundo capitalista, industrializado e rico, o

Segundo "socialista" e medianamente desenvolvido e o Terceiro formado por ex-territórios dependentes, mergulhado no subdesenvolvimento em diversos graus.

Com a formação da ONU e em seguida da Cepal, a teoria do desenvolvimento começou a tomar forma, graças às contribuições pioneiras de dois latinoamericanos, o argentino Raul Prebisch e o brasileiro Celso Furtado, intensamente discutidas a partir dos anos 1950. O debate tornou-se particularmente intenso no Brasil, em função do Plano de Metas, executado com pleno êxito pelo presidente Juscelino Kubitschek, durante seu mandato entre 1956 e 1961.

A questão central era a natureza do desenvolvimento e as causas de sua distribuição tão desigual pelo mundo. Para os economistas neoclássicos, o desenvolvimento era o resultado do crescimento econômico, que dependeria essencialmente da acumulação de capital, previamente poupado. Os povos, que valorizam o trabalho duro e a abstinência no consumo, tendiam a crescer economicamente mais do que os que cultuam, por exemplo, o prazer e a beleza. A teoria se deduzia mais ou menos diretamente da hipótese de que economias de livre mercado recompensam os esforços dos agentes, de modo que as diferenças de desenvolvimento só poderiam se explicar pela diversidade de valores cultuados em diferentes países.

Para outros autores, a desigualdade entre os países tinha origem institucional: os povos que haviam sido colonizados foram expropriados de seus excedentes e reduzidos à pobreza pelos seus dominadores e por isso se atrasaram na corrida pelo progresso. Mesmo depois de independentes, suas economias dependiam do mercado mundial de matérias-primas agrícolas ou extrativas, compradas pelos países industrializados, cuja superioridade econômica lhes permitia impor preços e assim se apropriar de todos os ganhos do intercâmbio comercial.

Os autores de esquerda atribuíam o subdesenvolvimento da maioria dos países às tendências concentradoras e excludentes do capitalismo como sistema. Em cada país, a livre competição no mercado resulta num pequeno número de ganhadores em face de muito mais perdedores; os primeiros acumulam seus ganhos na forma de capital, ao passo que aos últimos, uma vez tendo perdido seus meios de produção, só resta ir ao mercado de trabalho para vender sua capacidade de produzir aos detentores de capital. O mesmo se passaria *mutatis mutandi* no plano internacional: a livre competição nos mercados mundiais premia a superioridade financeira e tecnológica dos países adiantados, não deixando aos subdesenvolvidos outra opção que a de se especializar na exportação de *commodities*, demandadas pelos primeiros.

Florestan Fernandes entra nesta discussão procurando sempre ir à raiz das controvérsias, mesmo quando não as explicita. Para ele, o subdesenvolvimento é historicamente condicionado; não é mero produto do atraso que o crescimento econômico acelerado possa superar. O modelo de economia desenvolvida seria o capitalismo competitivo "na forma que ele se constituiu em conexão com a revolução comercial e industrial na Inglaterra. No entanto, no momento em que uma sociedade subdesenvolvida consegue realizar as condições estruturais, funcionais e históricas, pressupostas em tal modelo, ela deixa de ser *subdesenvolvida*, concretizando em algum grau significativo o padrão de equilíbrio e de crescimento inerente ao capitalismo autossuficiente e autônomo" (p. 33).

Uma sociedade seria subdesenvolvida não por ser pobre e economicamente atrasada, mas porque seu capitalismo, em vez de ser "autossuficiente e autônomo", seria "dependente". Nos termos de nosso autor: "[...] a estrutura e o destino histórico de sociedades deste tipo se vinculam a um capitalismo dependente... [...] Trata-se de uma economia de mercado capitalista constituída para operar estrutural e dinamicamente [...] como uma entidade subsidiária e dependente no nível das aplicações reprodutivas do excedente econômico das sociedades desenvolvidas; e como uma entidade tributária, no nível do ciclo de apropriação capitalista internacional, no qual ela aparece como uma fonte de incrementação ou de multiplicação do excedente econômico das economias capitalistas hegemônicas" (p. 36-37).

Toda essa construção teórica não encontra correspondência na realidade, sobretudo se levarmos em conta que a sociedade subdesenvolvida, considerada por Florestan Fernandes – o Brasil – já não era mais colônia há muito tempo. Convém aqui não confundir macro com microeconomia. Não há dúvida de que empresas multinacionais investem em economias subdesenvolvidas e costumam, sempre que lhes convêm, enviar parte dos seus lucros obtidos nas economias subdesenvolvidas aos países de suas matrizes. Mas isso está longe de aumentar o excedente desses países, como se um país fosse a somatória das empresas possuídas pelos seus cidadãos. Economicamente, o excedente de um país é a somatória não dos lucros de seus capitalistas mas das poupanças de seus cidadãos.

É correto dizer que uma empresa alemã ou japonesa que opera no Brasil explora trabalhadores brasileiros, mas isso está longe de significar que o Japão ou a Alemanha se apoderem de parte do excedente brasileiro. Mesmo porque as multinacionais transferem grande parte de seus lucros acumulados para países em que o trabalho assalariado é mais barato, o que sem dúvida as beneficia, mas prejudica a classe trabalhadora dos países em que se localizam suas matrizes e em que residem os capitalistas, que as controlam.

Se quiséssemos aprofundar o assunto, seria preciso considerar que do ponto de vista do que Florestan Fernandes chama de "ciclo de apropriação capitalista internacional", é preciso distinguir dentro de cada país os interesses bem diferentes da classe trabalhadora, dos pequenos e médios capitais com operações restritas ao mercado nacional e os capitais transnacionalizados. E isso vale tanto para países desenvolvidos como para os subdesenvolvidos.

Por tudo isso, é também bastante duvidoso que se possa falar de um "capitalismo autossuficiente e autônomo", em nível de nação, como o fazia Florestan Fernandes. Já no tempo em que ele estava escrevendo os ensaios que constituem a *Sociedade de classes e subdesenvolvimento*, a internacionalização das grandes empresas estava avançada e em processo de aceleração. Esse processo estava tornando as nações do Primeiro Mundo cada vez mais interdependentes e portanto menos autônomas, não só umas em relação às outras, mas todas elas em relação ao capital transnacional. Nos anos 1960, os conglomerados financeiros transnacionais ainda estavam sujeitos aos ditados das autoridades monetárias e fiscais dos países em que estavam suas sedes. Mas, com o crescimento vertiginoso dos mercados de eurodólares, nas décadas seguintes, esses conglomerados se emanciparam da tutela dos bancos centrais. Do mesmo modo, cada vez mais transnacionais de todos os ramos transferem suas matrizes para *paraísos fiscais*, escapando assim das exigências dos fiscos nacionais.

Na época em que Florestan escrevia, muitos países subdesenvolvidos apresentavam imensa propensão a importar mercadorias dos países do Primeiro Mundo: os governos compravam bens e serviços para construir estradas, portos e aeroportos, sistemas de energia e de telecomunicações, além de armas e munições; as classes endinheiradas compravam automóveis, eletrodomésticos e outros bens de luxo. Como raramente conseguiam exportar tanto quanto importavam, esses países se endividavam enquanto tinham crédito junto aos seus fornecedores. Quando o crédito se esgotava, o país subdesenvolvido entrava em crise, pois sua economia não podia funcionar sem ser continuamente abastecida por combustíveis, peças de reposição, remédios e outros bens e serviços importados indispensáveis. Sem outra alternativa, o governo do país recorria ao Fundo Monetário Internacional (FMI), que se prontificava a emprestar recursos em troca de um compromisso de lançar a economia em tal recessão que, por falta de dinheiro, a demanda por produtos importados caísse abaixo do valor das exportações, para que assim o excesso de dívida externa pudesse ser pago.

Crises dessa espécie eram frequentes e o FMI não tinha mãos a medir para atender aos governos do Terceiro Mundo que batiam a suas portas. Tornava-se comum caracterizar os países subdesenvolvidos como *dependentes* dos produtos e dos créditos provenientes dos países industrializados. Mas tratava-se de dependência de bens que os países não industrializados não tinham capacidade de fabricar. Essa dependência não correspondia em nada à conceituação de Florestan Fernandes como "perda constante (e por vezes crescente) de parte substancial do próprio excedente econômico [...] uma economia de mercado capitalista que, ao crescer, corre o risco de se tornar ainda mais dependente" (p. 37).

A dependência das economias subdesenvolvidas não decorre de um intento para o qual elas foram constituídas, mas do seu atraso histórico, que elas podem superar ao crescer. O Brasil é uma ilustração clássica desse processo. Ele se industrializou utilizando sua própria dependência dos produtos industriais importados para substituí-los por produtos fabricados no território nacional. O desenvolvimento por substituição de importações estava em seu auge quando Florestan Fernandes estava escrevendo este livro. Não por acaso, não há qualquer menção a ele em toda a obra, pois se o autor o tivesse considerado não poderia sustentar que o crescimento da economia subdesenvolvida acarreta o risco de ela se tornar ainda mais dependente.

* * *

O tema central de *Sociedade de classes e subdesenvolvimento* é a superação do subdesenvolvimento, que o autor começa por denominar de *autonomização*: "A autonomização é um processo social porque não possui apenas caráter econômico: ela lança raízes nas maneiras pelas quais os homens misturam motivos políticos, religiosos e morais com motivos propriamente econômicos. [...] o importante em tal esquema interpretativo vem a ser o significado dinâmico atribuído ao elemento político. Sem ignorar as conexões econômicas, seu desenvolvimento e efeitos, ele relaciona a superação de um destino social 'negativo' (por suas implicações residualmente *coloniais* e *nacionais*) com disposições e ações fundamentalmente políticas, suscetíveis de mudar estruturas de poder nas relações entre sociedades globais" (p. 42).

A autonomização seria portanto uma revolução política, a ser dirigida contra a dependência. Mas que classe social a lideraria? Florestan responde inequivocamente: a burguesia. "As únicas classes que contaram, contam e continuarão a contar com condições para tomar consciência clara de seus interesses de classe são as classes altas" (p. 68). Para justificar essa tomada de posição, o autor é obrigado a demonstrar que as classes subalternas são incapazes de desempenhar papel semelhante. "A classe baixa urbana não se metamorfoseia no equivalente de algo como 'a vanguarda consciente do proletariado'. Ao contrário, polarizada de modo positivo na ordem econômica vigente, compartilha, aceita e valoriza o privilegiamento do mundo urbano, orientando-se preponderantemente por seus valores (avaliação positiva da desigualdade social, econômica e política; justificação dos fatores e efeitos da concentração do desenvolvimento no setor moderno; identificação com os móveis sociais, econômicos e políticos da mobilidade social vertical e com os símbolos que a revelam, através das aparências de *affluent society* etc.)" (p. 70).

Essa avaliação da classe operária brasileira soa no mínimo estranha. No período democrático do pós-guerra (1945-1964), os trabalhadores tomaram a direção de seus sindicatos e mostraram tanta combatividade que o governo Dutra interveio em quase todos, logo depois de colocar o Partido Comunista na ilegalidade. Em resposta, os trabalhadores elegeram em 1950 Getúlio Vargas à presidência, o qual permitiu que, por meio de eleições, ganhas pelas chapas de oposição, os trabalhadores retomassem a direção de seus órgãos de classe. Grandes movimentos grevistas ocorreram em seguida. A greve de têxteis, metalúrgicos, marceneiros, gráficos e vidreiros, em 1953, mobilizou 300 mil trabalhadores e manteve São Paulo paralisada durante mais de três semanas. Até a véspera do Golpe Militar, a luta operária foi intensa tanto por objetivos salariais como políticos. Ela foi, sem dúvida, um dos motivos da mobilização da burguesia e da classe média para pressionar os militares a dar o golpe.

O próprio Florestan parece reconhecer isso, quando um pouco adiante escreve sobre a classe baixa urbana que "os partidos e movimentos políticos com maior apoio popular e maior aceitação no meio operário brasileiro são variavelmente 'nacionalistas' e contrários à dependência econômica, política ou cultural em relação às grandes potências mundiais". Essas afirmações contradizem frontalmente o trecho citado antes. Como a pedir escusas, Florestan acrescenta logo a seguir: "Não se sabe, porém, como os assalariados reagem, nas situações de trabalho, a este tipo de relação" (nota de rodapé 41, p. 70).

Em relação ao campesinato a atitude de nosso autor é igualmente estranha. "[...] o campesinato aparece como a classe social negada, que não tem nenhuma vinculação nem nenhum compromisso, de raízes estruturais, com a ordem econômica e o regime societário do capitalismo dependente.

Essa situação histórica não engendra uma atuação de classe revolucionária apenas porque as condições que negam ao campesinato (parcial ou totalmente) interesse e situação de classe também lhe negam qualquer meio de consciência e de atuação como classe, reduzindo-o, ao mesmo tempo, à maior miséria e à mais extrema impotência" (p. 72).

Qualquer um que tenha vivido os anos anteriores ao golpe de 1964 não pode deixar de se assombrar com essas considerações. Entre 1955 e 1964, as Ligas Camponesas mobilizaram legiões de trabalhadores rurais para ocuparem centenas de latifúndios, de norte a sul do país. Sob o comando de Francisco Julião, dezenas de milhares deles procuraram se organizar militarmente, para resistir ao golpe mediante a luta de guerrilhas. É verdade que logo depois da tomada do poder pelas forças armadas uma repressão feroz caiu sobre as Ligas, que as desmantelou completamente. Quando este livro estava sendo escrito, a atuação militante havia desaparecido do campo. Mas isso não poderia autorizar a conclusão de que os camponeses brasileiros não têm qualquer meio de consciência e de atuação de classe. Antes pelo contrário, tão logo a repressão refluiu, no fim dos anos 1970, o campesinato reemergiu como classe, para formar logo no início da década seguinte o não menos famoso Movimento dos Trabalhadores Rurais Sem-Terra.

Para Florestan Fernandes, a superação do subdesenvolvimento só pode se dar mediante uma revolução burguesa ou por uma socialista. Essa última ele descarta praticamente desde o início por motivos alegadamente científicos: "A alternativa socialista foi deixada de lado, pois as investigações feitas comprovam que o capitalismo mantém-se, no Brasil (independentemente de qualquer artifício dos investigadores), como *a opção histórica* 'possível' e 'desejada' socialmente" (p. 36). Só sobra então a revolução burguesa.

A opção política e ideológica é explicitada no Capítulo 5, que traz o discurso proferido por Florestan Fernandes, como paraninfo da Turma de 1964 da Faculdade de Filosofia, em 23/3/1965. Nesse capítulo ele reafirma: "Nossa débil 'revolução burguesa' constitui, por enquanto, o único processo dinâmico e irreversível que abre algumas perspectivas históricas" (p. 164). Portanto, toda atividade que, segundo Celso Furtado, foi pré-revolucionária de nossos operários e camponeses, entre 1945 e 1964, não teria tido maior significado histórico. Obviamente, não era essa a opinião da esquerda, na época, para a qual os estudantes se inclinavam. Por isso, ele afirma logo mais adiante: "Ao contrário dos outros agentes sociais, o intelectual deve lidar de modo consciente e inteligente com os elementos de racionalidade que são acessíveis à sua atuação social. [...] Por isso, mesmo que não se sinta emocional e moralmente fascinado pela 'revolução burguesa', possui condições para determinar, melhor que os outros, em que sentido ela é útil e necessária [...] Desse prisma, se sua consciência não estiver adormecida, à sua posição é inerente um drama moral considerável. Pois vê-se na contingência de lutar, às vezes com denodo e determinação, por alvos que não correspondem totalmente aos seus sentimentos de equidade social" (p. 166).

Nessa peroração aos formandos, Florestan Fernandes revela provavelmente o seu próprio drama íntimo. Se a consciência não adormecida o levava a admirar a luta dos trabalhadores da cidade e do campo, seu intelecto racional o impelia a lutar com denodo e determinação pela revolução burguesa. Esse drama emerge constantemente na obra, sempre que o autor trata da dita cuja. Ele não esconde sua decepção com as classes altas, que, em vez de fazer a revolução que deveria emancipar o país, agem de forma muito diferente. Pois, a seu ver, "o regime de classes preenche funções positivas [...] ao pressionar estruturas sociais preexistentes, o regime de classes tende a transformar ou a eliminar formas de concentração de renda, do prestígio e do poder típicas de sociedades estratificadas estamentalmente" (p. 73-74).

Em teoria, era isso que o autor esperava que as classes altas fizessem acontecer, inclusive no Brasil. Mas, na realidade, ele observa que "as classes altas passam a resguardar o privilegiamento de sua posição como se ele devesse ser natural, eterno e sagrado. Omitem-se ou opõem-se sistematicamente, pela violência onde se tornar conveniente, à institucionalização e à fruição das formas de equidade, que garantem à ordem social competitiva um padrão de equilíbrio dinâmico [...]" (p. 75).

A decepção com as classes altas por parte de Florestan se torna explícita quando analisa, no último capítulo do livro, causas e efeitos do que chama de "resistência sociopática à mudança": "[...] as populações rurais despossuídas e pobres sofrem o desenvolvimento capitalista como uma espécie de hecatombe social. Ele não lhes dá, como ponto de partida, vias normais de combate à marginalização, ao desemprego e à miséria, através de técnicas de classificação social, de competição ou de conflito que são inerentes ao regime capitalista e reconhecidamente legítimas dentro da ordem legal e política que ele institucionaliza. Ao contrário, os setores privilegiados ou participantes (em algum grau) do meio rural e do meio urbano empregam tais técnicas: 1º) para proteger (de forma particularista) seus interesses socioeconômicos, culturais e políticos e para aumentar (também de forma particularista) suas vantagens relativas dentro da ordem social competitiva; 2º) para impedir (de forma deliberada) que as populações marginais ou excluídas melhorem sua participação relativa..." (p. 186).

Essa análise prima pelo realismo, em contraposição às considerações teóricas deduzidas de modelos abstratos e gerais. Ela culmina pelo reconhecimento de que "esse é o aspecto crucial do dilema rural brasileiro. A revolução do mundo agrário – mesmo em sentido puramente capitalista e 'dentro da ordem' – não esbarra só na chamada 'inação das elites, econômicas culturais e políticas'. Ela é bloqueada por uma verdadeira muralha que nasce dos interesses dessas elites em manter o *status quo* e dos interesses mais específicos dos setores mais privilegiados do meio rural [...] Nessas condições, torna-se impossível qualquer modalidade de revolução agrícola ou de 'reforma agrária' e, o que é pior, são os estratos 'mais modernos', '– ativos' e '– influentes' da economia agrária que encabeçam a cruzada contra qualquer mudança, que possa alterar a 'estrutura da situação' ou simplesmente ameaçar o seu poder de decisão e de dominação" (p. 184).

Os ensaios reunidos em *Sociedade de classes e subdesenvolvimento* são representativos de um momento da trajetória política e científica de seu autor. Em dezembro de 1968 a ditadura se escancara, editando o famoso AI-5 (Ato Institucional nº 5). Logo em seguida, em abril de 1969, Florestan Fernandes e todo um conjunto de docentes universitários (entre os quais eu também figuro) são aposentados compulsoriamente pelo governo federal. Os atingidos tiveram de se reposicionar intelectual e politicamente. Florestan Fernandes radicalizou seu posicionamento político e sociológico e até o fim da vida se manteve na esquerda, como combatente desassombrado pela democracia e pelo socialismo.

Em *A ditadura em questão* (São Paulo, T. A. Queiroz, 1982), ele escreve: "Minha posição é polêmica. Coloco-me, porém, do lado que me parece guardar a verdade, como militante do pensamento socialista. Nos países onde a revolução burguesa se aprofundou e se alargou, isto foi produto das pressões dos despossuídos, da ação revolucionária construtiva das classes trabalhadoras. A burguesia avançou no sentido de conter a maré montante e de serenar a inquietude e a insatisfação fazendo concessões ou consentindo em que a revolução democrática constituísse um processo histórico multipolarizado ou pluripolarizado" (p. 4).

Em relação ao papel das classes trabalhadoras, Florestan também retificou sua posição. Em *Que tipo de República?* (São Paulo, Brasiliense, 1986), ele nos oferece a seguinte análise: "O pacto social que poderá *mudar o Brasil* só poderá ser um pacto entre os que foram e continuam a ser excluídos da participação econômica, cultural e política, seja no âmbito da sociedade civil, seja na esfera do Estado. [...] O mínimo que se pode fazer *neste momento* consiste em chama-los à liça para atuarem em nome próprio, em vez de refundir velhas ilusões e mistificações, que os manteriam (e certamente irão mantê-los) indefinidamente desorganizados, subalternizados e impotentes. Há um velho e nocivo entendimento de que esses setores 'não têm vez' porque não existem condições objetivas e subjetivas para que se organizem, se autonomizem e se emancipem. Ora, isso é lenda! As condições objetivas se constituíram com tal plenitude que levaram pânico às hostes mais conservadoras e reacionárias da burguesia. [...] As condições subjetivas se criam na e através da luta política. Excluídas da luta política, as classes subalternas *jamais* serão (ou poderiam ser) uma força decisiva" (p. 128-29).

Este é o Florestan que fez história e ficará na história e na memória dos que com ele lutaram e o amaram.

PAUL SINGER

Sindicalista metalúrgico, foi um dos líderes da greve de metalúrgicos, têxteis, marceneiros, vidreiros e gráficos em São Paulo, em 1953. Formado em Ciências Econômicas e Administrativas pela USP em 1959, lecionou nessa universidade, onde se doutorou em Sociologia sob a orientação de Florestan Fernandes, em 1966. Tornou-se livre-docente em Demografia em 1968. Aposentou-se por subversão, por força do AI-5, em 1969. Foi um dos fundadores do Centro Brasileiro de Análise e Planejamento Cebrap onde trabalhou de 1969 a 1988, quando se tornou secretário de Planejamento da Prefeitura de São Paulo, na gestão de Luiza Erundina. Pesquisou e publicou livros, ensaios e artigos sobre temas diversos e ultimamente sobre economia solidária. Sobre esse último tema publicou: *Utopia militante: repensando o socialismo* (Petrópolis: Vozes, 1998) e *Introdução à economia solidária* (São Paulo: Contexto, 2002). Organizou, juntamente com André Ricardo de Souza, a coletânea *Economia solidária no Brasil* (São Paulo: Contexto, 2000). É secretário nacional de Economia Solidária no Ministério do Trabalho e Emprego desde 2003.

Primeira Parte

O ESTUDO SOCIOLÓGICO DO SUBDESENVOLVIMENTO ECONÔMICO

Capítulo I

Sociedade de Classes e Subdesenvolvimento*

1 – Introdução

O capitalismo não é apenas uma realidade econômica. Ele é também, e acima de tudo, uma complexa realidade sociocultural, em cuja formação e evolução histórica concorreram vários fatores extraeconômicos (do direito e do Estado nacional à filosofia, à religião, à ciência e à tecnologia). Na presente discussão, esse ponto de vista é aplicado à análise das influências estruturais e dinâmicas da ordem social global sobre a absorção e a expansão do capitalismo no Brasil, uma sociedade nacional do "mundo subdesenvolvido".

Antes de examinar os aspectos que foram selecionados para exposição, convém estabelecer claramente algumas ponderações preliminares, mas essenciais. Primeiro, é preciso notar que a sociedade nacional, que constitui

---

* Trabalho apresentado ao Segundo Colóquio Científico Ultramarino das Universidades e Escolas Superiores da Alemanha Ocidental, consagrado aos "Problemas das sociedades em desenvolvimento industrial" (Universidade de Munster-Cosal, 6-21 nov. 1967).

o principal foco de referência deste trabalho (e em todo caso a única que serviu como unidade de fundamentação empírica das conclusões formuladas), originou-se para a história moderna como parte da *expansão do mundo ocidental* e do papel que nela tomaram os portugueses. Essa ponderação possui duas implicações decisivas.[1] De um lado, ela significa que a "colonização" do Brasil coincidiu com as etapas finais da crise do mundo medieval na Europa e com a elaboração concomitante das formas sociais que floresceram sobre seus escombros. De outro, que o empreendimento colonial português não acarretava, nem podia acarretar, a transplantação dessas formas sociais em elaboração, com suas tendências históricas características. Ao contrário, a própria "colonização" pressupunha, em terras brasileiras como em outras plagas, a revitalização do regime estamental, graças à simbiose entre grande plantação, trabalho escravo e expropriação colonial.

Segundo, a formação de um Estado nacional independente desenrolou-se sem que se processassem alterações anteriores ou concomitantes na organização da economia e da sociedade. Portanto, ela se deu sem que o regime de castas e estamentos sofresse qualquer crise, pois ele constitui a base econômica e social da transformação dos "senhores rurais" numa aristocracia agrária. Sob esse aspecto, a inclusão da economia brasileira no mercado mundial representou um simples episódio do ciclo de modificações dos laços coloniais, no quadro histórico criado pela elevação da Inglaterra à condição de grande potência colonial. Os laços coloniais apenas mudaram de caráter e sofreram uma transferência: deixaram de ser jurídico-políticos, para se secularizarem e se tornarem puramente econômicos; passaram da antiga Metrópole lusitana para o principal centro de poder do imperialismo econômico nascente. No entanto, esse processo histórico-social, que vinculou o destino da Nação emergente ao neocolonialismo, provocou consequências de enorme monta para a estruturação e a evolução do capitalismo dentro do país. Em um nível, como revolução política, ele culminou na eliminação das formas preexistentes de expropriação colonial, de fundamento "legal"; na reorganização do fluxo interno do excedente econômico, o qual deixou de ser estritamente regulado a partir de fora; e na transferência do poder político institucionalizado para as elites nativas (ou seja, as elites dos estamentos senhoriais). No nível econômico, ele não teve o mesmo sentido revolucionário. As estruturas sociais e econômicas do mundo colonial ficaram intactas, como condição mesma, seja para o controle do poder pelas

---

1 Deixando de lado as costumeiras questões, relacionadas com a situação da Península Ibérica no quadro europeu da época dos descobrimentos e no período posterior da evolução do capitalismo comercial.

elites senhoriais nativas, seja por causa das necessidades do mercado mundial, em relação ao qual a *economia tropical* preenchia uma função especializada, de natureza heteronômica. Todavia a alteração dos laços de dependência colonial e a substituição do polo hegemônico dos mesmos produziram efeitos imediatos e remotos de profundo alcance. Desde que desapareceria a *forma legal* de expropriação colonial, os negócios de exportação e de importação tinham de ser organizados segundo critérios econômicos vigentes no mercado mundial e a partir de dentro. Esse fenômeno se precipitara anteriormente, com a transferência da Corte portuguesa, a abertura dos portos e a subsequente elevação do Brasil a reino (acontecimentos ocorridos entre 1808 e 1815). Mas ele sempre seria neutralizado, enquanto imperasse a "dominação portuguesa". Só a emancipação política e a criação de um Estado nacional independente (datas de referência: de 7/9/1822 a 12/8/1834) fariam com que o fenômeno adquirisse plena vitalidade. O controle colonial e puramente econômico tinha de basear-se na existência, no funcionamento regular e no crescimento progressivo de instituições econômicas novas. Por essa razão, a Independência, malgrado seu significado ambíguo no plano econômico, inaugura a *Idade Moderna* do Brasil. Sem qualquer maturação interna prévia, as instituições econômicas inerentes ao capitalismo comercial são absorvidas *ex abrupto*, de modo desordenado, mas sob condições de relativo otimismo e certa intensidade, constituindo-se assim um setor econômico *novo e moderno*, montado e dirigido, diretamente ou a distância, por interesses e organizações estrangeiros.

Terceiro, esse encadeamento entre dois tipos de colonialismo explica por que a sociedade nacional emergente não era uma Nação independente, do ponto de vista econômico. Contudo, ele também explica algo mais complexo e relevante. A partir da ruptura com o antigo sistema colonial, o país poderia firmar-se e evoluir sobre os seus próprios pés. A ausência de riquezas, que pudessem estimular outras formas de acomodação no nível do mercado mundial e das estruturas internacionais de poder, acabou favorecendo uma linha de desenvolvimento bem diversa da que prevaleceu em outras regiões do globo. Por conseguinte, o poder político, organizado em bases independentes, iria desempenhar funções socialmente construtivas, tanto como mera condição e agente ordenador da formação de uma economia integrada em escala nacional quanto como o fulcro imediato e o polo dinâmico permanente da construção de uma Nação moderna. A modernização, que no contexto da emancipação política apenas disfarçava e matizava os novos laços de dependência colonial, aos poucos iria adquirir o significado e as proporções de um amplo processo de transplantação de gente, de técnicas ou instituições sociais e de ideais de vida da Europa para o meio brasileiro.

Embora quatro quintos da sociedade nacional emergente continuassem, estrutural, emocional e moralmente, presos à ordem social legada pelo mundo colonial, esta não só entrara em crise irreversível: a história dos homens passara a ser feita e contada em função de sua capacidade de lidar com o capitalismo como uma realidade interna.

Esse rápido bosquejo sugere duas conclusões, sobre as quais convém insistir. Em primeiro lugar, as Nações politicamente "livres" mas economicamente "dependentes", que surgiram como produtos históricos da "expansão do mundo ocidental moderno", não evoluíram para o capitalismo por causa das estruturas econômicas e sociais vinculadas à economia exportadora das plantações. No caso brasileiro, por exemplo, essa economia só ganhou significado capitalista interno após a ruptura com o antigo sistema colonial e, ainda assim, preservou (em grau variável, conforme as regiões do país que se considerem) sua organização e funções extracapitalistas, nas quais repousava o poder econômico, social e político dos grandes proprietários rurais, mesmo após o desaparecimento da escravidão (que se deu em 1888), a desagregação do regime de castas e a universalização do trabalho livre. Entretanto, é a estrutura agrária dessas Nações que fornece, ao mesmo tempo, a base política e os fundamentos econômicos ou sociais para a absorção inicial do capitalismo (organizada em torno dos "negócios de exportação e de importação") e sua implantação definitiva, como uma realidade histórica interna (graças à viabilidade daquele desenvolvimento e às suas repercussões posteriores sobre a diferenciação do sistema econômico).

Em segundo lugar, cumpre observar que a modernização mencionada não é uma simples reprodução da evolução anterior do capitalismo na Europa. Sem dúvida, nos quadros históricos do século XIX ela equivale a *europeização* e acarreta efeitos *europeizadores*. Opera-se um salto, em várias esferas concomitantes da vida, do legado português às formas econômicas, jurídicas e políticas da Europa moderna – do liberalismo econômico, do parlamentarismo e da monarquia constitucional, dos mitos progressistas. Mas trata-se sobretudo de uma europeização dos níveis de aspiração das classes dominantes ou de suas elites dirigentes, nem sempre dos modos de agir, raramente dos modos de ser e muito superficialmente do estilo de vida acessível a todos. Em suma, o que se transfere, de imediato, não é nem um padrão de cultura nem um padrão de integração da ordem social. A transferência se deu no nível das normas, instituições e valores sociais, que iriam orientar o comportamento verbalizado, primeiro, e o comportamento efetivo, em seguida, através da cooperação ou do conflito, na direção daqueles padrões. Nesse sentido, o que prevaleceu, como força histórico-social dinâmica, foi a identificação com a civilização ocidental, a qual explica os vários caminhos tomados pelos diferentes círculos das camadas dominantes para ajustar interesses socioeconômicos mais ou menos toscos e imediatistas às estruturas econômicas, sociais e jurídico-políticas requeridas pelo capitalismo.

Em semelhante contexto histórico-social, "modernização" significava mais e menos que "europeização". Era mais, porque estava em jogo a implantação, em bloco, de uma civilização demasiado complexa, diferenciada e instável para as condições ecológicas, materiais, sociais e morais dadas na situação sociocultural existente. Era menos, porque nenhum grupo social possuía meios para saturar historicamente, imprimindo-lhes plena eficácia, as técnicas, as instituições e os valores importados da Europa. Um exemplo banal é suficiente para esclarecer esse aspecto: o liberalismo, em suas conexões ideológicas e utópicas com os interesses dos estamentos dominantes, servia como um disfarce para ocultar a metamorfose dos laços de dependência colonial, para racionalizar a persistência da escravidão e das formas correlatas de dominação patrimonialista, bem como para justificar a extrema e intensa concentração de privilégios econômicos, sociais e políticos na aristocracia agrária e na *sociedade civil*, que lhe servia de suporte político e vicejava à sua sombra. Portanto, a mudança de cenário e de agentes acarretava uma mudança de ritmo e de direção na história. A civilização ocidental não se espraiou como as águas de um rio que transborda. Ao saltar suas fronteiras, ela se corrompeu, se transformou e por vezes se enriqueceu, convertendo-se numa variante do que deveria ser, à luz dos modelos originais. O que interessa, à presente exposição, é que, apoiando-se nos rebentos de uma mesma civilização, transplantada ao longo de um amplo e contínuo processo de migrações sucessivas ou por meio da difusão cultural, os homens reconstruíram essa civilização e, por isso, escreveram através dela uma história econômica, social e cultural particularíssima, que nos dá a justa medida do que pode e do que deve ser a dita civilização a partir de uma condição colonial permanente, embora instável e mutável.[2] Nessa conjuntura, a vigência dessa civilização e sua capacidade de renovar-se, em função das alterações das exigências internas ou externas da situação, não

---

2 Está claro que essa condição se altera continuamente: primeiro, se prende ao antigo sistema colonial; depois, se associa ao tipo de colonialismo criado pelo imperialismo das primeiras grandes potências mundiais; na atualidade, vincula-se aos efeitos do capitalismo monopolista na integração da economia internacional. Ela se redefine no curso da história, mas de tal modo que a posição heteronômica da economia do país, em sua estrutura e funcionamento, mantém-se constante. O que varia, porque depende da calibração dos fatores externos envolvidos, é a natureza do nexo de dependência, a polarização da hegemonia e o poder de determinação do núcleo dominante.

podem impedir a inexorável contradição entre o "ideal" e o "possível", entre aquilo que o homem aspira, por causa do conteúdo e organização de seu horizonte cultural, e aquilo que ele *realiza*, na prática. No plano de nossa análise, essa contradição transparece na consciência falsa do agente econômico, que se representa como um "construtor de impérios econômicos", segundo as regras (na realidade, solapadas ou destruídas pelo capitalismo monopolista e pelo intervencionalismo estatal) de um capitalismo avançado, autossuficiente e autônomo. Na verdade, não passa de um laborioso artífice (e sob vários aspectos de uma vítima) do antípoda desse capitalismo: o capitalismo diferenciado porém subdesenvolvido e dependente, que exprime a espécie de êxito, conquistado na esfera econômica, pelos antigos povos coloniais que nasceram, biológica, cultural e historicamente, da "expansão do mundo ocidental".

2 – A explicação macrossociológica do subdesenvolvimento econômico

O sociólogo precisa estudar as sociedades nacionais que vivem sob a égide desse capitalismo. O esforço feito acima sugere que as explicações políticas, antropológicas e econômicas apenas esclarecem aspectos parciais da situação global dessas sociedades. Ao que parece, a questão não está nos modelos institucionais, considerados em si mesmos ou como subsistemas culturais, que regulam e orientam o comportamento humano em nível histórico. Essas sociedades extraem os modelos institucionais do patrimônio cultural da mesma civilização que produziu o capitalismo avançado, autossuficiente e autônomo. Além disso, compartilham suas constantes transformações, embora com um atraso relativo marcante (que tende a aumentar, sob o impacto da tecnologia baseada na ciência e do capitalismo monopolista) e, com frequência, mais sob formas nominais que efetivas. Portanto, se os modelos institucionais explicassem tudo, a absorção dos padrões de organização do Estado nacional e democrático, de uma economia de mercado capitalista e da cultura de uma sociedade de massas tenderia a reduzir a magnitude das diferenças entre os "povos adiantados" e os "povos atrasados" da mesma constelação civilizatória e, ao mesmo tempo, contribuiria fortemente para homogeneizar certas tendências de desenvolvimento fundamentais. Se isso não acontece, uma das hipóteses alternativas, que se pode formular, consiste em que tais modelos apresentam maior ou menor rendimento, em função do modo pelo qual eles são assimilados e dinamizados pela própria estrutura das sociedades nacionais que encarnam o *capitalismo subdesenvolvido*. À luz dessa hipótese, a explicação sociológica do subdesenvolvimento econômico teria de ser procurada no mesmo fator que explica, sociologicamente, o desenvolvimento econômico sob regime de produção capitalista: como as classes se organizam e cooperam ou lutam entre si para preservar, fortalecer e aperfeiçoar, ou extinguir aquele regime social de produção econômica.

Essa orientação interpretativa implica o uso dos recursos conceituais, metodológicos e teóricos, existentes na Sociologia, para se compreender e explicar a dinâmica da sociedade de classes no "mundo subdesenvolvido". É conhecida a controvérsia que se estabeleceu nessa área, que impugna semelhante orientação, com base em dois tipos distintos de argumentos. De um lado, colocam-se os que pensam que os cientistas sociais dos países avançados, ao estudarem as sociedades subdesenvolvidas sem modificarem substancialmente seus procedimentos normais de investigação e, principalmente, sem se projetarem nas condições concretas de transformação da realidade, tendem a produzir conhecimentos superficiais e irrelevantes.[3] De outro lado, acham-se os que acreditam que a própria natureza dos problemas sociológicos, a serem investigados, exige recursos conceituais, metodológicos e teóricos específicos e exclusivos.[4] A partir da primeira posição, apenas se criticaria a realização do investigador intelectualmente mal ajustado ao seu objeto; a partir da segunda posição, é a própria Sociologia que é posta em questão, pois ela seria, no fundo, a fonte de falsos problemas e de explicações mistificadoras.

Sem dúvida, as duas posições conduzem a argumentos críticos dignos de consideração, alguns dos quais verdadeiros e irrefutáveis. Em nosso entender, porém, os argumentos que caem nessa categoria não invalidam, logicamente, a orientação interpretativa que defendemos. Acima de tudo, qualquer cientista social que se ajuste ao objeto de pesquisa, sem levar em conta o que a própria pesquisa representa no contexto histórico-social investigado, arrisca-se a produzir conhecimentos "superficiais" e "irrelevantes". Isso é tão

---

3 Consultar, por exemplo, Gunnar Myrdal, *An international economy: problems and prospects*, Londres, Routledge & Kegan Paul, 1956, p. 196-200. Sobre o problema, no contexto latino-americano, ver também Bryce Wood e Manuel Diegues Júnior (orgs.), *Social science in Latin America*, Nova York, Columbia University Press, 1967 (quanto à Sociologia, principalmente as contribuições de Octavio Ianni, p. 191-216, e Florestan Fernandes, p. 19-54).

4 Uma análise extremamente crítica, a respeito, é feita por Andre Gunder Frank, "Sociology of development and underdevelopment of sociology", *Catalyst*, University of Buffalo, nº 3, 1967, p. 20-73. Pode-se ter uma ideia da reação de sociólogos de

verdadeiro que esse mesmo tipo de cientista também produz contribuições "superficiais" e "irrelevantes" ao tratar dos problemas humanos e dos dilemas das sociedades em que vive.⁵ Sob condições inversas, no entanto, os cientistas sociais dos países avançados conseguem escrever obras relevantes e profundas, inclusive sobre os países subdesenvolvidos, de inegáveis consequências positivas tanto para a teoria sociológica quanto para o controle dos problemas humanos e dos dilemas sociais nas sociedades estudadas. Ao que parece, a lógica dos argumentos, nesse nível, tem mais que ver com as exigências da formação científica dos sociólogos e as polarizações da sua responsabilidade intelectual, que com qualquer fatalidade inerente às suas identificações nacionais. Por fim, é ponto pacífico que os

---

países subdesenvolvidos ao uso dos recursos conceituais, metodológicos e teóricos existentes na Sociologia pela seguinte afirmação de A. Guerreiro Ramos: "Na utilização da metodologia sociológica, os sociólogos devem ter em vista que as exigências de precisão e refinamento decorrem do nível de desenvolvimento das estruturas nacionais e regionais. Portanto, nos países latino-americanos, os métodos e processos de pesquisa devem coadunar-se com seus recursos econômicos e de pessoal técnico, bem como com o nível cultural genérico de suas populações" (*Cartilha brasileira do aprendiz de sociólogo*, Rio de Janeiro, Editorial Andes, 1954, p. 17). A tentativa de transferir, para as sociedades subdesenvolvidas, aqueles recursos conceituais, metodológicos e teóricos é designada, por este autor, como "Sociologia enlatada" (cf. op. cit., p. 15-23). Em termos estritamente científicos, essa posição converte o sociólogo em ideólogo e leva-o a ignorar ou a subestimar os requisitos da explicação científica e, até, o que torna o conhecimento científico verdadeiramente útil (cf. Florestan Fernandes, *O padrão de trabalho científico dos sociólogos brasileiros*, Belo Horizonte, edição da *Revista Brasileira de Estudos Políticos*, 1958). O leitor que se interesse pelo tema, no contexto da América Latina, deve consultar Gino Germani (*La sociología en la América Latina: problemas y perspectivas*, Editorial Universitaria de Buenos Aires, 1964), que discute os vários aspectos da situação do sociólogo latino-americano em face de seus papéis intelectuais e também considera as implicações com centros mais avançados de investigação sociológica.

5 Seria inútil recorrer a amplas citações bibliográficas, a respeito. Lembremos, apenas, algumas análises críticas, que marcaram época: Karl Mannheim, "American sociology", em *Essays on sociology and social psychology* (Londres, Routledge & Kegan Paul, 1953, p. 185-94); Robert K. Merton, *Social theory and social structure: toward the codification of theory and research*, Illinois, The Free Press of Glencoe, 1949 (esp. caps. II e III); C. Wright Mills, *The sociological imagination*, Nova York, Grove Press, 1961; Loren Baritz, *The servants of power: a history of the use of social science in american industry*, Nova York, John Wiley & Sons, 1960. Outras obras, embora importantes (como, por exemplo, as de Lynd ou de Sorokin), transcendem as implicações que poderiam interessar à presente discussão e, por isso, foram omitidas.

recursos conceituais, metodológicos e teóricos da Sociologia foram construídos através da observação e interpretação de alguns países da Europa e dos Estados Unidos. O chamado *mundo subdesenvolvido* não só apresenta uma enorme variedade de situações histórico-sociais distintas, que contrastam com a desses países, como dificilmente se poderiam explorar frutiferamente aqueles recursos, para estudá-las sociologicamente, sem uma criteriosa adequação deles, seja às condições de trabalho do sujeito–investigador, seja às condições histórico-sociais e socioculturais de manifestação dos objetos de estudo. Ao que parece, argumentos dessa ordem são claramente contingentes. A Sociologia pode ser vista como "correlato espiritual das revoluções burguesas" e ser concebida como produto orgânico de uma cultura, intransferível nessa forma a outras culturas.[6] Isso não impede que, como e enquanto ciência, proponha-se e realize objetivos mais amplos, permitindo a construção e a manipulação de conceitos de caráter nomotético, bem como de técnicas, processos e métodos de uso universal. Aliás, Simiand já apontou algo que deve ser cuidadosamente considerado no contexto desta discussão: a realidade social mais complexa e diferenciada abre ao investigador possibilidades de conhecimento positivo que não são oferecidas pela realidade menos complexa e indiferenciada. Por essa razão, aquela, e não esta, deveria constituir o ponto de partida das indagações empíricas e teóricas.[7] Ainda aqui, portanto, o verdadeiro fator das insatisfações e fulcro das críticas não estão nos recursos conceituais, metodológicos e teóricos da Sociologia nem nos possíveis envolvimentos nacionais dos seus cultores. Na medida em que ainda não se conseguiu, na Sociologia, uma organização definitiva e universalmente válida de seus campos teóricos fundamentais, as principais linhas de seu desenvolvimento teórico não se impõem com clareza aos investigadores, acima e independentemente das preferências metodológicas pessoais ou das diferenças nacionais e de geração. Desse ângulo, as intenções particularizadoras, inerentes ao estilo de crítica pragmática apontado, incidem no erro comum daqueles que dissociam a pesquisa sociológica do crescimento teórico da Sociologia como ciência.

Essa não deixa de ser uma consequência paradoxal e curiosa, pois o fundamento explícito de tal estilo de crítica repousa, em grande parte, na importância unilateral atribuída às implicações práticas e aos desenvolvi-

---

6 Ideias defendidas por Hans Freyer, *La sociologia, ciência de la realidad: fundamentación lógica del sistema de la sociologia*, trad. de F. Ayala, Buenos Aires, Editorial Losada, 1944, p. 21 e 23.

7 François Simiand, *Le salarie, l'évolution sociale et la monnaie*, Paris, Librairie Félix Alcan, 1932, 3 vols. (vol. II, p. 577 e ss.).

mentos aplicados da Sociologia, com frequência negligenciados pelos sociólogos dos países avançados. Todavia, queiram-no ou não, dissociando pesquisa e teoria dentro de limites arbitrários, os referidos críticos restringem o alcance das explicações descobertas e, ao mesmo tempo, limitam o raio de previsão e a capacidade de intervenção eficaz, na realidade, que elas possam comportar. Por aí se vê que, posta em questão a Sociologia, os problemas essenciais que se impõem são outros. Se eles forem tomados em conta, ao invés de voltarem as costas para os recursos conceituais, metodológicos e teóricos existentes na Sociologia, os sociólogos dos países subdesenvolvidos terão de interessar-se, com maior rigor e firmeza, por uma estratégia de trabalho intelectual mais consequente com a natureza, os alvos e as funções do conhecimento científico e mais completa que a dos seus colegas dos países avançados. De um lado, porque, para eles, acaba sendo crucial explorar melhor a pesquisa empírica, como fonte de conhecimento descritivo da realidade e como meio de acumulação ou controle das teorias sociológicas. De outro, porque seu envolvimento na situação de pesquisa, sob a dupla qualidade de cientista responsável e de cidadão participante, obriga-os a projetarem seus interesses puramente científicos em várias direções concomitantes: 1º) na identificação das linhas mestras dos desenvolvimentos teóricos da Sociologia e de suas vinculações com a constituição dos seus campos fundamentais de investigação: 2º) na inclusão dos três motivos básicos do conhecimento científico no delineamento dos propósitos empíricos, teóricos e práticos dos projetos de investigação, associando-se de modo orgânico teoria, pesquisa e aplicação; 3º) na formação e refinamento de recursos conceituais, metodológicos e teóricos adequados à fase de aplicação, incluindo assim a intervenção deliberada na realidade entre os processos sociais investigadores sociologicamente.[8] No conjunto, essas indicações sublinham que a Sociologia não é o elemento secundário e a *sociedade subdesenvolvida*, o dado essencial das preocupações científicas dos sociólogos

---

8 Essa digressão metodológica tinha por objeto situar a posição do autor de uma controvérsia que possui implicações que não podiam ser ignoradas no presente trabalho. Por isso, os pontos levantados não puderam ser devidamente esclarecidos. O leitor que se interessar pela orientação do autor deverá recorrer às seguintes obras: *Fundamentos empíricos da explicação sociológica*, São Paulo, Companhia Editora Nacional, 1959 (2ª ed., 1967); *Ensaios de sociologia geral e aplicada*, São Paulo, Livraria Pioneira Editora, 1960 (sobre os campos fundamentais da Sociologia, cap. 1; sobre os modelos de raciocínio na Sociologia aplicada e sua fundamentação como campo fundamental da Sociologia, cf. esp. caps. 3 e 4); *A sociologia numa era de revolução social*, São Paulo, Companhia Editora Nacional, 1963.

dos países subdesenvolvidos. Se se encaminhassem nessa direção, aliás, os sociólogos desses países negariam a própria Sociologia e deixariam de colocá-la a serviço do processo mais amplo de explicação e de superação do subdesenvolvimento.

O ponto central para a caracterização sociológica das classes sociais[9] em sociedades subdesenvolvidas está, naturalmente, no modo pelo qual os processos de estratificação social se vinculam com a ordem econômica, criada pela existência de uma economia de mercado de bases capitalistas. Em regra, as descrições e as explicações sociológicas pressupõem um modelo ideal, que poderíamos designar como *linear*, do qual o protótipo é fornecido pelo capitalismo competitivo, na forma em que ele se constituiu em conexão com a revolução comercial e industrial na Inglaterra. No entanto, no momento em que uma sociedade subdesenvolvida consegue realizar as condições estruturais, funcionais e históricas, pressupostas em tal modelo, ela deixa de ser *subdesenvolvida*, concretizando em algum grau significativo o padrão de equilíbrio e de crescimento inerente ao capitalismo autossuficiente e autônomo. Por isso, seria conveniente considerar-se as conexões entre os processos de estratificação social e a formação ou a diferenciação do mercado capitalista em diferentes modelos, anteriores a essa passagem do subcapitalismo e do capitalismo dependente para formas de capitalismo integrado.

É claro que existem várias gradações.[10] A colonização propriamente dita se associa a um mercado que só é "interno" em função de sua alocação no espaço e no tempo. Por sua vez, a modernização[11] pode estar ligada a uma situação legalmente colonial ou à existência de um Estado nacional independente. No primeiro caso, ela representa o fortalecimento da dominação colonial e do tipo de mercado que ela origina; no segundo caso, ela

---

9 Sobre o conceito de classe social, segundo o ponto de vista do autor, conforme "A análise sociológica das classes sociais", *Ensaios de sociologia geral e aplicada*, op. cit., cap. 2.
10 Com referência à América Latina, essas gradações são caracterizadas de uma perspectiva sociológica, tipologicamente, por Fernando Henrique Cardoso, cf. *El proceso de desarrollo en América Latina: hipótesis para una interpretación sociológica*, Instituto Latino-americano de Planificación Economica y Social, Santiago, nov. 1965.
11 Sobre o conceito de modernização assim entendido, em relação com o desenvolvimento econômico, social e cultural, ver Costa Pinto, "Modernização e desenvolvimento" (em L. A. Costa Pinto e W. Bazzanella, orgs., *Teoria do desenvolvimento*, Rio de Janeiro, Zahar Editores, 1967, p. 191-201).

conduz, progressivamente, a um duplo dimensionamento do mercado, que adquire uma estrutura capitalista "interna" e "externa" através da atividade do polo hegemônico externo e de sua influência dinâmica na organização, diferenciação e expansão de uma economia de consumo, controlada de fora. A "experiência capitalista" de muitas sociedades subdesenvolvidas de origem colonial começa e termina aí, o que explica a emergência de formas explosivas de exacerbação nacionalista, combinadas variavelmente ao *ódio ao branco* e à adesão ao socialismo. Dado o que a modernização representa, como modalidade de controle econômico, cultural e político, a superação da situação heteronômica que ela engendra depende, diretamente, do modo pelo qual as sociedades subdesenvolvidas reagem à absorção do capitalismo. Se a emancipação política corresponder a alguma automatização real e definitiva do controle interno do excedente econômico, gerado pelo setor exportador e pelo crescimento do mercado interno; se os recursos naturais existentes, o comércio e, eventualmente, a indústria e os bancos puderem ser explorados por firmas autóctones ou, se forem estrangeiras, com larga participação de dirigentes locais e em associação com capitais nativos; se o volume da população for suficientemente grande,[12] para atingir uma escala de uma dezena ou mais de milhões de habitantes e para aumentar com certa intensidade constante e em aceleração, suscetível de fazer face a alterações súbitas da divisão do trabalho social e a alimentar fortes processos de deslocamento espacial e de concentração demográfica; se as perspectivas de urbanização relativamente acelerada fomentarem a difusão de novos padrões de vida, de trabalho e de consumo, estimulando a diferenciação da produção interna e a paulatina constituição de um mercado interno, diferenciado do mercado externo e mais ou menos independente de seus controles diretos; se as camadas dominantes nativas e suas elites dirigentes utilizarem o Estado nacional e seus meios de dominação política para transformar a expansão interna do capitalismo em fator de integração da economia nacional – a absorção de técnicas, instituições e valores capitalistas impõe-se, de maneira espontânea, como uma alternativa economicamente viável, politicamente desejável e socialmente construtiva. Os princípios capitalistas de organização do comportamento econômico tendem a universalizar-se (isto é, deixam de ter vigência esporádica, parcial ou segmentar sobre alguns tipos de atividade de significado econômico) e, em nível institucional, passam gradualmente a regular a estrutura, o funcionamento e a

---

12 Ou se o país comportar aumentos substanciais mais ou menos rápidos da população, por meio de correntes emigratórias.

evolução da ordem econômica da sociedade nacional. Nessa fase, de profundas transformações (ocorridas com frequência de modo turbulento), é que se decide a possibilidade de um salto histórico na direção do capitalismo independente ou a fixação, a meio caminho, num regime social de produção capitalista dependente.

Dois exemplos (que poderíamos considerar clássicos) ilustram essa alternativa: Os Estados Unidos da América e o Brasil. As condições mencionadas acima favorecem, no primeiro país, a neutralização e a superação definitiva das estruturas coloniais pela ordem social competitiva emergente. No segundo país, pelo menos até o presente, elas se revelaram insuficientes para promover o mesmo efeito, o que redundou na formação de uma economia nacional duplamente polarizada: um setor de exportação de produtos primários, no qual a vigência dos princípios capitalistas só é plena, em regra, no nível da comercialização e no qual se concretiza ao máximo a dependência em relação ao exterior; e um setor interno de produção, circulação e consumo de bens, ainda sujeito a fortes influxos externos, mas impulsionado por tendências irreversíveis de consolidação da economia de mercado capitalista existente. O que os dois exemplos significam, sociologicamente, é óbvio. A superação de controles econômicos externos não é uma variável associada ao mercado mundial e ao comportamento dos centros hegemônicos que neles imperam. Se um centro hegemônico falhar, nas relações de competição e de conflito que asseguram a conquista e a continuidade do controle de economias subsidiárias (coloniais ou nacionais), logo surge outro centro hegemônico para substituí-lo. No plano internacional, o capitalismo gera uma luta permanente e implacável pelas posições de controle da economia mundial, que permitem dirigir os processos de formação e de crescimento das economias dependentes, bem como monopolizar os excedentes econômicos que podem, assim, ser captados e drenados dessas economias para as economias hegemônicas. Por isso, a superação do capitalismo dependente e a implantação do capitalismo autossuficiente, numa sociedade subdesenvolvida, repousam, primariamente, na forma de integração nacional alcançada pela ordem social competitiva, através da absorção dos padrões e princípios de organização capitalista do sistema econômico. Se ou enquanto a sociedade subdesenvolvida não possuir requisitos estruturais e dinâmicos para engendrar processos de automatização econômica, sociocultural e política, no nível do padrão de integração, funcionamento e desenvolvimento da ordem social competitiva, ela ficará condenada ao destino histórico inerente ao capitalismo dependente (qualquer que seja a fórmula empregada para disfarçar esse destino) ou terá de procurar no socialismo (qualquer que seja a via pela qual ele se desencadeie historicamente) as soluções para os seus dilemas econômicos, sociais e políticos.[13]

Portanto, uma sociedade subdesenvolvida, que se encontre no estágio do capitalismo dependente, não só possui uma economia de mercado capitalista, no sentido moderno. A sua própria ordem econômica é uma ordem capitalista. Sob esse aspecto, ela reproduz várias condições essenciais para a existência, o funcionamento e o crescimento do regime social de produção capitalista. Talvez por causa disso, alguns autores se viram tentados a focalizá-la como se ela constituísse uma réplica em miniatura do modelo original e se estivesse, assim, num estágio inevitável, mas transitório, da evolução normal do capitalismo. Contudo, essa visão falseia a realidade em um ponto fundamental. Na medida em que a estrutura e o destino histórico de sociedades desse tipo se vinculam a um capitalismo dependente, elas encarnam uma situação específica, que só pode ser caracterizada através de uma economia de mercado capitalista duplamente polarizada, destituída de autossuficiência e possuidora, no máximo, de uma autonomia limitada. Em outras palavras, a semelhança com o modelo original começa e termina naquilo que se poderia designar como a organização formal do sistema econômico. Nos planos da estrutura, funcionamento e diferenciação do sistema econômico, a dupla polarização do mercado suscita uma realidade histórica nova e inconfundível. Trata-se de uma economia de mercado capitalista constituída para operar, estrutural e dinamicamente: como uma entidade especializada, no nível da integração do mercado capitalista mundial; como uma entidade subsidiária e dependente, no nível das aplicações reprodutivas do excedente econômico

---

13 A alternativa socialista foi deixada de lado, pois as investigações feitas comprovam que o capitalismo mantém-se, no Brasil (independentemente de qualquer artifício analítico dos investigadores), como a *opção histórica* "possível" e "desejada" socialmente (conforme, a respeito, especialmente: Luiz Pereira, *Trabalho e desenvolvimento no Brasil*, São Paulo, Difusão Europeia do Livro, 1965, caps. II e III; Caio Prado Jr., *A revolução brasileira*, São Paulo, Brasiliense, 1966, passim; a esses dois livros importantes por focalizarem o problema através de situações recentes, seria conveniente acrescentar: Celso Furtado, *Formação econômica do Brasil*, 7ª ed., São Paulo, Companhia Editora Nacional, 1967, 5ª parte, e *A pré-revolução brasileira*, Rio de Janeiro, Fundo de Cultura, 1962; Octavio Ianni, *Estado e capitalismo: estrutura social e industrialização do Brasil*, Rio de Janeiro, Civilização Brasileira, 1965; Hélio Jaguaribe, *Desenvolvimento econômico e desenvolvimento político*, Rio de Janeiro, Fundo de Cultura, 1962; Cândido Antonio Mendes de Almeida, *Nacionalismo e desenvolvimento*, Rio de Janeiro, Instituto Brasileiro de Estudos Afro-asiáticos, 1963. Uma bibliografia selecionada pode ser encontrada na obra de O. Ianni.

das sociedades desenvolvidas; e como uma entidade tributária, no nível do ciclo de apropriação capitalista internacional, no qual ela aparece como uma fonte de incrementação ou de multiplicação do excedente econômico das economias capitalistas hegemônicas. Aqui, pois, surge algo que inverte, inclusive, o *processo normal* de formação do capitalismo nos dois tipos de sociedades (as "desenvolvidas" e as "subdesenvolvidas"). O exemplo inglês evidencia que a apropriação colonial foi um dos fatores básicos da chamada acumulação originária de capital, ou, como se diria hoje, do desencadeamento e aceleração do "arranco econômico"). O exemplo quase total do "mundo subdesenvolvido" revela que os países a ele pertencentes se veem compelidos a realizar a *revolução capitalista* sob o impacto da perda constante (e por vezes crescente) de parte substancial do próprio excedente econômico, dinamizada além do mais como fator de intensificação da heteronomia econômica. Em um extremo, temos uma economia de mercado capitalista que crescia com o excedente econômico transferido ou pilhado em economias coloniais. No outro, deparamos com uma economia de mercado capitalista que, ao crescer, corre o risco de se tornar ainda mais dependente. Esses caracteres, que não são menos relevantes, do ponto de vista analítico, que o sistema institucional e organizado, indicam que a economia de mercado capitalista das sociedades subdesenvolvidas contém uma dimensão estrutural e certos dinamismos econômicos que são determinados por sua condição heteronômica essencial. Vistos à luz do modelo original, esses fatores (estruturas e dinamismos condicionados pela situação heteronômica das economias nacionais dependentes) podem parecer "distorções", "carências" ou "deficiências". Encarados em função dos dados de fato, porém, eles traduzem exatamente o que as coisas são e devem ser: fenômenos normais, que nascem da conjugação do "capitalismo moderno" com o "mercado mundial" a que ele deu origem.

Estabelecidas essas premissas, fica claro por que não só é possível, mas também necessário, usar recursos conceituais, metodológicos e teóricos, acumulados anteriormente pela Sociologia, no estudo das classes sociais nas "sociedades subdesenvolvidas" que possuem uma autêntica economia de mercado capitalista. No plano organizatório, a ordem vigente é análoga à existente nas sociedades desenvolvidas, respondendo aos mesmos requisitos formais e ideais de incentivação, coordenação e integração das atividades econômicas, sociais e políticas. Doutro lado, fica igualmente claro onde e por que se manifestam diferenças específicas entre as sociedades subdesenvolvidas e as sociedades desenvolvidas que participam do mesmo círculo civilizatório. Tais diferenças dizem respeito ao modo pelo qual as sociedades, que obedecem ao mesmo padrão civilizatório do "capitalismo moderno", estruturam e dinamizam sua vida econômica, articulando-se umas às outras segundo posições que traduzem a existência de processos de concentração de poder e de monopolização de vantagens econômicas nas relações econômicas internacionais, os quais criam uma hierarquia de poder e de probabilidades de autodeterminação ou de subordinação entre economias nacionais distintas. As economias nacionais que dispõem de autossuficiência e de autonomia econômica contam com condições para se ajustarem ao mercado mundial em função das determinações racionais dos próprios interesses econômicos, podendo resguardar e fortalecer as tendências de concentração de poder e de monopolização das vantagens econômicas garantidas por sua posição autônoma (no plano nacional) e hegemônica (no plano internacional). As economias nacionais dependentes organizam-se basicamente em função de condições, oportunidades e limitações, impostas pelo mercado mundial e, através dele, pelas economias nacionais a que se articulam em posição heterônomica. Em consequência, o seu próprio crescimento interno espelha, estrutural e dinamicamente, a natureza, a intensidade e a variação ou a flutuação dos interesses das economias nacionais a que se associam heteronomicamente. Nessa conjuntura econômica e histórico-social, seus interesses econômicos somente prevalecem onde e quando não colidem ou coincidem com as tendências de concentração de poder e de monopolização das vantagens econômicas, imperantes no mercado mundial. Essas diferenças específicas são substanciais e exigem uma adequação de conceitos e teorias, elaborados sociologicamente com vista às sociedades desenvolvidas, à situação heterônomica crônica das sociedades subdesenvolvidas.[14]

Três modelos de explicação macrossociológica das classes sociais merecem menção especial na presente análise: são os modelos explorados por Max Weber, Marx e Durkheim, no estudo da moderna sociedade de classes do Ocidente.[15] A definição de classe, adotada por Weber, é demasiado

---

14 É importante esclarecer dois pontos dessa afirmação: 1º) os métodos interpretativos prescindem de adequação por motivos de ordem lógica que são bem conhecidos; 2º) a caracterização da posição heterônomica das sociedades subdesenvolvidas como "crônica" apenas diz respeito à constelação histórico-social criada pela combinação entre capitalismo, mercado mundial e subdesenvolvimento. Portanto, está pressuposto que essa condição crônica pode ser por mudanças estruturais, que conduzam ou ao capitalismo independente, ou ao socialismo.

15 Omitimos o modelo de explicação inerente à Sociologia descritiva, porque ele teria limitada importância para a presente discussão. As principais obras de referência utilizadas são: Max Weber, *Economia y sociedad*, trad. de José Medina Echavarría (vol. I) e de José Ferrater Mora (vol. IV), México, Fondo de Cultura Económica, 1944 (vol. I, esp. p. 316-22; vol. IV, esp. p. 54-71), e *The protestant*

ampla. No entanto, sua caracterização formal da "situação de classe" representa um verdadeiro marco na história da Sociologia.[16] A ênfase posta na significação da existência do mercado e da posição ocupada no mercado, em termos de valorização socioeconômica de bens e trabalho, para a definição da situação de classe, confere ao seu modelo de análise e de explicação uma utilidade ímpar no estudo sociológico das sociedades de classes subdesenvolvidas. Além disso, entre todos os sociólogos clássicos, Weber é o que oferece a explicação mais límpida e simples da ordem social inerente ao capitalismo e à estratificação em classes, como uma ordem social de "possuidores" e "não possuidores", fundada em interesses univocamente econômicos. Promovendo-se o que ele próprio entendia como dupla adequação (de sentido e causal), seus conceitos e teorias podem lançar luz sobre alguns aspectos centrais da organização da sociedade de classes subdesenvolvidas.

---

ethic and the spirit of capitalism, trad. de Talcott Parsons, Londres, George Allen & Unwin, 1930 (esp. p. 13-78); Émile Durkheim, *De la division du travail social*, 2ª ed., Paris, 1902 (esp. p. 79 e ss.), e *Les règles de la méthode sociologique*, 10ª ed., Paris, Presses Universitaires de France, 1947 (caps. III-IV); Karl Marx, *El capital*, trad. de Manuel Pedroso, México, Ediciones Fuente Cultural, s. d., 5 vols. (esp. vol. II, passim); *A crítica da economia política*, trad. de Florestan Fernandes, São Paulo, Flama, 1946, e *La Guerre civile en France, 1871*, Paris, Éditions Sociales, 1946. O autor analisa de forma mais cuidadosa e completa esses modelos de explicação em *Fundamentos empíricos da explicação sociológica*, op. cit. (parte II: cap. IV, sobre Durkheim; cap. V, sobre Max Weber; cap. VI, sobre Marx; e cap. VII).
Dispensamo-nos de apresentar uma bibliografia sistemática sobre o assunto. O leitor interessado encontrará uma bibliografia desse gênero em Egon Ernest Bergel, *Social stratification*, Nova York, McGraw-Hill Book Co., 1962 (p. 435-53). Essa obra, por sua fonte de inspiração metodológica, exprime muito bem como as teorias de Weber estão sendo aproveitadas nos estudos sociológicos mais recentes sobre estratificação social. Nesse sentido, seria conveniente destacar, quanto às influências de Marx, a obra de Oliver Cromwell Cox, *Caste, class & race*, Garden City, Doubleday & Co., 1948. Infelizmente, não temos conhecimento de alguma obra análoga, que traduza a influência de Durkheim em orientações atuais do estudo da estratificação social. Por isso limitamo-nos a recomendar a discussão feita por Harry Alpert, que põe ênfase especial nesse problema: cf. *Durkheim*, trad. de José Medina Echavarría, México, Fondo de Cultura Económica, 1945 (segunda parte, p. 95-257). Quanto à significação histórico-sociológica de sua contribuição para o conhecimento da sociedade ocidental moderna, cf. Raymond Aron, *Les étapes de la pensée sociologique*, Paris, Gallimard, 1967 (esp. p. 307-405 e p. 587-602).
16 Poder-se-ia objetar que há uma evidente influência de Marx nessa construção teórica. Todavia, isso não limita nem a originalidade nem a fecundidade do uso que lhe deu Max Weber.

Em primeiro lugar, referida a um mercado duplamente polarizado e parcial ou totalmente controlado de fora, a noção de "situação de classe" adquire uma clareza descritiva e interpretativa que lhe infunde um sentido chave. De um lado, permite compreender os vínculos de heteronomia através de interesses univocamente econômicos, que se polarizam e se mesclam no interior e no exterior das sociedades capitalistas subdesenvolvidas. De outro, expõe de um golpe, à observação, à análise e à interpretação, um fato crucial: a relação entre ordens econômicas distintas (uma autônoma e hegemônica; outra heteronômica) exprime vínculos da mesma natureza que os existentes na relação entre "classes possuidoras" e "classes não possuidoras". Em segundo lugar, oferece à análise e à interpretação uma sólida base objetiva para localizar na peculiaríssima "situação de classe" de sociedades capitalistas subdesenvolvidas as fontes do vácuo socioeconômico, que atinge e afeta, indistintamente, todas as classes em presença. As condições para a emergência e o fortalecimento de formas típicas de socialização de classes tornam-se débeis, vacilantes e ambíguas, fazendo com que as classes percam algumas de suas influências sociodinâmicas mais características (como suporte de modos racionais de consciência social, de relações de conflitos e de mudanças do padrão de integração da ordem social). A perspectiva de análise e de interpretação fornecida por Weber é particularmente importante, pois, por conduzir, a uma imagem global específica da *sociedade de classes* do "mundo subdesenvolvido" e por levar a uma explicação sociológica consistente dos processos de ordenação societária das relações econômicas e de apropriação final do excedente econômico. Desse ângulo, pode-se, mesmo, configurar sociologicamente um "destino nacional" típico da sociedade capitalista subdesenvolvida: mantidos os vínculos de heteronomia econômica, ela jamais conseguirá absorver e dinamizar, internamente, senão uma parcela do próprio excedente econômico (quaisquer que sejam o volume e a aceleração alcançados pelo seu crescimento econômico). Todavia, tanto essa abordagem quanto os problemas sociológicos, que ela coloca, possuem evidente caráter prévio. Ao contrário do que supunha Weber, ao condenar a análise estrutural-funcional e ao excluir a possibilidade da explicação sociológica de sequências históricas, temos de recorrer a esses tipos de abordagens para descobrir e resolver problemas sociológicos de natureza mais complexa e, sob alguns aspectos, de maior alcance explicativo.

A parte mais importante da contribuição conceitual e teórica de Weber, para o estudo das sociedades capitalistas subdesenvolvidas, está em suas análises e explicações do poder e das formas de dominação. Na medida em que se pode falar em um *destino social* no âmbito do capitalismo e da ordem mundial, com referência a "povos coloniais" e a "nações dependentes", as questões fundamentais se colocam no plano político. De uma perspectiva fatalista ou mecanicista, poder-se-ia dizer que "as coisas são assim porque não poderiam ser de outro modo". O modelo explicativo de Weber, embora não envolva emocional, ideológica e moralmente o sujeito-investigador nos processos estudados, oferece respostas que permitem ir além de constatações de tal natureza, em termos estritamente objetivos. É que ele favorece a observação e a análise simultâneas de fenômenos inter-relacionados em diferentes níveis de sua manifestação concreta. Pode-se, assim, reter as repercussões recíprocas, estabelecidas entre emergência e desenvolvimento de uma economia de mercado capitalista e a constituição de formações comunitárias ou societárias com novas bases convencionais, jurídicas e políticas. Aliás, ele aplica e explora essa possibilidade interpretativa com grande maestria, principalmente no estudo do capitalismo.

Em consequência, seus conceitos e teorias, principalmente no que se refere ao patrimonialismo e à burocracia, não só constituem meios analíticos e interpretativos fundamentais para se compreender e explicar, no que elas possuem de específico, as estruturas econômicas, sociais e políticas surgidas com a "expansão do mundo ocidental moderno". Eles também permitem entender o tipo de "independência nacional" que lhes é inerente, e o que ela representa, do ponto de vista sociológico, como fonte de autonomia de estamentos ou de classes que exercem dominação autoritária em nome da coletividade e como expressão de Estados nacionais apenas dotados de soberania interna. Portanto, seu esquema interpretativo focaliza os dois planos concomitantes da situação heteronômica (como as coisas se passam a *partir de fora* e a *partir de dentro* da sociedade capitalista subdesenvolvida), evidenciando que os vínculos de dependência não são formais (jurídico-políticos) e regulados por uma associação especial. Mas, através de interesses univocamente econômicos, os vínculos se objetivam indiretamente, criando expectativas duplamente polarizadas, que orientam os ajustamentos dos indivíduos, dos grupos e das coletividades que eles representam. Por vezes e sob vários aspectos, a existência ou a vigência indefinida de tais vínculos se prendem ao próprio empenho com que diversos círculos sociais das sociedades capitalistas subdesenvolvidas procuram resguardar sua participação, em limites máximos, nos referidos interesses, introduzindo uma variável que precisa ser detidamente considerada: o agente humano, colocado na polarização socioeconômica dependente, encarrega-se de resguardar, de manter e de fortalecer os vínculos de dependência, ativamente ou por omissão. O mesmo esquema interpretativo também focaliza a evolução oposta, permitindo descobrir como a decomposição dos vínculos de heteronomia repousa na autonomização progressiva de interesses univocamente econômicos. Ainda aqui, a autonomização é um processo social, porque não possui apenas caráter econômico: ela lança raízes nas maneiras pelas quais os homens misturam motivos políticos, religiosos e morais com motivos propriamente econômicos. Por isso, a autonomização começa por ser uma ruptura com os vínculos preexistentes no plano moral e na esfera política. Como se vê, o importante em tal esquema interpretativo vem a ser o significado dinâmico atribuído ao elemento político. Sem ignorar as conexões econômicas, seu desenvolvimento e efeitos, ele relaciona a superação de um destino social "negativo" (por suas implicações residualmente *coloniais* e *nacionais*) com disposições e ações fundamentalmente políticas, suscetíveis de mudar estruturas de poder nas relações entre sociedades globais.

De todos os sociólogos clássicos, Marx é o que apresenta maior interesse para os estudiosos das sociedades subdesenvolvidas. Isso não se deve, exclusivamente, à importância de sua contribuição como pioneiro das teorias sobre o desenvolvimento econômico. É que Marx elaborou todo um esquema conceitual e explicativo que permite relacionar os componentes mais profundos da ordem social com as ebulições mais dramáticas de identificação ou de repulsão, que eles provocam na atuação social consciente dos homens. Por essa razão, suas teorias são duplamente interessantes para os povos do "mundo subdesenvolvido". De um lado, elas ensinam como as coisas são. De outro, mostram se existem condições para elas se transformarem e o que fazer para se assegurar esse objetivo. Infelizmente, nos limites desta discussão é impossível mencionar todos os aspectos positivos de sua contribuição conceitual e teórica e, ainda menos, cuidar a fundo de como aplicá-la, adequadamente, ao estudo sociológico das sociedades subdesenvolvidas.

Como ponto de partida, cumpre reconhecer que sua caracterização propriamente estrutural das relações de produção sob o capitalismo possui validade geral. Apesar da pouca ou nenhuma fortuna de noções como "mais-valia", "mais-valia absoluta", e "mais-valia relativa", na Sociologia como na Economia, é inegável que elas conduziram Marx a explicações de grande interesse sociológico, que se aplicam a qualquer situação histórica em que o capitalismo se manifeste efetivamente. Quer se concorde ou não com sua teoria, quer se use ou não os seus conceitos prediletos, o fato é que ele demonstrou, conclusivamente, que a organização capitalista das relações de produção condiciona, morfológica, funcional e geneticamente, tanto os processos de estratificação social, que geram a moderna "sociedade de classes", quanto a formação de um novo tipo de mercado, que tem por função servir de elo entre ambas, convertendo a apropriação privada dos meios de produção e a mercantilização do trabalho nas duas faces da mesma moeda. Em consequência, na forma em que foi construída, através de relações sociais elementares, que se fundam em requisitos *sine qua non* da existência e sobrevivência da economia capitalista, sua explicação é válida, em nível estrutural, para as sociedades capitalistas desenvolvidas, subdesenvolvidas ou em transição de um estado para outro. Portanto, a parte da contribuição de Marx, que admite ou requer adequação conceitual ou teórica, diz respeito a condições, fatores e efeitos que cercam a formação e o desenvolvimento daquela estrutura básica no plano histórico (seja através da variedade, do volume e da intensidade com que se manifestam os elementos propriamente formativos de tal estrutura; seja pelo encurtamento ou ampliação das fases de sua constituição; seja graças às circunstâncias econômicas ou extraeconômicas que podem enriquecer ou empobrecer sua dinamização como realidade histórica e orientar de várias maneiras sua diferenciação no espaço ou sua evolução no tempo).

No essencial, são três os pontos em que essa adequação se faz necessária, para se entender e explicar, em sentido específico, as conexões entre capitalismo e classes sociais nas sociedades subdesenvolvidas. Primeiro, a teoria da acumulação capitalista, de Marx, aplica-se frutiferamente ao estudo dessas sociedades, embora elas não apresentem as mesmas condições do modelo original (o capitalismo competitivo na fase de formação e expansão da indústria moderna). O ponto mais importante, aqui, diz respeito às proporções, ao significado e às funções da fase de acumulação originária de capital. As sociedades capitalistas subdesenvolvidas não contaram com uma acumulação originária suficientemente forte para sustentar um desenvolvimento econômico autossuficiente, de longa duração, e para desencadear ou fomentar a implantação do capitalismo como um sistema socioeconômico irreversível.[17]

---

17 As razões disso são conhecidas e já foram apontadas anteriormente. A expropriação colonial, a pilhagem sob a capa de "colonização" e o imperialismo comercial foram as principais fontes de incremento de riquezas, ao lado das transformações espoliativas internas (Marx examina todos esses aspectos); para uma descrição posterior: cf. Werner Sombart, *Il Borghese, contributo alla storia dello spirito dell'uomo economico moderno*, trad. de Henry Furst, Milão, Longanesi & C., 1950; interessante, por ressaltar o contraste entre o desenvolvimento de nações que aceitaram ou repeliram a colonização, é a análise comparativa de Paul A. Baran sobre a evolução econômica da Índia e do Japão (cf. *A economia política do desenvolvimento econômico*, trad. de S. Ferreira da Cunha, Rio de Janeiro, Zahar Editores, 1972, cap. 5). Quanto ao conceito de acumulação capitalista (e à ideia de uma acumulação originária do capital), cf. especialmente: Maurice Dobb, *Studies in the development of capitalism*, Londres, Routledge & Kegan Paul, 1946, cap. 5; e Alexander Gerschenkron, *Economic backwardness in historical perspective*, Cambridge, The Belknap Press of Harvard University Press, 1962, caps. 2 e 5; esse autor arrola e comenta extensa bibliografia moderna sobre o assunto.

Do mesmo modo, ela não concorreu para destruir estruturas econômicas e sociais arcaicas, em um clima de verdadeira pilhagem, mas de mudança interna e acelerada, tanto na esfera da economia rural (que sofreu uma "revolução agrícola" prévia ou concomitante) quanto na esfera da economia urbana (que passou rapidamente do capitalismo comercial e financeiro para o capitalismo industrial).[18] Na verdade, a transição inicial se fez, nos países subdesenvolvidos, sob o impulso da inclusão no mercado mundial, a qual envolveu extensa e contínua transferência de capitais, técnicas e instituições econômicas, agentes humanos treinados das nações europeias, que controlavam aquele mercado, para as nações emergentes ou para as colônias. Além disso, o aproveitamento das riquezas previamente acumuladas, absorvidas quase sempre por grandes proprietários rurais ou grandes negociantes, geralmente não coincidiu nem nunca levou a algo similar às revoluções agrícola e comercial, de estilo europeu. No setor agrícola, a extinção do sistema colonial não provocou o colapso das antigas estruturas econômicas coloniais; ao contrário, as exigências do mercado mundial e da comercialização das matérias-primas em larga escala exigem sua persistência, como garantia ao aumento contínuo da oferta e dos grandes lucros dos importadores europeus. Assim, nesses países, "revolução agrícola" continuou a ser, mesmo depois de longo período de vida política independente e de experiência com o crescimento do capitalismo no setor urbano, incorporação de novas áreas territoriais na produção de matérias-primas exportáveis (nesse sentido, "áreas inexploradas" tornavam-se *ricas* e *prósperas*, participando dos *ciclos econômicos* vinculados aos negócios de exportação através de estruturas e técnicas econômicas arcaicas). Assim, as estruturas econômicas e sociais, constituídas sob a égide do sistema colonial, permaneceram mais ou menos intactas, ao lado das novas estruturas sociais e econômicas, criadas sob o impulso da expansão urbana e da implantação do setor capitalista correspondente, montado através de processos de modernização incentivados, orientados e comercializados a partir de fora. Se se atentar bem para a natureza das evidências, a principal fase da acumulação originária de capital, nas sociedades subdesenvolvidas, ocorreu nesse intervalo, entre a emancipação nacional e a aceleração do crescimento econômico interno (precipitada pela inclusão no mercado mundial). Os seus efeitos se fazem sentir construtivamente, mas não na gestação de um padrão de desenvolvimento

---

18 A enumeração anterior, sobre os efeitos imediatos ou remotos da acumulação originária do capital, funda-se nos resultados da análise de Marx (portanto, leva em conta a evolução do capitalismo na Inglaterra). Em outros países da Europa, o encadeamento toma outra forma; o mesmo sucederia na evolução do capitalismo nos Estados Unidos ou em outros países capitalistas não europeus.

econômico. Este é absorvido, de início, pela inclusão no mercado mundial e através do processo de modernização, que converte a economia nacional emergente em núcleo dependente e satélite, inclusive na vigência das formas econômicas imperantes na metrópole econômica (ou "imperial"). Por fim, cumpre observar os aspectos peculiares da situação econômica em que se operou o tipo mencionado de acumulação originária. O controle externo dos "negócios de exportação e de importação", bem como da construção de uma rede moderna de comércio, bancos e outros serviços, redundava num processo crônico de capitalização para fora, ou seja, de exportação do excedente econômico como consequência da integração dependente da economia capitalista mundial. As grandes fortunas, formadas internamente, pela exportação de produtos primários e pelo comércio importador, dissipavam-se, em parte, através dos ônus do controle externo ou em gastos sibaríticos e de representação de *status*; as parcelas poupadas, porém, encontravam poucas perspectivas de reinversão produtiva, dados a organização da economia agrícola e o ritmo da diferenciação da economia urbana. Por conseguinte, aquelas fortunas se erigiram num fator de autonomização relativa do crescimento econômico interno (essa foi, aliás, a sua principal função criadora). Mas nunca chegaram a eliminar os centros de decisão econômica externos nem a substituir os seus investimentos. No conjunto, pois, delineia-se toda uma situação específica dos povos de capitalismo dependente. A acumulação originária de capital associou-se, em termos de interesses comuns defendidos conscientemente, mesmo no nível político, ao fluxo permanente do capital externo, sem nunca disputar com os centros hegemônicos sequer as posições estratégicas de controle do crescimento econômico interno. Sua lógica se inspirava nos interesses e possibilidades do capitalismo dependente. Por isso, ela não gerou grandes injustiças, violências econômicas dramáticas e pilhagens formidáveis. Também não conduziu a outra coisa senão a um capitalismo débil, heterogêneo e controlado de fora.

    O segundo ponto, que merece atenção especial, relaciona-se com a teoria da mercantilização do trabalho. Essa teoria é fundamental para a explicação da emergência do capitalismo em qualquer situação histórico--social imaginável. A inclusão no mercado mundial também significou participação do mercado de trabalho externo. Só que essa conexão não se revela plenamente, no início da modernização, porque ela se estabeleceu no nível de ocupações e serviços que pressupunham alguma especialização e certo relevo. As sociedades subdesenvolvidas teriam de percorrer um longo caminho, até construírem um autêntico mercado de trabalho interno. Em consequência, a extinção do sistema colonial e a emancipação colonial nacional pouco representaram como condições para a implantação universal do *trabalho livre*, vendido como mercadoria pelo próprio agente. Não surgiram, não se difundiram nem se impuseram, rapidamente, os liames propriamente capitalistas, que prendem entre si assalariados e donos dos meios de produção. Interpõe-se um penoso e longo hiato entre o primeiro ato da modernização, através do aparecimento de um Estado nacional e a montagem de economias de mercado urbanas, e o período em que a própria expansão interna do capitalismo comercial e financeiro fez pressão sobre a diferenciação da produção e a reorganização do mercado. Daí resulta que há algo de específico, também neste nível, na evolução do trabalho como mercadoria numa sociedade subdesenvolvida. A mercantilização do trabalho não se desenvolveu senão lenta e precariamente; quando se universalizou, porém, não incentivou o pleno funcionamento de um mercado especial, integrado em escala regional ou nacional. Este se constituiu de modo tão lento e heterogêneo que em muitas esferas a mercantilização do trabalho continuou a processar-se através de critérios de economias naturais e de troca em espécie. O que importa assinalar, nesta discussão, é que o mercado de trabalho não funciona universalmente segundo os requisitos de uma economia capitalista competitiva integrada. Por isso, ele não inclui, como regra, a reposição do trabalhador no cálculo do valor do trabalho. Em consequência, o mercado de trabalho não se estrutura para preencher a função de incluir todos os vendedores reais ou potenciais de força de trabalho. Essas condições não são propriamente anômalas nem neutralizam o caráter capitalista da mercantilização do trabalho. Elas apenas afetam o grau de institucionalização desse processo e confinam-no, predominantemente, a tipos de racionalização inerentes às relações sociais não institucionalizadas (o que força a intervenção governamental na fixação de salários mínimos e suscita mecanismos sindicais de suporte dessa interferência). Ao que parece, a explicação do fenômeno acha-se na sobrevivência, em bloco, de amplos setores em que prevalecem economias de subsistência e formas extracapitalistas de mercantilização do trabalho. No mesmo sentido opera a importação de tecnologia avançada, como fator limitativo da massa de empregos. Essa situação peculiar faz com que praticamente não exista um "exército de reserva". Mas, ao mesmo tempo, concorre para converter o assalariamento num privilégio econômico e social, altamente desejado, que classifica o beneficiado na estrutura e na superestrutura do sistema. Daí decorre todo um conjunto de identificações psicossociais e morais, inexistentes dessa maneira onde o mercado de trabalho preenche suas funções institucionalizadas: a proletarização compromete o "homem pobre" (qualquer que seja a sua origem: da sociedade campesina, das comunidades rurais ou das médias e grandes cidades) com a defesa do capitalismo, ao qual ele associa o seu destino, consciente ou inconscientemente.[19] Acresce que a debilidade dos mecanismos de mercantilização do trabalho aparece vinculada à inexistência de sindicatos verdadeiramente fortes, autônomos e atuantes. O trabalhador assalariado não dispõe de meios, portanto, nem para tomar consciência dos fatores dos salários ínfimos nem para forçar melhores níveis de participação da renda nacional. Fica à mercê de taxas de exploração excessivas, que flutuam ao arbítrio da "política salarial" das empresas e dos governos. Em síntese, a mercantilização do trabalho concorre apenas moderadamente para a mobilização do fator humano, muito pouco para a constituição de uma massa de consumidores de efetivo poder aquisitivo e quase nada para a introdução de tendências mais equitativas de distribuição de renda.

O último ponto, que exige algumas ponderações, diz respeito às contradições entre as forças produtivas e as formas de organização da produção capitalista. Segundo o esquema interpretativo de Marx, essas contradições forneceriam a chave para se entender tanto o crescimento contínuo do sistema de produção capitalista quanto o seu colapso final. Ao que parece, o poder expansivo das forças de produção depende de certas condições estruturais e dinâmicas, que não se reproduzem no capitalismo dependente. De um lado, a parte realmente autônoma do processo de acumulação capitalista (representando-se através dela o montante de capitais nacionais) acaba sendo insuficiente para expandir as forças produtivas além das formas de organização da produção existentes. Ao contrário, estas comportam uma larga mar-

---

19 A esse respeito, conviria lembrar os resultados de uma investigação sobre atitudes operárias feitas em São Paulo. O pesquisador chegou à conclusão de que, com base nas evidências atuais, não se pode falar na existência de uma "consciência operária" (porque, nesta, a pura negatividade é a recusa do presente, ou seja, do capitalismo"); e que a rejeição da miséria só encontra dois caminhos (o da rejeição da própria condição operária e a ascensão social), que "não levam nem à afirmação de uma 'positividade operária'" nem "à rejeição do sistema". Adiante, o mesmo autor resume as conclusões a que chegou, através das polarizações da "consciência popular", afirmando que, "na eventualidade do despertar político desses grupos, sua participação na vida política brasileira deverá efetuar-se sob o signo da problemática da luta contra o subdesenvolvimento, da democratização das oportunidades, ou seja, de suas aspirações de participação nas vantagens da civilização industrial" (cf. Leôncio Martins Rodrigues Netto, *Atitudes operárias na empresa automobilística*, São Paulo, Faculdade de Filosofia, Ciências e Letras da Universidade de São Paulo, 1967, ed. mimeo., caps. II-IV; trechos extraídos das p. 285 e 301).

gem de capacidade ociosa, que não encontra aproveitamento econômico.[20] De outro, as conexões entre distribuição social da renda e crescimento do mercado interno tendem a manter a procura em níveis pouco propícios à diferenciação contínua e à elevação crescente dos índices produtivos. Apesar da "fome de bens de consumo", dos incentivos que em determinadas conjunturas favorecem a substituição de importações[21] e das tendências de integração nacional do mercado interno,[22] fraco poder de compra, elevada especulação e alta capacidade ociosa formam um círculo vicioso tenaz. Nesse quadro geral, as forças produtivas são inibidas, solapadas ou desorganizadas por outros fatores, que dificultam a própria expansão do capitalismo, mas não põe em xeque as formas de organização da produção capitalista propriamente ditas. Por fim, as contradições apontadas não se manifestam automaticamente. Elas dependem da ação inconformista, organizada socialmente, dos trabalhadores assalariados. Ora, estes neutralizam a estreita capacidade de pressão com que contam identificando-se, material e moralmente, com a "economia de consumo" e com as manipulações "desenvolvimentistas" dos setores privados, nacionais ou estrangeiros. Suas insatisfações (como a de outros círculos sociais, submergidos na economia de subsistência ou tentando ingressar na proletarização) projetam-se contra a *pobreza* e contra o padrão miserável de vida, que a ela se associa: não se convertem em crítica às formas de produção capitalista nem em rebelião contra as técnicas sociais de apropriação capitalista.[23] Em tais circunstâncias, as contradições emergem, de

---

20 Mesmo no núcleo da expansão industrial brasileira, o "grande São Paulo", o fenômeno atinge proporções consideráveis (cf. José Carlos Pereira, *Estrutura e expansão da indústria em São Paulo*, São Paulo, Companhia Editora Nacional, 1967, cap. 2).

21 Com referência ao Brasil, a respeito, Maria Conceição Tavares, "Auge y declinación del proceso de substitución de importaciones en el Brasil", *Boletín Económico de América Latina*, Santiago, Chile, vol. IX, nº 1, 1964, p. 1-62. Com referência à América Latina: uma análise que transcende a discussão anterior, mas é fundamental para o presente trabalho, cf. Raul Prebish, *Hacia una dinámica del desarrollo latinoamericano*, Mar del Plata, Argentina, Consejo Económico y Social, Naciones Unidas, 1963.

22 Quanto aos efeitos do crescimento econômico interno sobre as tendências de integração do mercado em escala nacional, com referência ao Brasil, conforme Paul Singer, *Desenvolvimento econômico sob o prisma da evolução urbana*, São Paulo, Faculdade de Filosofia, Ciências e Letras da Universidade de São Paulo, 1966, ed. mimeo.).

23 Cf. Enzo Faletto, *Incorporación de los setores obreros al proceso de desarrollo: imágenes sociales de clase obrera*, Santiago, Chile, Instituto Latinoamericano de Planificación Económica y Social, 1965; Luiz Pereira (cf. nota 13); Leôncio Martins Rodrigues (cf. nota 19).

fato, mas elas têm outras origens, outro sentido e outras consequências. Não é o poder expansivo de forças produtivas sufocadas, mas a debilidade das formas de organização da produção que engendra e dinamiza as contradições realmente operativas em seu seio. A ênfase posta na economia de consumo induz os vários estratos das diferentes classes sociais a propensões aquisitivas que só poderiam ser satisfeitas através do aumento acelerado da renda nacional e da constante elevação dos níveis de renda real dos assalariados, em geral, e das classes médias, em particular. Como isso não ocorre (nem poderia ocorrer), as contradições surgem e fortalecem-se no choque entre *níveis de aspiração e poder aquisitivo real ou potencial*. Essas contradições manifestam-se, de maneira branda, no uso da inflação sistemática como mecanismo de adaptação ao mercado de uma economia capitalista dependente e como fator indireto de correção parcial dos efeitos da extrema concentração social da renda sobre a estrutura do consumo. Elas transparecem, de modo virulento, em certas manipulações "entreguistas" ou "ultranacionalistas" da política econômica (pelas quais o que se pretende é instaurar, de um jeito ou de outro, processos acelerados do desenvolvimento do capitalismo). E eclodem, de forma explosiva, em programas definidos de nacionalização econômica ou de subversão da ordem econômica capitalista. No fundo, tais contradições possuem uma "lógica interna", que é própria do capitalismo subdesenvolvido e dependente. Elas põe em jogo o vazio das formas de organização da produção capitalista e ameaçam sua incapacidade de gerar, por si sós, expansão acelerada das forças produtivas e abundância para todos. Por esse motivo, são contradições que se equacionam e tendem a resolver-se no plano de sua negação, que é do capitalismo avançado. Só em última instância elas se encaminham ou se encaminharão para a negação de sua negação, através do socialismo.

Outros aspectos da contribuição conceitual e teórica de Marx poderiam ser apreciados segundo o mesmo espírito. Eles foram deixados de lado, ou porque seriam mais pertinentes para o economista, ou porque transcendem ao propósito da presente discussão.[24] Ativemo-nos ao que nos parece essencial para a análise e explicação do processo de formação do capitalismo dependente. Agora, cumpre-nos passar a outros aspectos, mais ou menos negligenciados no modelo explicativo de Marx. É sabido que esse

---

24 Doutro lado, essa discussão não precisa ser exaustiva. Primeiro, porque não pretende ser uma crítica sistemática e superativa das explicações sociológicas de Marx (como acontece, por exemplo, com Ralf Dahrendorf, *Class conflict in industrial society*, Stanford, Stanford University Press, 1959). Segundo, porque não contém nenhuma intenção doutrinária (do tipo "socialismo revisionista").

modelo dá pouca ênfase aos mecanismos de solidariedade moral, relacionados com a estrutura e a organização da sociedade global. As questões que aí se colocam são bastante relevantes para justificar, em termos puramente teóricos, o interesse por abordagens adequadas à análise das causas e efeitos sociais do consenso. Acresce que as sociedades capitalistas subdesenvolvidas mal saíram (quando não se acham parcialmente engolfadas) da *ordem tradicionalista*, cuja influência cria tipos de obstáculos à implantação irreversível da *civilização industrial*.[25] Isso faz com que obrigações morais e formas de solidariedade incompatíveis com o capitalismo (*dependente* ou *avançado*) e com o funcionamento de uma ordem social competitiva acabem tendo importância variável na constituição do horizonte cultural médio, no bloqueio dos fatores estruturais de mudança social e inclusive na distorção ou solapamento do estilo emergente de vida social, econômica e política.[26] Essas razões aumentam, naturalmente, o interesse por semelhante abordagem, adicionando-lhe ainda uma dimensão evidente.

---

25 Para uma discussão sistemática, com ampla bibliografia selecionada: cf. Everett E. Hagen, *On the theory of social change: how economic growth begins*, Homewood, The Dorsey Press, 1962. Ver, ainda: Bert F. Hoselitz, *Sociological aspects of economic growth*, The Free Press of Glencoe, 1960; Albert O. Hirschman, *Estratégia do desenvolvimento econômico*, trad. de Laura Schlaepfer, Rio de Janeiro, Fundo de Cultura, 1961; Richard F. Behrendt, *Development from below*, Internacional Symposium of "Wirtschafspolitische Gesellschaft von 1947" from 26th to 30th of July in Berlin Kongreshalle, e "Can we plan the development planning?", *Inter Economics*, Hamburgo, mar. 1966, p. 6-8; Peter Heintz, *Soziologie der Entwicklungsländer: eine systematische Anthologie*. Colônia/Berlim, Kiepenheuer & Witsch, 1962. Sobre a América Latina, em particular, cf. esp.: José Medina Echavarría, *El desarrollo económico de América Latina*, Santiago, Chile, Cepal, 1961; Gino Germani, *Política y sociedad en una época de transición: de la sociedad tradicional a la sociedad de masas*, Buenos Aires, Editorial Paidos, 1966; Raul Prebish, *Hacia una dinámica del desarrollo latinoamericano*, op. cit.; Dwight B. Health e Richard N. Adams (orgs.), *Contemporary cultures and societies of Latin America*, Nova York, Random House, 1965; Joseph A. Kahl (org.), com introdução de Pablo González Casanova, *La industrialización de América Latina*, México/Buenos Aires, Fondo de Cultura Económica, 1965; Hegbert De Vries e José Medina Echavarría (orgs.), *Aspectos sociales del desarrollo económico en América Latina*, Liège, Unesco, 1962, 2 vols.

26 Cf. esp. Alfred Métraux e outros, *Resistências à mudança: fatores que impedem ou dificultam o desenvolvimento*, Rio de Janeiro, Centro Latino-americano de Pesquisas em Ciências Sociais, Publicação nº 10, 1960; sobre a América Latina, em particular: Albert O. Hirschman, *Política econômica na América Latina*, trad. de Carlos Werneck de Aguiar e Jorge Arnaldo Fortes, Rio de Janeiro, Fundo de Cultura, 1963; Florestan

O modelo explicativo de Durkheim, no que ele possui de mais importante (uma análise comparativa sistemática e rigorosa, como diria Marcel Mauss, fundada em dados empíricos precisos), é de difícil exploração. Infelizmente, poucos estudos foram feitos sobre as "sociedades capitalistas avançadas", consideradas globalmente; e até hoje está por se fazer uma caracterização do *tipo social*, inerente a essas sociedades, das variações que as distingam umas das outras, em termos de diferenciação normal e patológica etc. Se se dispusesse de tais conhecimentos, é provável que as semelhanças e as diferenças específicas, existentes entre as "sociedades capitalistas subdesenvolvidas" e aquelas sociedades, pudessem ser representadas abstratamente (com referência ao tipo social comum; e em termos de variações normais ou patológicas). Apesar disso, vistas à luz do precário conhecimento dispersivo que temos do "mundo subdesenvolvido", as sugestões metodológicas de Durkheim bastam para indicar que a *sociedade capitalista subdesenvolvida* não é uma redução patológica daquele tipo social, considerado em determinado estágio do seu desenvolvimento. Ao contrário, ela constitui, através de suas diversas variantes, o que se poderia entender como manifestação normal daquele tipo, nas condições que deram origem e mantiveram o capitalismo dependente. Seus aspectos anômicos, inclusive, explicam-se dessa perspectiva; a ausência ou a debilidade de certos prerrequisitos estruturais e funcionais, essenciais para a integração

---

Fernandes, *Mudanças sociais no Brasil*, São Paulo, Difusão Europeia do Livro, 1960 (introdução e caps. I-II e X) e *A sociologia numa era de revolução social*, São Paulo, Companhia Editora Nacional, 1963 (caps. 4, 7, 8 e 9); L. A. Costa Pinto, *Sociologia e desenvolvimento*, Rio de Janeiro, Civilização Brasileira, 1963 (caps. III-V-X); Charles Wagley, "The Brazilian revolution: social changes since 1930", em Richard N. Adams et al. *Social change in America today*, Nova York, Vintage Books, 1960 (p. 177-230); Kalman H. Silvert, *La sociedad problema: reacción y revolución en América Latina*, trad. de Noemi Rosenblat, Buenos Aires, Editorial Paidos, 1962; S. M. Lipset e A. E. Solari (orgs.), *Elites y desarrollo en América Latina*, Buenos Aires, Editorial Paidos, 1967. O melhor exemplo para o estudo das polarizações radicais e conservadoras das elites dirigentes é, naturalmente, a "revolução mexicana e os fatores que levaram à sua *institucionalização*": cf. esp. Pablo González Casanova, *La democracia en México*, México, Ediciones Era, 1965 (que contém referências bibliográficas para os leitores interessados), e Robert E. Scott, *México: the established revolution*, separata de *Political culture and political development*, organizada por L. W. Pye e S. Verba, Princeton, Princeton University Press, 1965. Quanto à conexão entre resistência à mudança e influências externas, principalmente em suas expressões políticas através de golpes militares, José Nun, *América Latina: la crisis hegemónica y el golpe militar*, separata de *Desarrollo Económico*, vol. 6, nº 22-23, 1966, p. 355-415.

e a evolução do tipo, aumentariam a margem dentro da qual podem ocorrer fenômenos de regressão e de desorganização. Além disso, eles só parecem ser crônicos em face de dadas combinações entre o padrão integrativo e evolutivo, inerente ao tipo social, e as condições estruturais e funcionais em que ele pode ser dinamizado concretamente no "mundo subdesenvolvido". O que quer dizer que, atingido o nível em que se apresentar os pré-requisitos fundamentais, a sociedade capitalista subdesenvolvida converter-se-á em sociedade capitalista *tout court*, encarnando de modo mais completo e definitivo o tipo social comum.

Todavia, o ponto mais importante da contribuição de Durkheim não reside aí, mas em sua teoria sobre as causas e as funções da solidariedade orgânica. De fato, seria exagerado afirmar-se que a "expansão do mundo ocidental moderno" tenha trazido, em conjunto, em qualquer parte, uma confirmação da teoria. Essa expansão desenrolou-se de modo tal que sempre se associou, em regra, a algum tipo de estratificação interétnica. O que significa, em outras palavras, que ela sempre acarretou, desde os seus primórdios, a destruição sistemática das formas sociais vinculadas à solidariedade mecânica ou à sua agregação heteronômica a estruturas inclusivas, fomentadas pela colonização e pela "dominação da raça branca". Portanto, o interesse pelo modelo explicativo de Durkheim e de sua teoria sobre a solidariedade orgânica transcende, sob certos aspectos, intuitos de confirmação ou de infirmação de suas proposições teóricas. Como sucede com Marx, Durkheim também propõe requisitos estruturais e dinâmicos que evidenciam o aparecimento, a diferenciação e a evolução da ordem competitiva, e servem como critério do reconhecimento e explicação da realidade pelo investigador. Apenas, enquanto Marx definia os requisitos estruturais e dinâmicos em nível socioeconômico (através da acumulação originária), Durkheim os formulava em nível da interdependência moral e da integração dos estados coletivos de consciência social (através da teoria da divisão do trabalho social).

Para se perceber o alcance e a importância de sua contribuição é preciso partir-se de constatações mais ou menos simples. A ordem social competitiva origina-se e floresce, no mundo criado pela "expansão da civilização ocidental moderna", como um produto tardio, nascido da desintegração de estruturas sociais formadas nos períodos iniciais da colonização. Conforme a situação que se considere, entre o capitalismo dependente e o estado colonial propriamente dito, interpõe-se uma ou mais formações societárias intermediárias. No Brasil, por exemplo, a estrutura de transição foi a antiga ordem senhorial e escravista, montada através da colonização, mas diferenciada e reintegrada para adaptar-se à emancipação política e à implantação de um estado nacional, e à consequente burocratização da dominação patrimonialista, pela qual os estamentos senhoriais privilegiaram sua condição econômica, social e política, monopolizando o poder. Os problemas que daí decorrem para a análise sociológica são óbvios. O aparecimento e a universalização de interesses puramente econômicos são fenômenos mais simples e imediatos que a desagregação de formas sociais arraigadas de consenso e de solidariedade (especialmente quando as estruturas econômicas emergentes se acomodam às estruturas arcaicas preexistentes, como ocorreu e está ocorrendo geralmente no "mundo subdesenvolvido"). Em consequência, o *arcaico* e o *moderno* nem sempre entram em choque decisivo, que termine com a eliminação das estruturas repudiadas; estabelecem-se várias espécies de fusões e de composições, que traduzem os diferentes graus de identificação dos homens com a herança tradicional e com a modernização. O valor do modelo de Durkheim consiste em que ele permite observar e analisar os requisitos morais da ordem social competitiva através da "composição do meio social interno", ou seja, em termos estrutural-funcionais e causais.

A partir de que nível de diferenciação estrutural-funcional a ordem social emergente impõe, como uma *necessidade social*, a existência da pessoa como categoria psicológica, social e moral autônoma? Como necessidades da mesma natureza exigem que a liberdade se converta em condição de convivência dos indivíduos, de equilíbrio da ordem social e de evolução progressiva da sociedade? Que necessidades sociais tornam o contrato uma forma institucionalizada de relações sociais ou promovem a absorção construtiva de tensões e de conflitos diluídos na ordem social? E assim por diante... Malgrado a negligência desses aspectos em estudos sobre as sociedades capitalistas subdesenvolvidas, parece mais ou menos claro que elas não se organizaram em classes enquanto os mencionados requisitos não se agregaram aos requisitos econômicos. Tanto os "interesses univocamente econômicos" quanto o "conflito de classe" só podem manifestar-se como fatores de integração e de mudanças da ordem social quando eles encontram suporte em formas de consenso e de solidariedade (de alcance grupal ou nacional). Uma fraca integração da solidariedade moral em nível nacional, por exemplo, aumenta o teor egoístico de comportamentos econômicos individualistas (podendo inclusive polarizá-los em direções antissociais) e concorre para manter estados de apatia ou de conformismo diante da perpetuação de formas iníquas de exploração econômica, de privilégios sociais aberrantes e perigosos ou da monopolização do poder por elites mais ou menos indiferentes ao destino da coletividade. Além disso, a persistência, em bloco, de estruturas arcaicas e a intensidade sociopática da resistência à mudança são, em si mesmas, sintomáticas. Estudando-as, objetivamente, pode-se conhecer tão bem a realidade quanto investigando-se os aspectos inversos, que revelam a sociedade em mudança pelos lados mais favoráveis. É desse prisma, aliás, que se alcançam as descobertas mais significativas na esfera prática. O subdesenvolvimento engendra, através do capitalismo dependente, interesses econômicos e vínculos morais que lançam suas raízes nas conexões da organização econômica e social das sociedades subdesenvolvidas com as sociedades avançadas. Ele também cria disposições subjetivas, propensões morais e um estado de espírito que possuem por função manter os vínculos entre as duas sociedades, a hegemônica e a satélite. Mais que na esfera econômica, é aqui que as coisas se esclarecem e se encaminham para o impasse ou para a ruptura, indicando "quem" está a favor ou contra o subdesenvolvimento, e se o subdesenvolvimento se acha ou não em condições de ser superado socialmente. Sem dúvida, o subdesenvolvimento é um negócio, para os que tiram proveito dele através do capitalismo dependente (dentro ou fora da "sociedade subdesenvolvida"). Todavia, o rompimento desse estado não é um negócio (senão sob aspectos pouco consideráveis): e envolve decisões morais e políticas que, de início e a curto prazo, parecem decididamente antieconômicas. Por isso, se o sociólogo quiser ir ao fundo das coisas, ele terá de investigar a resistência às mudanças e o incentivo às inovações nos planos estruturais e funcionais mais profundos da organização da sociedade global. Só assim terá meios para explicar por que o subdesenvolvimento, onde ele surge e se mantém, não é mera cópia frustrada de algo maior nem uma fatalidade. Mas uma escolha, se não realizada, pelo menos aceita socialmente, e que depende, para ser condenado e superado, de outras escolhas da mesma natureza, que forcem os homens a confiar em si mesmos ou em sua civilização e a visarem o futuro.

Na discussão precedente, tentamos demonstrar que se pode utilizar produtivamente os recursos conceituais, metodológicos e teóricos da Sociologia, construídos através do estudo das sociedades capitalistas avançadas, na investigação das sociedades capitalistas subdesenvolvidas. A questão fundamental, que se coloca, é de adequação: aos fatos do capitalismo na era atual. Essa adequação, empiricamente possível e logicamente necessária, permite explorar os principais modelos de explicação aplicados ao estudo do capitalismo e do regime de classes no passado, respeitando-se a integridade do ponto de vista e da problemática inerentes a cada um deles.

O balanço realizado comporta certas conclusões, que não devem ser subestimadas. Primeiro, dois modelos explicativos (o de Marx e o de Weber) conduzem a caracterizações que evidenciam sociologicamente, que o grau de diferenciação e de integração do capitalismo, nas chamadas sociedades subdesenvolvidas, constitui uma função das relações de mercado em nível mundial. Desse ângulo, o subdesenvolvimento explica-se, objetivamente pelas condições de dependência ou de heteronomia econômica. Mercados e economias capitalistas, construídos para serem operados como satélites, organizam-se e evoluem segundo as regras e as possibilidades do capitalismo dependente. Assim, o subdesenvolvimento não é um estado produzido e mantido *a partir de dentro*, mas gerado, condicionado e regulado *a partir de fora*, por fatores estruturais e de conjuntura do mercado mundial. Segundo, os três modelos suportam igualmente a conclusão de que as sociedades capitalistas subdesenvolvidas absorveram os padrões de organização econômica, social e política da civilização ocidental moderna (ou seja, característicos do capitalismo, do regime de classes e da democracia representativa), mas segundo arranjos econômicos, sociais e políticos que refletem tanto a dupla polarização da ordem econômica nelas vigente quanto os impactos inibidores da herança colonial. Por paradoxal que pareça, nesse plano os três modelos levam a evidências convergentes, pelas quais a ruptura do subdesenvolvimento se identifica com o repúdio ao capitalismo dependente e só pode desencadear-se, em condições econômicas internas "favoráveis" ou "desfavoráveis", *a partir de dentro*.[27] Terceiro, os três modelos propõem os requisitos estruturais e dinâmicos de integração da economia capitalista, do regime de classes e da ordem legal-moral correspondente, que podem ser explorados de dois modos distintos no estudo sociológico das sociedades capitalistas subdesenvolvidas. De um lado, eles podem ser entendidos como critérios de reconhecimento sociológico do grau em que elas realizam (ou deixam de realizar) o modelo de integração típico do padrão vigente.[28] Aproveitados dessa maneira, os requisitos indicam onde, como e por que tais sociedades incorporam o capitalismo, o regime de classes e a ordem competitiva de forma peculiar (ou típica). De outro lado, eles podem ser representados como exigências mínimas da fruição autossuficiente e autônoma do padrão de civilização vigente, servindo portanto como indicadores objetivos da existência (ou da inexistência) de condições estruturais e dinâmicas de superação (ou de manutenção) do *estado de sub-*

---

27 A esse respeito, seria conveniente lembrar, como casos extremos, o dos Estados Unidos e o do Japão (no primeiro, as condições econômicas existentes eram *favoráveis* à passagem para o capitalismo autônomo; no segundo, elas não o eram, o que não impediu que o Japão se tornasse uma das potências econômicas modernas).
28 Está claro que a caracterização do tipo varia de uma teoria para outra (em Weber, lidar-se-ia com o *tipo-ideal*; em Durkheim, com o *tipo-médio*; em Marx, com *tipo-extremo*). Mas, em todas as teorias, presume-se que a ordem social competitiva possui um padrão de integração característico e específico (e portanto, típico).

desenvolvimento. Nesse plano, eles definem o sentido histórico das opções coletivas de mudança social (ou de conservantismo cultural) e o modo pelo qual o *desenvolvimento* cai (ou deixa de cair) na esfera de consciência social e de atuação social inconformista das classes em presença.

Parece evidente, no quadro dessas conclusões gerais, que o regime de classes, numa sociedade capitalista subdesenvolvida, possui como substrato material uma situação de mercado dependente e como suporte sociocultural os recursos de uma civilização nucleada no exterior. No nível da situação de mercado, os mecanismos da economia mundial operam de tal forma que as mudanças estruturais ou de conjuntura não se refletem, duradouramente, na posição daquela sociedade, a não ser pela substituição das polarizações dos vínculos de heteronomia. Isso é tão verdadeiro que os diferentes colapsos do velho ou do novo colonialismo e do imperialismo econômico não conduziram senão a formas de heteronomia crescentemente mais complexas, envolventes e eficazes.[29] A racionalização alcançada pelo

---

29 A esse respeito, cumpre observar que o capitalismo monopolista está alterando rapidamente o quadro dos ajustamentos entre nações desenvolvidas e subdesenvolvidas, estimulando o aparecimento de um "padrão de interdependência" que subjuga de forma sem precedentes (sem nenhum vínculo "colonial" ou "imperialista") as economias satélites. Esse processo afeta até as economias nacionais autônomas; mas é nas nações subdesenvolvidas da Europa, da América Latina, da Ásia e da África que as consequências estão assumindo os aspectos mais dramáticos. Sobre o assunto, cf. esp. Paul A. Baran e Paul M. Sweezy, *Capitalismo monopolista: ensaio sobre a ordem econômica e social americana*, trad. de Waltensir Dutra, Rio de Janeiro, Zahar Editores, 1966; Gunnar Myrdal, *An international economy*, op. cit., cap. VIII, e *Teoria econômica e regiões subdesenvolvidas*, trad. de Ewaldo Corrêa Lima, Rio de Janeiro, Instituto Superior de Estudos Brasileiros, 1960; sobre a situação da América Latina, cf. esp. Raul Prebish, *Hacia una dinámica del desarrollo latinoamericano*, op. cit., p. 99-135; Celso Furtado, *A hegemonia dos Estados Unidos e o futuro da América Latina*, Associação Brasileira Independência e Desenvolvimento, 1966; Florestan Fernandes, "Crescimento econômico e instabilidade política no Brasil", *Revista Civilização Brasileira*, ano 1, 11 e 12, dez. 1966-mar. 1967, p. 11-37; para outras indicações: ver Andre Gunder Frank, "Sociology of development and underdevelopment of Sociology", art. cit., p. 28 e nota 38. O impacto das influências do capitalismo monopolista é tão forte que já não se pode pensar que "internalização de centros de decisão" seja equivalente a "nacionalização dos interesses econômicos" e produza autonomia de crescimento econômico, onde estejam presentes firmas que internalizam o fluxo do capitalismo monopolista. A própria integração do mercado latino-americano está sendo incentivada atualmente, sob esse impacto, para estruturar-se uma economia de consumo de dimensões suficientes à existência e à expansão daquelas firmas.

capitalismo avançado também se revela aí, através das técnicas pelas quais se processam a subordinação e a espoliação das economias satélites organizadas em bases capitalistas. No nível do fluxo civilizatório, o eixo da verdadeira história cultural da sociedade capitalista dependente se desloca para fora, para os núcleos de produção e de difusão da civilização consumida. As sociedades subdesenvolvidas, independentemente do seu atraso ou avanço relativos, não possuem recursos materiais e humanos para inverter sua condição de focos de consumo da cultura, e dia a dia vêm aumentar a distância histórica que as afasta quer daqueles núcleos, quer da própria autonomização cultural.

Sob esse prisma, o regime de classes da sociedade capitalista subdesenvolvida e dependente sofre uma espécie de esvaziamento histórico, graças ao qual perde algumas de suas formas e de suas funções essenciais. Em compensação, sob os influxos da heteronomização econômica e sociocultural, ele absorve algumas formas e funções adicionais, através das quais se converte num poderoso componente invisível da continuidade e da intensificação do subdesenvolvimento.[30] Uma visão otimista, fundamentada ou não, vem proclamando que o fenômeno que nos preocupa é um "fenômeno de transição" e que o próprio capitalismo fornecerá a via pela qual as coisas terão de alterar-se. Conjeturas dessa natureza não modificam a realidade nem excluem a necessidade de vê-la e de explicá-la como ela é. Pois, em última instância, os *fenômenos de transição* também exigem explicação sociológica.

3 – A sociedade de classes sob o capitalismo dependente

Como o capitalismo avançado, o capitalismo dependente assume várias formas e gradações. Apenas nos limites da América Latina, a caracterização sociológica permite distinguir três situações típicas, em sua manifestação histórico-social.[31] Está claro que a cada uma das situações típicas correspondem modos variáveis de ordenação das relações sociais e, portanto, de objetivação do regime de classes. Nesta parte da exposição, iremos concentrar-nos sobre o tipo mais complexo de capitalismo dependente, no qual as sociedades nacionais consideradas parecem estar (e assim se consi-

---

30 Dispensamo-nos de discutir esse ponto, que poderá ser suficientemente ilustrado pela terceira parte desta contribuição.
31 Ver, a respeito, Fernando Henrique Cardoso, *El proceso de desarrollo en América Latina: hipótesis para una interpretación sociológica*, op. cit., p. 9-37.

deram, subjetiva e simbolicamente) no limiar da transição para o capitalismo avançado. Tomamos como *caso de referência* a própria sociedade brasileira. A razão da escolha não é meramente ocasional. Temos mais familiaridade e talvez alguma competência para discutir a questão através de materiais referentes ao Brasil. Mas ocorre que este país, juntamente com o México, representam o que se poderia designar como "casos estratégicos", nos quais os atributos do tipo aparecem com maior intensidade, precocidade e luminosidade. Outros países latino-americanos possuem índices mais expressivos de desenvolvimento econômico (como, por exemplo, maior renda *per capita*; mercado interno mais diferenciado, com níveis de consumo mais altos, refinados e difundidos; maior consistência de padrões econômicos competitivos etc.). No entanto, esses caracteres podem ser ilusórios, por resultarem de uma fonte de excedente econômico que não concorre, concentradamente, para um desenvolvimento capitalista integrado (como sucede com a Venezuela, graças ao petróleo); por se vincularem a uma expansão do setor urbano (com transferência de renda e forte incremento do consumo) exagerada para as possibilidades do capitalismo dependente (como ocorre com a Argentina); ou por exprimirem o próprio estancamento prematuro das potencialidades de crescimento inerentes ao capitalismo dependente (como parece acontecer com o Chile).[32] A vantagem do caso

---

32 Na formulação desse ponto de vista, o autor baseou-se, principalmente, nas seguintes obras: Jorge Ahumada, "El desarrollo económico y los problemas de cambio social en América Latina", em E. De Vries e J. M. Echavarría (orgs.), *Aspectos sociales del desarrollo económico de América Latina*, op. cit., vol. I, p. 125-61; Victor Urquidi, *Viabilidad económica de América Latina*, México/Buenos Aires, Fondo de Cultura Económica, 1962 (onde se encontram referências às principais fontes para o estudo econômico da América Latina); Cepal, *El proceso de industrialización en América Latina*, Santiago, Chile, 2 vols., 1965; Secretaria Geral da Organização dos Estados Americanos, *Estudio económico y social de América Latina*, 1961, 2 vols., Washington, Unión Panamericana, 1963; Desal, *América Latina y desarrollo social*, 2 vols., Centro para el Desarrollo Económico y Social de América Latina, Santiago, Chile, 1965; Centro Latino-americano de Pesquisas em Ciências Sociais, *Situação social da América Latina*, Rio de Janeiro, Companhia Gráfica Lux, 1965; Joseph A. Kahl (org.), *La industrialización en América Latina*, op. cit.; Adamantios Pepelasis, Leon Mears e Irma Adelman, *Desenvolvimento econômico: análise e estudo de casos*, São Paulo, Atlas, 1967; Albert O. Hirschman, *Política econômica na América Latina*, op. cit. (cap. 3); Anibal Pinto Santa Cruz, *Chile, un caso de desarrollo frustrado*, Santiago, Chile, Editorial Universitaria, 1959; Raul Prebish, "Relatório preliminar da situação econômica argentina", *Revista Brasileira de Economia*, Rio de Janeiro, ano 10, nº 1, mar. 1956; Benjamin Hopenhayn, "Estancamiento y inestabilidad: el caso argentino en la etapa de sustitución forzosa de importaciones", *El Trimestre Económico*, México, vol. XXXII, nº 125, jan.-mar. 1965.

brasileiro é que ele permite levar em conta, na caracterização do regime de classes no *mundo subdesenvolvido*, tanto os aspectos mais arcaicos quanto os aspectos mais modernos da estratificação social condicionada pelo capitalismo dependente. E, se ele não contém em si "o futuro das demais sociedades subdesenvolvidas", pelo menos evidencia, com incomparável nitidez, que o regime de classes, como conexão dessa modalidade de capitalismo, concorre ao mesmo tempo para organizar internamente os interesses socioeconômicos que produzem as classes e para dar continuidade à "exploração de fora para dentro".

Para indicarmos como "interesse de classe", "situação de classe", "classe social", "consciência de classe" e "atuação de classe" se vinculam às relações de produção e aos dinamismos do mercado, precisamos considerar algumas características fundamentais do sistema econômico e da ordem econômica sob o capitalismo dependente. Primeiro, o sistema econômico não se integra da mesma forma que sob o capitalismo avançado: ele coordena e equilibra estruturas econômicas (ou subsistemas econômicos) em diferentes estágios de evolução econômica. Segundo, a ordem econômica não exprime o ponto de equilíbrio dinâmico de um dado estado de articulação do todo,[33] mas o conjunto de tendências que, no momento correspondente, regulam as situações econômicas (ou algumas de suas fases) em bases propriamente capitalistas.

A primeira característica é parte inelutável do capitalismo dependente: grande parte do excedente econômico é gerada pela exportação de produtos primários, e a organização da produção, nesse setor, dificilmente poderia evoluir para formas especificamente capitalistas, sem elevar os custos a níveis demasiado altos. Além disso, a conjugação de procura externa com técnicas de produção extensiva acarretou um padrão de crescimento econômico pouco flexível, fundado em substituição súbita dos produtos básicos e em constante mobilidade dos centros economicamente prósperos, descrito por alguns autores como *ciclos econômicos*. Esgotada a fase de prosperidade,

---

33 Celso Furtado contrasta o significado dos termos "articulação" e "integração". O primeiro termo designaria a estrutura do todo em conexão com a predominância da monocultura exportadora; o segundo, o padrão para o qual tende a composição do todo sob os influxos da predominância crescente da industrialização e da expansão do mercado interno (cf. *Formação econômica do Brasil*, op. cit., cap. XXXVI). O termo articulação parece-nos adequado, embora seja evidente que ainda prevalece a articulação, já que as transformações econômicas não foram acompanhadas de mudanças substanciais na estrutura social da distribuição da renda e no poder aquisitivo dos diferentes estratos da população.

com frequência não há outra alternativa senão manter, enquanto for possível, a produção no setor. Em conjunto, pois, o emprego ótimo dos fatores econômicos não é determinado pelos requisitos estruturais e dinâmicos do sistema econômico, definidos em termos da integração ao mercado mundial. Mas por uma acomodação plástica às flutuações da procura externa, às possibilidades regionais de atendê-las e às perspectivas decorrentes de atividade econômica lucrativa. Doutro lado, o recurso a técnicas econômicas anacrônicas e a conglomeração de formas heterogêneas de produção não afetam o plano da comercialização, que é, verdadeiramente, a fase na qual o processo de exportação adquire significado e funções econômicas capitalistas. O lado arcaico da economia interna atinge os fatores econômicos excluídos desse nível, o que quer dizer que as técnicas de produção anacrônicas e a conglomeração de formas positivas heterogêneas representam, em si mesmas, um meio de defesa do "produtor" (ou seja, do agente econômico que detém a propriedade das unidades produtivas e dos bens exportados). Conforme as condições, a combinação de modalidades de economia de subsistência com a produção para exportar pode constituir um mecanismo de transferência de pressões para os ombros do trabalhador. Nesse esquema, o proprietário--exportador consegue enfrentar fortes processos de descapitalização da "empresa", do setor e até longas depressões da economia interna, em relativa segurança e com riscos limitados.

O que interessa à presente discussão é o significado da articulação de estruturas econômicas heterogêneas no sistema econômico nacional. A inegável desigualdade das formas de produção coexistentes e seus efeitos sobre o estilo de vida das populações do campo ou sobre o desenvolvimento econômico regional têm levado alguns cientistas sociais a interpretações dualistas rígidas. Pode-se chegar, por aí, à conhecida imagem dos *dois Brasis*,[34] e a desdobramentos ainda maiores, já que é fácil deslocar-se no tempo percorrendo o espaço.[35] Sem negar essa realidade óbvia, devemos reter o que, por trás delas, apresenta-se como uma forma típica de reagir ao presente, viver dentro dele e unificar atividades econômicas aparentemente incongruentes. Pelo que afirmamos, a articulação de formas de produção heterogêneas e anacrônicas entre si preenche a função de calibrar o emprego dos fatores econômicos segundo uma linha de rendimento máximo, explorando-se em

---

34 Ver Jacques Lambert, *Le Brésil: structure sociale et politique*, Paris, Librairie Armand Colin, 1953 (ed. bras.: *Os dois Brasis*, Rio de Janeiro, Inep, 1959).

35 Perspectiva explorada por Redfield para estudar Yucatán. Pode-se apreender essa realidade cotejando-se situações nas quais índios e brancos entram em contato como nos primórdios da "conquista" com metrópoles como o Rio de Janeiro ou São Paulo.

limites extremos o único fator constantemente abundante, que é o trabalho – bases anticapitalistas, semicapitalistas ou capitalistas. Por isso, estruturas econômicas em diferentes estágios de desenvolvimento não só podem ser combinadas organicamente e articuladas no sistema econômico global. O próprio padrão de equilíbrio deste sistema, como um todo, e sua capacidade de crescimento definem-se e são perseguidos por esses meios, sem os quais o esvaziamento histórico dos ciclos econômicos conduziria, fatalmente, da estagnação à decadência[36] e desta à regressão econômica sistemática. Estamos, então, diante de um quadro econômico bem distinto daquele que Sombart traça a respeito da sobrevivência de "sistemas econômicos pré--capitalistas" em economias capitalistas avançadas.[37] Sob o capitalismo dependente, a persistência de formas arcaicas não é uma função secundária e suplementar. A exploração dessas formas, e sua combinação com outras, mais ou menos modernas e até ultramodernas, fazem parte do "cálculo capitalista" do agente econômico privilegiado. Por fim, a unificação do todo não se dá (nem poderia dar-se) no nível da produção. Ela se realiza e organiza, economicamente, no nível da comercialização e, em seguida, do destino do excedente econômico. Em consequência, o agente econômico "mais arcaico", que não tem possibilidades (ou só tem possibilidades estreitas) de reinvestir uma parcela do excedente econômico em suas unidades produtivas (agrícolas, de criação, extrativas etc.), preenche as funções econômicas que decorrem de sua posição no sistema econômico: a) servir de elo entre o mercado interno e o mercado externo na captação de excedente econômico; b) alimentar uma pequena porção do mercado interno com alto poder de consumo; c) servir de elo entre o "setor arcaico" e o "setor moderno" do sistema econômico, transferindo para o crescimento desse último, indireta ou diretamente, parcelas substanciais do excedente econômico gerado no primeiro (e que não podem ser reinvestidos nele, de modo produtivo, mantidas as condições de articulação do sistema econômico).

Esse quadro nada tem de complexo. Contudo, através dele se compreende que os dinamismos de uma economia capitalista dependente não conduzem à autonomia, mesmo sob condições favoráveis de crescimento econômico. Como a articulação se dá no nível dos interesses estritamente lucrativos do capital, no qual a ação econômica adquire significado e fun-

---

36 Sobre as implicações ou consequências socioculturais desse processo, cf. Gioconda Mussolini, "Persistência e mudança em sociedades de folk", *Anais do XXXI Congresso Internacional de Americanistas*, São Paulo, Anhembi, 1955, p. 333-55, vol. I.
37 Werner Sombart, *El apogeo del capitalismo*, trad. de José Urbano Guerrero e Vicente Caridad, México, Fondo de Cultura Económica, 1946, 2 vols., cap. LXI.

ções capitalistas independentemente das formas de organização das relações de produção, tanto o setor arcaico mantém, cronicamente, sua dependência diante do capital externo quanto o setor moderno surge em clima de associação indireta com esse capital (mediante suas articulações com o setor arcaico) e cresce configurando-se como esse último (pela presença maciça ou pela associação crônica com o capital externo). Sob esse aspecto, o que parece, de certa perspectiva, produto autônomo do aumento da produção interna e do crescimento do mercado interno, de outro ângulo mostra-se como efeito dos mecanismos do capital financeiro externo. Em outras palavras, a estrutura e o padrão de equilíbrio do sistema econômico, sob o capitalismo dependente, convertem a articulação econômica em fonte de privilegiamento dos agentes econômicos que podem operar no nível da integração capitalista das atividades econômicas internas e subordinam o crescimento econômico interno às flutuações do consumo e das especulações financeiras do mercado mundial. A industrialização não alterou profundamente esse quadro, embora tenha modificado o modo pelo qual ele se atualiza no presente. A forte concentração do crescimento econômico, provocada pela industrialização, acarretou a intensificação da transferência de renda e de controles econômicos do setor arcaico para o setor moderno, localizado no meio urbano. Nesse sentido, a região beneficiada pelo processo (o eixo econômico Rio de Janeiro–São Paulo) passou a preencher algumas das funções econômicas anteriormente saturadas por centros hegemônicos do exterior. Todavia, no momento em que a industrialização alcançou o patamar do capitalismo industrial, o ciclo industrial acabou se enquadrando no padrão de crescimento articulado de uma economia capitalista dependente.

A segunda característica também se apresenta como decorrência estrutural e dinâmica do capitalismo dependente. Mesmo na fase colonial de sua formação, as atividades econômicas que se desenrolavam no nível do mercado mundial eram reguladas em bases capitalistas (ou seja, dos mecanismos inerentes a esse mercado). Com a emancipação política e a constituição de uma economia nacional, o mercado interno incluiu várias outras fases das atividades econômicas no núcleo das ações orientadas pelo *cálculo capitalista*. Assim, as principais economias urbanas do país (e, em particular, a do Rio de Janeiro) e algumas economias setoriais foram gradualmente integradas, institucionalmente, às condições do mercado. Não obstante, como as formas de produção não desembocaram, do mesmo modo, na mercantilização capitalista do trabalho, nem todas as situações e processos econômicos se incorporaram e foram controlados a partir do núcleo legal e institucionalizado da economia nacional. Essa condição perdura, de maneira variável, até hoje. As normas, técnicas e valores instituídos por esse núcleo legal apenas possuem vigência e plena eficácia com referência às situações e processos econômicos (ou a algumas de suas fases) que correspondam aos requisitos especificamente capitalistas daquele núcleo institucionalizado. Em consequência, a ordem econômica não tem plena eficácia para todos os fatores do sistema econômico, o que faz com que o setor moderno comande os dinamismos do crescimento econômico, mas sem poder impor a transformação ou a eliminação do setor arcaico.

Aqui nos interessam apenas alguns aspectos dessa complexa condição da economia capitalista dependente. Grande número de investigadores toma a existência de uma ordem econômica, institucionalizada em bases capitalistas, como índice de vitalidade do setor moderno e como uma espécie de símbolo de uma transição próxima para o capitalismo avançado. No entanto, deixam de lado duas variáveis fundamentais. A primeira refere-se ao fato de que a transformação do setor arcaico constitui uma função de alterações no mercado mundial e de um considerável crescimento, em quantidade e qualidade, da produção e do consumo internos. Ambas as condições não se realizam, já que o mercado mundial converte, necessariamente, as economias nacionais dependentes em fontes de captação e multiplicação do excedente econômico. Doutro lado, a expansão da economia interna não impede (antes exige, nas condições do capitalismo dependente) que formas arcaicas de produção persistam cronicamente, inclusive depois de serem polarizadas "para dentro". A outra variável relaciona-se com o comportamento das economias capitalistas hegemônicas. O desenvolvimento do capitalismo avançado impõe contínuos reajustamentos no mercado mundial, dos quais resultam a transformação e a reorientação das técnicas capitalistas de controle a distância das economias nacionais dependentes. Essas alterações convergem todas para um mesmo ponto: converter os dinamismos de crescimento da economia capitalista satélite em fonte de transferência para fora do seu próprio excedente econômico. Assim, à medida que o crescimento dessas economias se encaminha no sentido da autonomização, os mecanismos de controle são reorganizados em torno da produção e do consumo internos. As grandes firmas e organizações das economias nacionais avançadas disputam entre si as oportunidades de alocação econômica no *mundo subdesenvolvido*, intensificando a redução das economias nacionais dependentes, dotadas de melhores perspectivas de autonomização em bases capitalistas, em verdadeiras economias de consumo. Isso põe fim ao mito segundo o qual a autonomização do desenvolvimento econômico capitalista seja uma função da capacidade revelada pelas economias capitalistas dependentes de absorver os modelos econômicos das nações hegemônicas. O controle que certos países exercem, no mercado mundial e sobre as sociedades subdesenvolvidas, não repousa apenas nesses modelos, mas na posição econômica a partir da qual eles são explorados. Qualquer que seja a atitude que tomemos diante desse debate, o fato é que a ordem inerente ao sistema econômico de uma sociedade capitalista dependente nasce no ponto de inflexão de suas vinculações estruturais e dinâmicas com as economias mais avançadas. Ela se integra no nível mais avançado e complexo dos mecanismos econômicos do mercado mundial.

Por conseguinte, a vigência e a eficiência dessa ordem econômica, no plano interno, apresentam duas dimensões. De um lado, onde prevalecem formas arcaicas de organização da produção, ela absorve, orienta e regula o comportamento dos agentes e fatores incorporados aos dinamismos no mercado mundial, na fase em que se der a incorporação. Por aí, participam da ordem econômica os elementos abrangidos pelas atividades de exportação (desenroladas no nível da comercialização dos produtos) e de dinamização interna do excedente econômico gerado (além do proprietário-exportador, seus intermediários, os agentes dos negócios de exportação e de importação, do comércio a varejo etc.). De outro lado, onde existem formas modernas de produção, o mercado tende a incluir, progressivamente, todos os fatores econômicos à ordem inerente ao sistema econômico global. Nesse sentido, elas operam como fulcro dinâmico da economia capitalista dependente, na medida em que promovem a difusão e a intensificação de modelos capitalistas mais ou menos consistentes de comportamento econômico e se impõem como o polo hegemônico da economia interna, controlada através dos mecanismos de mercado. O importante, para a nossa análise, é que a ordem econômica assim constituída adapta-se, estrutural, funcional e evolutivamente, ao padrão de equilíbrio dinâmico de uma economia capitalista articulada e dependente. Ela se acomoda à neutralização de vários fatores, inevitavelmente excluídos dos mecanismos de mercado capitalista, e ao se expandir, generalizando-se e se intensificando, tende a concentrar as transformações de maior significado no próprio setor moderno. Por conseguinte, em vez de concorrer para o aparecimento de uma economia capitalista autossuficiente, essa ordem econômica induz a monopolização do crescimento pelo setor moderno e aumenta constantemente a distância existente entre ele e o setor arcaico. Assim, ela organiza a transferência do excedente econômico desse setor para a esfera urbana da economia, como um meio para promover o financiamento da industrialização e expandir as tendências de consumo em massa, que infundem ao setor moderno as aparências do "capitalismo avançado". Para que a ordem econômica imperante neste setor pudesse ter vigência universal e plena eficácia no sistema econômico global, seria necessário que este se transformasse a tal ponto que as diferentes estruturas econômicas se entrosassem segundo um padrão de equilíbrio dinâmico univocamente capitalista. Se isso acontecesse, embora mantendo-se certos desníveis no grau de desenvolvimento relativo das várias estruturas integradas balanceadamente, ocorreria a revolução inerente ao desenvolvimento econômico[38] e, pela autonomização progressiva ou súbita, o próprio capitalismo dependente desapareceria da cena histórica.

Os elementos da sumária descrição das duas características apontadas permitem-nos situar como se constitui, funciona e evolui o regime de classes sob o capitalismo dependente. Como sempre uma posição ativa nas relações de produção incorpora o agente econômico ao mercado (pois na esfera arcaica o trabalho pode ser apropriado em bases anticapitalistas, extracapitalistas e semicapitalistas), a "possessão de bens" e a "não possessão de bens" fornecem o requisito mais geral que pode servir de fundamento à caracterização sociológica. Pelo que vimos, todos os que se incluem no sistema econômico (como ele foi descrito) na condição de "possuidores de bens" classificam-se na ordem econômica, independentemente do modo pelo qual valorizam tais bens através das relações de produção e do mercado. Os não possuidores de bens, porém, poderão ou não valorizar-se e classificar-se na ordem econômica pelo trabalho. Se apenas têm uma posição ativa no sistema econômico, mas não encontram probabilidades de valorizá-la mediante uma posição simétrica no mercado, o trabalho não conta como mercadoria e, portanto, não classifica na ordem vigente. Ao contrário, se à posição ocupada nas relações de produção corresponde uma valorização no mercado, o trabalho conta como mercadoria e como fonte de classificação na ordem econômica. Dessa perspectiva global, os "não possuidores de bens" dividem-se em duas categorias, entre as quais existe uma vasta gama de transições: os que estão imersos na economia de subsistência ou em estruturas arcaicas do sistema econômico (persistentes em maior escala no campo e, com intensidade menor, também nas cidades); os que se assalariaram de uma ou de outra maneira, e os que estão em via de proletarização ou se proletarizaram. A primeira categoria não constitui um "exército industrial de reserva", embora, como é normal nas fases de constituição e de expansão de uma economia capitalista, nela se recrutem grandes massas de candidatos à proletarização (e, portanto, os elementos humanos que podem engrossar, variavelmente, a população industrial excedente). Ela

---

38 Sobre o assunto, cf. esp. Kalman H. Silvert, *La sociedad problema*, op. cit., cap. XVI.

forma, antes, o que se poderia chamar como os *condenados do sistema*, o setor humano marginal de sua origem econômica.[39]

Esse esquema descritivo permite definir o interesse de classe em termos da posição ocupada na ordem econômica. Nesse sentido, o interesse de classe não abrange, apenas, probabilidades lucrativas. Pois ele compreende essas probabilidades como um de seus componentes dinâmicos. Essencialmente, o interesse de classe diz respeito às condições estruturais e funcionais da ordem econômica que garantem a continuidade da posição ocupada e das vantagens (ou desvantagens) dela decorrentes. A situação de classe define-se, por sua vez, através do grau de homogeneidade assegurado socialmente pela ordem econômica à fruição (ou ausência dela) de interesses de classe análogos. De acordo com esses conceitos, todos os "possuidores de bens", no sistema econômico caracterizado, possuem idênticos interesses de classe e a mesma situação de classe. Eles se polarizam positivamente em relação ao sistema econômico e em sua formação societária. Os "não possuidores de bens", contudo, distribuem-se por categorias distintas. Uma parte deles (no caso brasileiro, como em quase todas as sociedades subdesenvolvidas: a maioria da população) não chega a ter interesse de classe e situação de classe, como polarização positiva na ordem econômica capitalista e no regime societário correspondente. Outra parte, incorporada ao setor moderno (em seus desdobramentos rurais, mas principalmente nos seus desenvolvimentos urbanos), possui ambas as condições; através das formas capitalistas de produção e de organização do mercado valorizam-se, econômica e socialmente, pela força de trabalho como mercadoria.

A classe social alicerça-se sobre a comunidade de interesses de classe e de situações de classe. Mas ela é, sobretudo, um grupo social, sujeito a variações de acordo com a intensidade dos contatos sociais, a formação de padrões de vida e de aspirações sociais comuns, laços de solidariedade moral ou de atuação política e formas de consciência peculiares etc. Por isso, a comunidade de interesses e de situação de classe não impede, antes condiciona uma relativa diferenciação social dos indivíduos, de acordo com o modo pelo qual podem valorizar socialmente, criando destinos sociais relativamente comuns, suas probabilidades econômicas. Quando as classes surgem com essa conotação sociológica, elas são perceptíveis como realidade histórica aos próprios agentes e caem na esfera do consenso geral. Pode-

---

39 Aliás, Marx salienta que nas fases incipientes de formação do capitalismo não existe um "exército industrial de reserva", graças à massa de oportunidades de emprego (relação entre a composição do capital e do emprego da força de trabalho). Ele surge e aumenta, progressivamente, com a extensão e a aceleração da acumulação capitalista.

-se, pois, utilizar as elaborações perceptivas dos agentes humanos envolvidos, para caracterizá-las e descrevê-las. No Brasil, em regra os "possuidores de bens" são representados (e se avaliam assim socialmente) como "classes altas", "ricas" ou "poderosas". Sociologicamente, pode-se distinguir entre eles certas gradações como uma classe alta urbana, uma classe alta rural e uma classe média urbana (as duas primeiras vinculam-se solidariamente como uma *burguesia*; a segunda propende mais para o tipo de classe média da sociedade de massas, como é descrita por Wright Mills nos Estados Unidos, e seria impróprio chamá-la de *pequena burguesia*). A classe alta urbana é formada por industriais, banqueiros, grandes comerciantes, profissionais especializados em serviços administrativos ou de elevada qualificação etc. A classe média urbana compõem-se de dois estratos, um deles com propensão à perda de *status* e à proletarização. Um estrato tradicional, recrutado entre funcionários públicos, o grosso dos profissionais liberais, professores, jornalistas, assalariados de "colarinho e gravata", operários altamente qualificados etc. Um estrato moderno, nascido principalmente do pessoal do "tope" das grandes empresas (industriais, bancárias, comerciais ou de serviço), que dispõe de meios para valorizar suas ocupações por causa das posições estratégicas que ocupam na expansão do setor moderno. A classe alta rural é, sob muitos aspectos, uma formação compósita (uma combinação classe-estamento), abrangendo indivíduos e grupos com interesses e situações de interesses relativamente heterogêneos (em suma, as *pessoas gradas* das cidades: o grande e médio proprietário, o pequeno industrial, o comerciante atacadista, o gerente de banco, o padre, o juiz de direito, o delegado, os profissionais liberais, eventualmente os professores e assalariados de "colarinho e gravata" descendentes de famílias tradicionais das localidades etc.) O consenso geral é menos incisivo na graduação social dos "não possuidores de bens". No passado recente, o termo *povo* queria dizer algo como "gente pobre" ou "os que não têm eira nem beira". Todavia, o enriquecimento dos imigrantes, as tendências de mobilidade social associadas à organização e à industrialização, a proletarização da *gente da plebe*, a elevação geral dos padrões de vida sob uma economia de consumo de massas etc. introduziram novas *nuances*, que quebraram as rígidas avaliações antigas. As representações mais persistentes parecem distinguir os "pobres" e o "operariado". A noção de *pobre* é ambígua, pois tanto se refere ao setor dependente das populações urbanas quanto ao "Zé-ninguém" da roça. Doutro lado, a palavra operariado perde sentido societário identificador, especialmente quando se consideram os efeitos da qualificação profissional e do assalariamento concomitante de vários membros das famílias operárias sobre seus níveis de vida e seus destinos sociais. Sociologicamente, talvez se possa distinguir uma classe baixa urbana (composta por assalariados das fábricas, por empregados de lojas e escritórios com baixo rendimento etc.) e uma classe dependente urbana (constituída pelo setor indigente e flutuante das grandes cidades, com frequência vivendo em estado de pauperismo e anomia). Com relação às zonas rurais, torna-se difícil escolher um termo aceitável. O Brasil não chegou a conhecer um campesinato propriamente dito. Além disso, as condições de vida no campo antes conduzem à dispersão das famílias ou à constituição de pequenos aglomerados descontínuos e instáveis que às formações mais ou menos densas e estáveis. Embora o "homem do campo" brasileiro, *trabalhador assalariado* ou não, apareça invariavelmente como *dependente*, não faria sentido falar numa "classe dependente rural". O termo "campesinato" acaba sendo, pois, uma solução descritiva precária, que pode ser aceita, desde que se leve em conta que não se trata de uma formação societária definida, mas de uma classe social em vir a ser.

As características estruturais dos interesses de classes, das situações de classes e das próprias classes indicam, por si mesmas, que os conceitos de consciência de classe e de atuação de classe se tornam invariavelmente ambíguos e equívocos no contexto societário descritivo. As únicas classes que contaram, contam e continuarão a contar com condições para tomar consciência clara de seus interesses de classe e de sua situação de classe são as classes altas. Todavia, elas são vítimas da ilusão da autonomia nacional em nível político, ao mesmo tempo que não podem livrar-se das formas de associação dependente com os agentes e os interesses econômicos dos núcleos hegemônicos externos. Daí resulta uma situação ambivalente no plano estrutural da junção da ordem econômica vigente com a ordem social de classes. A existência de um Estado nacional independente e a parte tomada por essas classes, com real autonomia, na condução da vida política interna, levam-nas a identificarem-se com os símbolos econômicos, políticos e sociais da soberania nacional e do liberalismo econômico.[40] A situação heteronômica da economia nacional e as consequências resultantes, mesmo no nível político-diplomático e da elaboração da política eco-

---

40 Sob esse aspecto, como a pequena cidade (ver Arthur J. Vidich e Joseph Bensman, *Small town in mass society: class, power and religion in a rural community*, Garden City, Doubleday & Co., 1960), a sociedade nacional dependente possui um sistema de normas, símbolos e valores que não consegue dinamizar com plena eficácia e autonomamente. As incongruências dessa situação transparecem diretamente nas formas de consciência e de atuação social das classes dominantes porque são elas que constroem e mantêm as ideologias e as utopias da sociedade global.

nômica, engendram um estado de consciência mais ou menos espúrio, que converte a *livre-empresa*, a *filosofia econômica liberal* correspondente e o *Estado democrático* em "outros meios" para atingir fins econômicos e salvaguardar a ordem econômica inerente ao capitalismo dependente. Dessa perspectiva, uma análise estrutural desemboca numa contradição insolúvel. Os "donos do poder" não possuem meios para realizar as condições últimas de sua liberdade e autonomia como classe, cumprindo um destino adverso às suas próprias convicções econômicas, políticas e morais, ao se verem continuamente forçados a subordinar aspirações de autonomia nacional a interesses econômicos. Em consequência, as complicadas ramificações da composição entre "capitais estrangeiros" e "capitais nacionais" conduzem a uma inevitável diluição das mencionadas contradições nas polarizações ideológicas e utópicas da situação da classe alta (ou dominante). A ordem econômica, social e política é percebida como se o sistema de símbolos operasse, realmente, da mesma forma que nos "países avançados" e nas economias hegemônicas. Desse modo, a função desempenhada pelas classes altas para manter um estado de associação dependente, que engendra o subdesenvolvimento econômico crônico e resvala negativamente sobre a autodeterminação do próprio Estado nacional, é escamoteada ou sublimada. Contudo, isso não impede que os interesses econômicos mordam o calcanhar de aquiles dessa burguesia impotente. Como em outras sociedades capitalistas subdesenvolvidas, essa condição estrutural também conjuga interesses de classe e situação de classe alta (ou dominante) com um anseio larvar de autonomia econômica. Ele é sufocado como parte das *exigências da situação* sob o capitalismo dependente: se o anseio florescesse e subisse à cabeça dos capitalistas nativos, estes arruinariam o seu "mundo de negócios", em troca de uma "revolução econômica dentro da ordem" que ninguém sabe aonde iria parar, numa sociedade na qual a transição para o capitalismo autônomo por vezes não passa de uma miragem e as injustiças ou iniquidades sociais são tão fortes. O que importa, aqui, é que a percepção da realidade e as consequentes formas de atuação de classe impelem as classes sociais altas a condicionarem o seu destino social à ordem econômica inerente ao capitalismo dependente, negando-se como classe dominante ao escamotearem a realidade, sublimando-a através de símbolos destituídos de eficácia para a sua existência e para a sua autonomia como classe.

Quanto às demais classes, duas coisas são evidentes: 1º) as formas de consciência e de atuação das classes médias são condicionadas, na ordem econômica vigente, pela sua associação com aquilo que se poderia chamar de "interesses do capital" (nacionais ou estrangeiros). Elas não possuem suficiente diferenciação para se imporem de outro modo, o que as vincula a um destino social contraditório: ao mesmo tempo que apregoam a intensificação da ultramodernização, na qual poderá estar o elemento específico de seus interesses e atuação de classe (nessa esfera as classes médias monopolizam as melhores probabilidades de autovalorização no mercado), convertem-se nos puritanos do capitalismo dependente. 2ª) A classe baixa urbana, a classe dependente urbana e o campesinato sofrem profundamente os efeitos perturbadores da maneira pela qual se objetivam, positiva ou negativamente, seus interesses e situações de classe na ordem inerente ao capitalismo dependente. A classe baixa urbana não se metamorfoseia no equivalente de algo como "a vanguarda consciente do proletariado". Ao contrário, polarizada de modo positivo na ordem econômica vigente, compartilha, aceita e valoriza o privilegiamento do mundo urbano, orientando-se preponderadamente por seus valores (avaliação da desigualdade social, econômica e política; justificação dos fatores e efeitos da concentração do desenvolvimento no setor moderno; identificação com os móveis sociais, econômicos e políticos da mobilidade social vertical e com os símbolos que a revelam, através das aparências de *affluent* society etc.). Assim, seu destino social também é modelado pela ordem econômica inerente ao capitalismo dependente, embora exista um inconfundível elemento de tensão entre seus interesses e situação de classe e o padrão de equilíbrio do sistema econômico. Por paradoxal que pareça, o elemento de tensão diz respeito à intensidade do crescimento econômico, possibilitado por esse sistema econômico (e, por conseguinte, relaciona-se com a posição da classe baixa urbana na ordem econômica existente; participação dos fluxos da renda, dos níveis de vida etc.), não privilegiando motivos específicos de "afirmação operária" ou de "luta de classes". Contudo, graças a isso temos de tomar em conta dois fatores estruturais que vinculam divergentemente a classe baixa urbana a essa ordem econômica. De um lado, ao afirmar sua condição de classe (pelo visto, a questão da negação de sua condição de classe ainda não se põe historicamente), ela nega o subdesenvolvimento, com suas ramificações em interesses legítimos ou espúrios. Isso é facilmente compreensível, desde que se entenda que a classe baixa urbana vincula o seu destino social ao florescimento da civilização vigente, mas sem precisar comprometer-se, como e enquanto classe, com os mecanismos e os objetivos da associação econômica dependente, que une pelo topo as classes altas, as classes médias e os núcleos hegemônicos externos. Portanto, ela é livre, como e enquanto classe, para se identificar com os alvos mais profundos da autonomização econômica, social e política da sociedade nacional,[41] os quais em vários pontos

---

41 Os partidos e movimentos políticos com maior apoio popular e maior aceitação no meio operário brasileiro são variavelmente "nacionalistas" e contrários à dependência

coincidem com a realização de seu destino social como classe.[42] De outro lado, uma interferência drástica na continuidade do crescimento econômico, que ameaçasse ainda mais os limites dentro dos quais a classe baixa urbana participa das vantagens do crescimento econômico sob o seu padrão atual, é suscetível de projetar o elemento de tensão existente em contextos histórico-sociais nos quais ele poderá tornar-se explosivo. Nesse caso, a propensão a fazer a "revolução dentro da ordem", pelo desenvolvimento, seria facilmente substituída por outros tipos de comportamento inconformista e por soluções verdadeiramente revolucionárias. Desse ângulo, fica bem claro, em termos estruturais, que o *desenvolvimento econômico*, como "revolução social", constitui uma fórmula conservadora e que, se ela falhar, não existirá alternativa para o capitalismo.

Com referência às outras duas classes, há pouco que dizer. A classe urbana dependente não possui interesse e situação de classe específicos por causa de alguma vinculação estrutural negativa com a ordem econômica, mas por anomia (não importando, agora, a fonte dessa anomia): as inconsistências da própria ordem econômica ou as deficiências adaptativas dos indivíduos e grupos de indivíduos). Nas presentes circunstâncias, porém, como sucede com vários países do *mundo subdesenvolvido* (em particular na América Latina), por seu contínuo crescimento maciço, ela tende a assumir, diante da ordem econômica inerente ao capitalismo dependente, uma

---

econômica, política ou cultural em relação às grandes potências mundiais. Não se sabe, porém, como os assalariados reagem, nas situações de trabalho, a esse tipo de relação. Uma pesquisa recente demonstra que os operários empregados numa grande empresa de capitais e administração norte-americanos preocupam-se com as condições de trabalho e com os níveis de remuneração, melhores que em outras empresas, negligenciando os demais aspectos (cf. Leôncio Martins Rodrigues, *Atitudes operárias na empresa automobilística*, op. cit., caps. II e IV). No entanto, ainda não se conhecem as atitudes predominantes em todo o operariado.

42 Mesmo em termos de preservação da ordem social competitiva, a consolidação do regime de classes terá de acarretar reformas estruturais na sociedade brasileira, de significado específico como fonte de conjugação entre a autonomização econômica, social e política da sociedade nacional e o destino da classe baixa urbana (cf. esp. Florestan Fernandes, "Como muda o Brasil", *Cadernos Brasileiros*, Rio de Janeiro, ano VIII, nº 35, 1966, esp. p. 35-39. Ver ainda: Francisco C. Weffort, *Estado y masas en el Brasil*, Santiago, Chile, Instituto Latinoamericano de Planificación Económica y Social, 1964; Octavio Ianni, Paul Singer, Gabriel Cohn e Francisco C. Weffort, *Política e revolução social no Brasil*, Rio de Janeiro, Civilização Brasileira, 1965).

polarização comparável à do campesinato.[43] Essa ordem, como vimos, define em sentido negativo o interesse e a situação de classe do campesinato, excluindo-o parcial ou totalmente dos mecanismos normais que poderiam valorizar seu destino social, por meio das relações de produção e do mercado. Se o sistema econômico pudesse eliminar rapidamente as estruturas arcaicas, semelhante polarização negativa teria escasso significado sociológico. No entanto, a articulação de estruturas arcaicas e modernas é um requisito do capitalismo dependente e este só poderá modificá-la, mantendo-se como tal, de maneira muito lenta e jamais completamente. Mesmo o novo tipo de relação heteronômica, nascido com as influências do capitalismo monopolista, que acelera a absorção das estruturas arcaicas pela industrialização e expansão do consumo de massas, não permite remover todas as fontes de desequilíbrio e de tensão, no nível estrutural (o que exigiria um sistema econômico capitalista autossuficiente e autônomo). Portanto, é pouco provável que o estilo de *modernização do campo*, possível dentro do capitalismo dependente, logre estabelecer equilíbrio dinâmico entre as estruturas arcaicas e modernas. Por isso, o campesinato aparece como a classe social negada, que não tem nenhuma vinculação nem nenhum compromisso, de raízes estruturais, com a ordem econômica e o regime societário do capitalismo dependente. Essa situação histórica não engendra uma atuação de classe revolucionária apenas porque as condições que negam ao campesinato (parcial ou totalmente) interesse e situação de classe também lhe negam qualquer meio de consciência e de atuação como classe reduzindo-o, ao mesmo tempo, à maior miséria e à mais extrema impotência. Bloqueado o caminho da rebelião, só lhe resta a saída da negação de si próprio, através da ordem econômica e do regime societário que

---

43 O melhor exemplo, a respeito, pode ser extraído do crescimento demográfico da cidade de Recife, suas correspondentes transformações de estrutura econômica e oportunidades de trabalho (Paul Singer, *Desenvolvimento econômico sob o prisma da evolução urbana*, op. cit., cap. 6; Mário Lacerda de Melo, *As migrações para o Recife: I – Estudo geográfico*, Recife, Instituto Joaquim Nabuco de Ciências Sociais, 1961. Os demais estudos sobre a cidade, publicados por essa instituição e na mesma data: Antonio Carolino Gonçalves, *As migrações para o Recife: II – Aspectos do crescimento urbano*; Paulo Maciel, *As migrações para o Recife: III – Aspectos econômicos*; Levy Cruz, *As migrações para o Recife: IV – Caracterização social*). Esse tipo de concentração demográfica, que não conduz à absorção da população migrante pelo sistema de ocupações e, portanto, dá origem a um setor marginal, intensifica as tensões contra a ordem econômica vigente e pode provocar, a longo prazo, mudanças de tipo catastrófico.

produzem essa situação. A migração para outras regiões, em busca do assalariamento nas ocupações tradicionais; a tentativa de penetrar no *mundo urbano*, de classificar-se dentro dele e de ter acesso a seus privilégios; a identificação positiva com a proletarização, vista como ascensão social e também como um privilégio; a superestimação do estilo de vida operário etc. – são os mecanismos pelos quais se concretiza a conciliação dos "condenados do sistema" com sua ordem socioeconômica. A questão que se coloca, para o sociólogo, não é tanto a da eficácia desses mecanismos. Ela já está comprovada. O homem rústico, socializado para a vida moderna (em condições rurais ou urbanas), passa a pertencer à sociedade de classes e deixa de ser um risco de violência explosiva em potencial. Ao que parece, é o próprio sistema econômico do capitalismo dependente que não dispõe de meios para enfrentar a escala do problema. O número envolvido é demasiado grande para que se consigam os reajustamentos necessários, mantendo-se as demais condições. Nesse plano, a solução "dentro da ordem" só poderia vir de uma aceleração substancial do desenvolvimento econômico.

As funções sociais construtivas do regime de classes são profundamente afetadas pelo grau de coesão e de continuidade das formações sociais anteriores à emergência e à consolidação do capitalismo. Em regra, essas formações entram em desintegração nessas duas fases e constitui uma das funções do regime de classes acelerar a sua decomposição e destruição.[44] Doutro lado, o regime de classes preenche funções positivas, relacionadas com a constituição das condições apropriadas ao funcionamento e ao desenvolvimento de uma economia fundada na apropriação privada dos meios de produção, na mercantilização do trabalho e na organização capitalista das relações de produção e do mercado. Nesse plano, ao pressionar as estruturas sociais preexistentes, o regime de classes tende a transformar

---

44 Warner e Srole analisam tais funções com referência à desintegração de heranças culturais de grupos étnicos (cf. W. Lloyd Warner e Leo Srole, *The social systems of american ethnic groups*, New Haven, Yale University Press, 1945, esp. cap. X). Conforme a consistência das barreiras, porém, essas funções podem ser parcialmente neutralizadas ou retardadas, mesmo em contexto mais amplo de transformação das outras condições, na direção da integração e desenvolvimento do próprio regime de classes (ver, a respeito, as duas análises clássicas dos dilemas sociais dos Estados Unidos, na esfera das relações raciais e da educação: Gunnar Myrdal, com a colaboração de Richard Sterner e Arnold Rose, *An american dilemma: the negro problem and modern democracy*, Nova York/Londres, Harper & Brothers Publishers, 1944, 2 vols., e August B. Hollingshead, *Elm-town's youth: the impact of social classes on adolescents*, Nova York, John Wiley & Sons, 1940).

ou a eliminar formas de concentração social da renda, do prestígio e do poder típicas de sociedades estratificadas estatalmente. O que significa que essa pressão tende concomitantemente a alterar a posição relativa dos estratos baixos, melhorando, elevando e intensificando os níveis dentro dos quais eles participam da renda, do prestígio social e do poder. Em suma, embora o regime de classes não nivele os estratos sociais em presença, sob nenhum aspecto, ele dá origem a um mínimo de homogeneidade e de equidade na distribuição das probabilidades de valorizar no mercado "o poder de possessão de bens e de trabalho", base na qual se poderá construir uma estratificação social de fundamentos univocamente econômicos.

O espectro estrutural descrito nas páginas precedentes sugere, por si mesmo, o quanto o capitalismo dependente interfere e restringe, *normalmente*, tais funções do regime de classes. Duas conexões histórico-sociais são particularmente responsáveis por isso. Primeiro, a própria formação e estrutura da economia capitalista dependente, constituída para manter-se polarizada e para proporcionar excedente econômico a outras economias capitalistas mais avançadas. No clima de uma economia colonial ou da expansão econômica sob impacto de desenvolvimentos *imperialistas* ou *monopolistas* dos centros hegemônicos do mercado mundial, o que prevalece não é o "interesse lucrativo" puro e simples. Mas, conforme a fase focalizada, o que Sombart chamou, com referência ao passado, de pirataria econômica; e o que poderíamos designar, com relação ao presente, como "mentalidade espoliativa" e "espírito especulativo". Segundo, as possibilidades limitadas com que contam (ou contaram) os antigos "povos coloniais" para encetarem e incentivarem, internamente, um processo de acumulação capitalista suficientemente consistente e dinâmico têm conduzido, com frequência, a um privilegiamento crônico de formas de concentração social da renda, do prestígio e do poder típicas do capitalismo dependente. Acresce que o padrão de articulação entre estruturas arcaicas e modernas intensifica esse processo e agrava o seu caráter crônico. Em consequência, técnicas de formação de excedente econômico exploradas transitoriamente (durante lapsos de tempo que variaram de um economia nacional para outra), nas sociedades capitalistas subdesenvolvidas eternizam-se e convertem-se em formas normais do ajustamento econômico às exigências da situação histórico-social.

A essas razões poderia agregar outras, inclusive certo estado de integração e de eficácia do nacionalismo e dos meios institucionalizados através dos quais ele se manifesta socialmente, desencadeando obrigações morais, aspirações políticas e controles coercitivos suscetíveis de restringir ou eliminar iniquidades econômicas, sociais, políticas ou culturais, residualmente prejudiciais ao equilíbrio e ao rendimento dos sistemas nacionais de poder. Contudo, as razões apontadas são suficientes para ilustrar o que nos interessa. No contexto histórico-social do capitalismo dependente, o regime de classes preenche apenas algumas de suas funções essenciais e, assim mesmo, de maneira variavelmente unilateral. Como o que entra sempre em jogo a partir de dentro ou a partir de fora, consiste em fomentar e expandir uma economia capitalista em condições frequentemente adversas, as influências mais fortes e marcantes do regime de classes desenrolam-se nessa esfera. Além disso, as funções que ganham relevo, no plano econômico, são as que dizem respeito a aproveitar as oportunidades existentes e até as inexistentes ou impossíveis... Parece inútil ressaltar o que significa semelhante estado de coisas. Pessoas e grupos de pessoas, em posições estratégicas, adquirem probabilidades únicas de concentrarem ainda mais em suas mãos uma renda, um prestígio social e um poder já exageradamente concentrados. O regime de classes vincula-se, portanto, a um aumento crescente das desigualdades econômicas, sociais e políticas, preservando distâncias e barreiras sociais antigas, nas relações entre estratos sociais diferentes, ou engendrando continuamente outras novas.[45] Como as demais funções do regime de classes (no plano cultural, político e social) se atrofiam ou se manifestam com menor vigor relativo, a formação societária resultante contrai o espectro estrutural e as contradições irredutíveis, típicos do capitalismo dependente. As classes altas passam a resguardar o privilegiamento de sua posição como se ele devesse ser natural, eterno e sagrado. Omitem-se ou opõem-se sistematicamente, pela violência onde tornar conveniente, à institucionalização e à fruição das formas de equidade, que garantem à ordem social competitiva um padrão de equilíbrio dinâmico capaz de assegurar a classes sociais com interesses econômicos divergentes ajustamentos normais através de acomodação ou de conflito. O regime de classes assume, pois, como conexão histórico-social do capitalismo dependente, uma dimensão peculiar. Adapta-se normalmente, em termos funcionais, a iniquidades econômicas insanáveis, a tensões políticas crônicas e a conflitos sociais insolúveis, elevando a opressão sistemática, reconhecida ou disfarçada, à categoria de estilo de vida.[46]

---

45 Sobre o significado econômico desse processo, cf. esp. Jorge Ahurmada, "El desarrollo económico y los problemas de cambio social en América Latina", op. cit., (esp. as reflexões da última parte desse ensaio). Sobre o significado social e político, cf. esp. Kalman H. Silvert, *La sociedad problema*, op. cit.

46 A principal análise sociológica sobre as manifestações e as consequências da opressão sistemática na América Latina é feita em um livro recente: Orlando Fals Borda, *La*

subversión en Colombia: el cambio social en la historia, Universidad Nacional y Ediciones Tercer Mundo, 1967 (nesta obra o leitor encontrará uma bibliografia exaustiva sobre o assunto). Ver, também, Mons. Germán Guzmán, Orlando Fals Borda e Eduardo Umaña Luna, *La violencia en Colombia*, Bogotá, Universidad Nacional, 1962, 1º vol.; Ediciones Tercer Mundo, 1964, 2º vol. Quanto ao Brasil, há uma acentuada tendência a supor-se que sua evolução histórica se tem processado "sem graves comoções internas". Essa representação, tão cara aos historiadores, não encontra fundamento na realidade. Onde persiste a dominação tradicionalista, ela assenta na opressão e na violência, por vezes dissimulada (ver esp.: Nestor Duarte, *A ordem privada e a organização política nacional*, 2ª ed., São Paulo, Companhia Editora Nacional, 1966; Victor Nunes Leal, *Coronelismo, enxada e voto*, Rio de Janeiro, Edição Revista Forense, 1946; L. A. Costa Pinto, *Lutas de famílias no Brasil*, São Paulo, Companhia Editora Nacional, 1949; Marcos Vinicius Vilaça, Roberto C. de Albuquerque, *Coronel, coronéis*, Rio de Janeiro, Tempo Brasileiro, 1965). A essa bibliografia sumária, seria preciso agregar pelo menos algumas obras de investigação sistemática, que analisam as tensões no campo correlacionando-as com a estrutura da propriedade agrária, com as formas de dominação vigentes ou com as transformações da cultura cabocla e as migrações, cf. esp. Antonio Candido, *Os parceiros do rio Bonito*, Rio de Janeiro, Livraria José Olympio Editora, 1964; Manoel Correia de Andrade, *A terra e o homem no Nordeste*, São Paulo, Brasiliense, 1963; Maria Sylvia Carvalho Franco Moreira, *Os homens livres na velha civilização do café*, São Paulo, Faculdade de Filosofia, Ciências e Letras da Universidade de São Paulo, 1964 (ed. mimeo.), José Cesar Aprilanti Gnaccarini, *Formação da empresa e relações de trabalho no Brasil rural*, São Paulo, Faculdade de Filosofia, Ciências e Letras da Universidade de São Paulo, 1966 (ed. mimeo.), Eunice Ribeiro Durhan, *Migração, trabalho e família: aspectos do processo de integração do trabalhador de origem rural à sociedade urbano-industrial*, São Paulo, Faculdade de Filosofia, Ciências e Letras da Universidade de São Paulo, ed. mimeo.; Ignácio Rangel, *A questão agrária brasileira*, em F. Santiago (org.), *Textos básicos*, Belo Horizonte, Departamento de Ciências Econômicas da Faculdade de Filosofia, Ciências e Letras da Universidade de Minas Gerais, 1961, p. 55-107; Caio Prado Jr., "Contribuição para a análise da questão agrária no Brasil", *Revista Brasiliense*, nº 28, 1960, p. 165-238, e "Nova contribuição para a análise da questão agrária no Brasil", *Revista Brasiliense*, nº 43, 1962, p. 11-52; e os estudos de Fernando Henrique Cardoso, Octavio Ianni, Duglas Teixeira Monteiro, Paul Singer e Salomão Schattan, publicados no volume especial, sobre o assunto, da *Revista Brasileira de Estudos Políticos* (nº 12, out. 1962). A dissimulação se torna impossível quando os fatores da opressão são desmascarados, como ocorre frequentemente em diferentes situações desse mesmo mundo tradicionalista (cf. esp. Euclides da Cunha, *Os sertões*, 14ª ed., São Paulo, Livraria Francisco Alves, 1938; Maurício Vinhas de Queiroz, *Messianismo e conflito social*, Rio de Janeiro, Civilização Brasileira, 1966; Maria Izaura Pereira de Queiroz, *O messianismo no Brasil e no mundo*, São Paulo, Dominus Editora/Edusp, 1965, esp. p. 193 e ss. e bibliografia, p. 365 e ss.; Maria Izaura Pereira de Queiroz, Carlo Castaldi, Eunice T. Ribeiro e

Uma análise funcional do regime de classes exigiria que se discutissem vários problemas essenciais, das funções do mercado capitalista numa sociedade subdesenvolvida e dos efeitos da extrema concentração social da renda sobre a composição do consumo até os requisitos dinâmicos de inte-

---

Carolina Martuscelli, *Estudos de sociologia e história*, Anhembi, 1957; Rui Facó, *Cangaceiros e fanáticos*, Rio de Janeiro, Civilização Brasileira, 1963). A transição para a industrialização e o aparecimento de greves, por sua vez, mostrou nenhuma tolerância das classes altas diante dos movimentos operários (cf. esp. Everaldo Dias, *História das lutas sociais no Brasil*, São Paulo, Edaglit, 1962; Aziz Simão, *Sindicato e Estado: suas relações na formação do proletariado de São Paulo*, São Paulo, Dominus Editora/Edusp, 1966; Leôncio Martins Rodrigues, *Conflito industrial e sindicalismo no Brasil*, São Paulo, Difusão Europeia do Livro, 1966; Juarez Rubens Brandão Lopes, *Crise do Brasil arcaico*, São Paulo, Difusão Europeia do Livro, 1967. Ver, também: Vamireh Chacon, *Histórias das ideias socialistas no Brasil*, Rio de Janeiro, Civilização Brasileira, 1965). Com frequência, a ação política culmina em impasses cuja solução fica em suspenso por longo período de tempo. Por fim, os conservadores absorvem, na fase política, a solução dos problemas, processo frequente no Império e ainda hoje (cf. Paula Beiguelman, *Pequenos estudos de ciência política*, São Paulo, Centro Universitário, 1967; José Honório Rodrigues, *Conciliação e reforma no Brasil: um desafio histórico cultural*, Rio de Janeiro, Civilização Brasileira, 1965; Paulo Mercadante, *A consciência conservadora no Brasil*, Rio de Janeiro, Saga, 1965). Todavia, esses episódios não exprimem, interpretados sociologicamente, senão as dificuldades em pôr-se em prática soluções eficientes. O fato de os conservadores absorverem a solução dos problemas na fase política do controle destes sugere, claramente, uma reação típica à mudança sociocultural: quando a resistência perde eficácia, então opera-se uma adaptação, pela qual as forças conservantistas neutralizam a mudança e preservam suas posições na estrutura de poder (cf. Florestan Fernandes, *A sociologia numa era de revolução social*, op. cit., cap. 7, e "Como muda o Brasil", art. cit.). Toda a época recente de desenvolvimento político da sociedade brasileira tem-se caracterizado pelo enrijecimento das posições conservadoras, pelo envolvimento do militar na política e pelo temor das soluções tidas por "avançadas" ou "comunistas" (cf. esp. Edgard Carone, *Revoluções do Brasil contemporâneo*, São Paulo, DESA, 1965; Thomas E. Skidmore, *Politics in Brazil, 1930-1964*, Nova York, Oxford University Press, 1967. Ambos os livros contêm bibliografias sistemáticas. Ver, ainda: Caio Prado Jr., *A revolução brasileira*, op. cit.; Franklin de Oliveira, *Revolução e contrarrevolução no Brasil*, Rio de Janeiro, Civilização Brasileira, 1962; Pessoa de Morais, *Sociologia da revolução brasileira*, Rio de Janeiro, Leitura, 1965; Oliveiros S. Ferreira, *As forças armadas e o desafio da revolução*, Rio de Janeiro, Edições GRD, 1964; Fernando Pedreira, *Março: 31. Civis e militares no processo da crise brasileira*, Rio de Janeiro, José Álvaro Editor, 1964; Edmundo Moniz, *O golpe de abril*, Rio de Janeiro, Civilização Brasileira, 1965).

gração de classe e do sistema societário global. Muitos desses problemas ainda aguardam investigação empírica e alguns deles apresentam pequena importância heurística. Por isso, escolhemos três problemas distintos, situados em níveis diferentes do funcionamento do regime de classes e de sua projeção na história, com o fito de sugerir uma perspectiva para a compreensão endopática do destino da sociedade de classes no *mundo subdesenvolvido*. Os três problemas centralizam a nossa atenção sobre as classes altas – ou a *burguesia* dessa sociedade. Não há mal nessa limitação. Seja porque somente essas classes atuam efetivamente, construindo a história que os outros vivem. Seja porque as outras classes não contam, no processo histórico, ou se fundem na ação de sentido histórico coletivo com a burguesia.

A questão que talvez sobreleve a todas as outras refere-se ao grau de consistência propriamente capitalista do comportamento econômico. Dadas certas condições mínimas de motivação, orientação e ordenação em bases capitalistas, em que sentido o padrão que organiza em escala social esse comportamento responde aos requisitos de racionalidade de uma ordem econômica capitalista? Numa economia capitalista dependente, a "racionalidade possível" flutua de uma esfera para outra, mesmo no que concerne a interesses univocamente econômicos de agentes privilegiados.[47] Poder-se-ia compreender facilmente essa afirmação por meio de um paralelo simples. Se um fazendeiro ou um empresário industrial brasileiro aguardassem o aparecimento de "condições mínimas de racionalidade", muito dificilmente desempenhariam seus papéis econômicos. Se pretendessem, nas condições com que contam e em que agem, observar rigorosamente as regras do jogo numa economia avançada, de antemão se condenariam ao fracasso. O número de fatores que, por uma razão ou por outra, escapam a

---

47 Sobre os tipos de empresários (industriais) e seu comportamento econômico, cf. Fernando Henrique Cardoso, *Empresário industrial e desenvolvimento econômico no Brasil*, São Paulo, Difusão Europeia do Livro, 1964, e "Las elites empresariales en América Latina", em S. M. Lipset e A. E. Solari (orgs.), *Elites y desarrollo en América Latina*, op. cit., p. 105-24. Quanto à "racionalidade possível" do sistema econômico, cf. esp. Luiz Pereira, *Trabalho e desenvolvimento no Brasil*, op. cit.; José Carlos Pereira, *Estrutura e expansão da indústria em São Paulo*, op. cit., esp. cap. 4. Claudio Torres Vouga, "Direção e ação empresarial", *Sociologia*, São Paulo, vol. XXVII, nº 2, 1965, p. 97-103. Quanto à absorção de técnicas racionais de administração pelas empresas, cf. esp. Mário Wagner Vieira da Cunha, *A burocratização das empresas industriais*, Estudo Monográfico, São Paulo, Faculdade de Ciências Econômicas e Administrativas da Universidade de São Paulo, 1951. Na nota 49, o leitor encontrará a discussão de um caso concreto.

qualquer espécie de previsão e de controle racional é tão grande que "negócio" e "aventura especulativa" andam sempre mais ou menos juntos, mesmo quando e onde existam uma contabilização e alguma previsão das relações com o mercado ou da evolução do empreendimento. Os aspectos desse quadro alteram-se na "grande empresa moderna", que opera em larga escala. Aí o "mínimo de racionalidade" é garantido institucionalmente. Mas, mesmo em casos que caem nessa categoria, a imprevisão e a improvisação afetam pelo menos a "política empresarial" (e, quando isso não sucede, a orientação econômica torna-se demasiado rígida em face da efervescência da vida econômica circundante).

O grau de racionalidade de uma ação social, seja ela econômica ou de outra natureza, depende da estrutura do campo em que o agente atua socialmente.[48] O raio de previsão, a capacidade de relacionar meios e fins em seu desdobramento no tempo e segundo critérios objetivos de eficácia, o próprio poder criador da vontade ou do pensamento são elementos que se organizam exteriormente ao sujeito e determinam o seu modo de ajustamento prático. Em uma economia capitalista subdesenvolvida, é normal que as condições externas "propriamente capitalistas" existam, mas de uma forma peculiar. Muita coisa depende (positiva ou negativamente) do mercado externo e de suas variações conjunturais e de longo termo. O volume e os preços dos produtos exportados podem cair. Medidas cambiais inesperadas, porém necessárias para enfrentar tais oscilações, podem alterar fundamentalmente o quadro econômico. As tarifas podem ser modificadas do mesmo modo e com os mesmos efeitos. Guerras ou crises no mundo exterior transformam profundamente as perspectivas da economia interna, neutralizando momentaneamente os controles dos núcleos hegemônicos e permitindo reorientações do fluxo do crescimento econômico interno. E por aí afora. As relações dos fatores também oscilam em função de combinações internas. Trata-se de uma economia capitalista que articula estruturas arcaicas e modernas, na qual essas últimas apresentam intenso crescimento "desordenado" e se impõem às primeiras como centros hegemônicos da economia nacional. Impera, pois, um clima mais ou menos tumultuoso e trepidante de *negócios*, que desorienta mesmo os que foram socializados para tomar decisões, administrar e gerir ações econômicas de envergadura nessa situação. O raio de previsão do sujeito tem de ser continuamente reajustado às alterações em curso (ou potencialmente prováveis), e a própria

---

48 Cf. esp. Karl Mannheim, *Libertad y planificación social*, trad. de Rubén Landa, México, Fondo de Cultura Econômica, 1942 (partes IV-V), e "Historicism", *Essays on the sociology of knowledge*, Londres, Routledge & Kegan Paul, 1952, p. 84-133.

organização interna da ação econômica precisa ser constantemente modificada. As *dificuldades* procedem de todas as esferas. Escassez crônica de trabalho qualificado e alta mobilidade desses assalariados, inconstância ou deficiências dos mecanismos de controle e de administração das empresas, flutuações de preços ou de ofertas de matérias-primas, protelações de entrega de encomendas, contrações do mercado financeiro, depressões oscilantes da procura, exigências fiscais alteradas subitamente etc. A política econômica do governo e o curso da inflação assumem, por sua vez, o caráter de variação mais ou menos imprevisível, malgrado a influência dos próprios empresários em ambas. Elas sozinhas exigem sutis adaptações do "cálculo econômico capitalista", forçando o agente econômico a passar dos elementos da ação econômica para as condições em que ela deverá desenrolar-se, as quais ele não pode controlar, mas tem de levar em conta.

Diante desse pano de fundo, característico do capitalismo dependente em expansão, torna-se difícil estabelecer "a lógica" do comportamento econômico capitalista. Tratando-se de uma economia capitalista, essa lógica só pode ser a do "cálculo econômico capitalista". No entanto, o "cálculo capitalista" não é uma aritmética. É um modelo altamente complexo de raciocínio abstrato de natureza prática. Ele não poderia ser eficiente se não se adaptasse à estrutura e à dinâmica das situações com que se defronta o agente econômico numa economia capitalista subdesenvolvida. O que quer dizer que as peculiaridades do capitalismo dependente se refletem não só nos modos de agir do *homo oeconomicus*: elas atingem o cerne de sua imaginação econômica e de seu pensamento criador.

Graças a esse fato, pelo qual as diferentes culturas modelam a perspectiva social do ser humano para enfrentar os problemas e os dilemas da vida prática, com um mínimo de eficácia estandardizada socialmente, o agente econômico pode fazer face ao que se poderia chamar de *circuito de indeterminação*, inerente ao capitalismo dependente. Esse circuito não se manifesta da mesma maneira em todas as esferas da economia. Ele se concretiza, em escala variável, nos setores em que os modelos capitalistas se aplicam de modo específico e sofrem deflexões em virtude do grau de anomia relativa do meio econômico. Assim, os agentes econômicos que operam através de estruturas arcaicas estão mais protegidos na parte de suas ações econômicas que se desenrolam no *background* extracapitalista, que naquelas em que se inserem no setor moderno (onde enfrentam fatores como a depreciação dos termos de troca ou a especulação financeira dos agentes da economia urbana). Os agentes econômicos do setor moderno é que enfrentam o impacto maciço do circuito de indeterminação, já que o desdobramento de suas atividades práticas se realiza *no mundo econômico* por excelência do capitalismo dependente. Ainda aí suas consequências ou influxos negativos incidem de modo variável nos agentes econômicos, de acordo com sua posição na estrutura desse *mundo econômico*. Uma regra de relação inversa aparentemente rege as ocorrências que se repetem: quanto menor for a intensidade da modernização da esfera em que opere, tanto maior serão os riscos ocasionados pela importância de previsão acertada e de comportamento eficaz (o pequeno comerciante, o pequeno empresário industrial e o empresário de serviços, por exemplo, ficam mais expostos ao atrito de fatores e efeitos da anomia econômica que o grande comerciante, o grande industrial ou o banqueiro). O que importa, para a nossa análise, não é essa variação, mas o que ela significa. O cálculo econômico capitalista, sob o capitalismo dependente, aplica-se absorventemente na superação do circuito de indeterminação imanente à objetivação histórica desse capitalismo. Onde os seus fatores e efeitos são postos sob controle, os processos econômicos revelam uma racionalidade capitalista típica. Portanto, são os agentes econômicos que criam essa racionalidade, onde ela se manifesta. O preço desse resultado marcante é a devastação de recursos intelectuais em elementos marginais ou aleatórios dos processos econômicos e a dispersão de objetivos centrais das atividades econômicas, o que faz com que os alvos econômicos essenciais só ocasionalmente sejam perseguidos de modo construtivo e inovador.

O que nos interessa, porém, é a maneira como se estabelece a conexão entre interesses e situações de interesses dos agentes econômicos e o próprio estilo de vida econômica. Dadas as indicações anteriores, poucos são os agentes econômicos que dispõem de condições para neutralizar ou superar o circuito de indeterminação, entranhado no próprio coração da economia capitalista subdesenvolvida. A rigor, apenas as grandes empresas estrangeiras, os empreendimentos estatais de maior envergadura e algumas grandes empresas de capitais mistos ou nacionais conseguem enfrentar os desgastes apontados sem debilitação de sua potência econômica. Comparando-se as diferentes probabilidades, de agentes que neutralizam ou que não conseguem neutralizar o impacto negativo do circuito de indeterminação, parece que a referida conexão se consubstancia na alteração qualitativa do "cálculo capitalista". Improvisação e previsão insegura são os elementos que introduzem nesse cálculo duas dimensões novas: 1º) o sujeito projeta as consequências puramente econômicas de sua ação em um raio tão curto e fechado quanto for possível; 2º) a transferência sistemática dos "riscos do negócio" para outros fatores (de preferência: o agente de trabalho e o consumidor; adicionalmente, o fornecedor ou os mecanismos de crédito; num sentido mais amplo e complexo, para a coletividade). Portanto, o "cálculo capitalista" sofre uma transformação estrutural, que converte o imediatismo e a especulação imoderada em componentes essenciais do êxito econômico. O "espírito lucrativo" sofre uma reelaboração, que leva o sujeito a procurar nos fatores controláveis das relações de produção ou do mercado, que ele pode submeter a formas marginais de exploração, a fonte de um incremento adicional do excedente econômico. Esse excedente adicional volatiliza-se no conjunto do processo, não entra como tal na contabilização, mas constitui a base da segurança e da continuidade dos "negócios". De um ponto de vista ortodoxo, estaríamos diante de um verdadeiro "espírito extorsivo". Contudo, é nessa rotação do "cálculo capitalista" que confere ao agente econômico meios para responder às exigências da situação, dentro dos critérios da "racionalidade possível" sob o capitalismo dependente. Apesar dessa função adaptativa de teor construtivo, não há dúvida de que dois componentes mencionados limitam o horizonte cultural do agente econômico capitalista, estimulando-o a negligenciar os fatores que, nas condições econômicas do capitalismo autossuficiente, promovem a expansão das forças produtivas e conduzem à disciplinação do "mundo dos negócios". Doutro lado, malgrado as racionalizações em contrário, é evidente que eles divorciam o fluxo normal das atividades econômicas da filosofia da livre empresa, especialmente quanto às tendências à depreciação do trabalho, à superestimação das mercadorias e ao recurso à proteção governamental ou ao crédito como fatores compensatórios.

Esses dados sugerem como se processa a dinamização de interesses e situações de classe no nível da forma de consciência e de atuação da burguesia. A burguesia de uma sociedade capitalista subdesenvolvida concentra o melhor de suas energias, de seu talento e de sua capacidade criadora na luta por sua sobrevivência econômica. Apenas incidentalmente transcende esse plano, projetando-se historicamente como uma classe que domina e modifica a estrutura ou o curso dos processos econômicos. Na verdade, seus interesses univocamente econômicos definem-se segundo esquemas tão emaranhados, instáveis e incertos que o chamado "egoísmo de classe" se alimenta de puras contingências econômicas e só se transfigura em *política* sob a pressão de imperativos de autodefesa num plano imediatista e mais ou menos estreito.[49] Assim, a economia capitalista subdesenvolvida engendra uma burguesia que é vítima de sua própria situação de

---

49 O exemplo mais expressivo, a respeito, pode ser extraído da "política de defesa do café", pelo qual os exportadores do produto procuraram proteger-se, desde o início do século, contra os mecanismos especulativos do mercado mundial e suas crises cíclicas. Essa política atingiu o seu clímax durante a crise de 1929, na qual o gover-

classe. Ela possui poder para resguardar sua posição econômica e os privilégios dela decorrentes no cenário nacional. Mas é impotente noutras direções fundamentais, a tal ponto que induz e fomenta um crescimento econômico que a escraviza cada vez mais intensamente ao domínio dos núcleos hegemônicos externos. Desse ângulo, percebe-se quais são e como operam os "interesses econômicos univocamente capitalistas" que conduzem a burguesia das sociedades subdesenvolvidas a forjar e a reforçar, continuamente, as bases econômicas da persistência, crescimento e fortalecimento do capitalismo dependente.

A segunda questão, que gostaríamos de ventilar por causa de seu significado sociológico, diz respeito ao modo pelo qual os interesses econômicos, definidos em termos capitalistas da maneira indicada, dinamizam comportamentos de classe típicos. O lado mais curioso da sociedade capitalista subdesenvolvida é que, apesar do caráter específico e irredutivelmente

---

no montou uma operação através da qual adquiriu e incinerou safras consecutivas de café (ver Roberto C. Simonsen, *Aspectos da história econômica do café*, separata da *Revista do Arquivo Municipal*, nº LXV, 1940, p. 58-71; Antonio Delfim Netto, *O problema do café*, São Paulo, Faculdade de Ciências Econômicas e Administrativas da Universidade de São Paulo, 1959; Celso Furtado, *Formação econômica do Brasil*, op. cit., caps. XXI-XXII). O último autor põe em relevo o significado dessa política anticíclica. Contudo, o inegável é que ela evidencia a coexistência simultânea de duas tendências exclusivas de ajustamento econômico: nas fases de prosperidade, o agente atua segundo a imagem do livre-empresário clássico, apropriando-se do excedente econômico individualmente sob um clima de protecionismo oficial, instaurado direta ou indiretamente pela ação do governo sobre as tarifas e as taxas cambiais; nas fases de depressão, ele transfere os riscos e os ônus da atividade econômica para a coletividade, usando as faculdades de intervenção no mercado e os recursos do governo. É claro que esse mecanismo pode e deve preencher funções construtivas em dadas conjunturas econômicas, pois ele constitui o alicerce invisível do equilíbrio e da expansão da economia capitalista subdesenvolvida e dependente. Ele reaparece em todas as fases de crescimento ou de contração da economia. Teve importantíssimo papel na evolução do setor moderno da economia, em particular como expediente para manter e aumentar as tendências de industrialização criadas pela substituição de importações (ver especialmente: Octavio Ianni, *Estado e capitalismo*, op. cit., passim; Werner Baer, *Industrialization and economic development in Brazil*, Homewood, Richard D. Irwin, 1965; Celso Furtado, op. cit., caps. XXIII-XXVI; Richers, Machline, Bouzan, Carvalho e Bariani, *Impacto da ação do governo sobre as empresas brasileiras*, Rio de Janeiro, Fundação Getulio Vargas, 1963. As duas primeiras obras contêm bibliografias sistemáticas). O que significaria, porém, a adoção de uma política econômica fundada no uso maciço e planificado dos recursos assim pulverizados é o que ainda não se tentou examinar criticamente.

capitalista dos interesses econômicos que estruturam e dinamizam a vida econômica, ela possui uma ordem econômica que se revela incapaz de gerar e impor mecanismos exclusivamente capitalistas de controle econômico. Isso resulta, em parte, da própria natureza da associação econômica dependente em relação aos núcleos hegemônicos externos. Esses núcleos tendem a transformar interesses e conveniências econômicas em matéria política ou diplomática e a empregar meios de controle políticos ou diplomáticos em assuntos econômicos. Essa tendência não só exacerbou, depois das duas grandes guerras; surgiram mecanismos de controle econômico, regionais, continentais ou mundiais, com funções nitidamente políticas. Doutro lado, em parte provém do próprio padrão articulado do sistema econômico, que combina estruturas econômicas desigualmente desenvolvidas (um setor arcaico e outro moderno). Nas duas estruturas, qualquer problema econômico que envolva o equilíbrio, a existência ou o ritmo de crescimento do setor converte-se, automaticamente, em matéria política.[50] Em consequência, as soluções econômicas passam para um modesto segundo plano, prevalecendo o poder relativo dos grupos em presença e as forças de acomodação política resultantes. No conjunto, evidenciam-se duas linhas concomitantes de influências: 1ª) a que se define no nível das relações com os núcleos hegemônicos do exterior; 2ª) a que define no nível das composições entre o setor arcaico e o setor moderno. Em tais circunstâncias, o equilíbrio do sistema econômico e a eficácia de sua ordem econômica descansam sobre fatores e mecanismos econômicos capitalistas. Mas, em nenhum momento, o funcionamento e o desenvolvimento dessa ordem econômica deixam de traduzir a interferência de fatores e mecanismos extraeconômicos. É inerente ao capitalismo dependente, portanto, uma margem de insegurança crônica, que atinge especialmente os agentes econômicos que operam, como classe, os processos internos de natureza capitalista. Na medida em que não contam com condições para determinar, em bases puramente econômicas, os limites irredutíveis de sua autonomia real, os referidos agentes se veem impotentes para exercer controle completo sobre todas as fases ou efeitos dos processos econômicos incorporados à ordem econômica vigente.

No momento, não importa nem analisar nem explicar essa situação econômica da burguesia numa economia capitalista dependente. O que nos interessa é como tal situação repercute, funcionalmente, nos mecanismos sociais que suportam ou resultam de suas ações econômicas de classe. Ao

---

50 Sem se levantar, portanto, a questão, mais candente, das exigências estruturais e dinâmicas da integração da economia nacional como um todo.

que parece, a situação descrita corrói o elemento dinâmico fundamental da condição burguesa. Ele repousa, como se sabe, em certos valores, relativos à apropriação privada dos meios de produção, à mercantilização do trabalho e à necessidade da acumulação capitalista. O *caráter sagrado* da "propriedade individual" e da "empresa privada" só entra em causa como condição da ordem econômica capitalista. Ele não pode gerar nem fundamentar compromissos de classes e tipos de solidariedade que entravem a própria dinâmica do sistema econômico capitalista. Se isso acontece, ele se converte em fim da ação econômica e das relações de classe. Ou seja, para fruir as vantagens do capitalismo, a burguesia se vê diante de um dilema: apegar-se aos seus fundamentos jurídico-políticos ou desenvolver as suas forças econômicas? Nos quadros de tal dilema, põe em prática ações e obrigações sociais que reduzem a capacidade de diferenciação e a vitalidade de crescimento da própria economia.

Isso se revela com clareza em três níveis distintos. Primeiro, no padrão de solidariedade existente entre as diversas categorias econômicas, que formam a burguesia. Esse padrão é típico do capitalismo dependente. É uma solidariedade entre os que desfrutam "o poder de possessão de bens econômicos". A "propriedade", o "direito de propriedade, a "empresa privada" e a "ordem social competitiva" acabam ganhando precedência sobre o uso capitalista da "propriedade", do "direito da propriedade" e da "empresa privada" e preponderância sobre o crescimento econômico em bases capitalistas. Isso leva as categorias socioeconômicas da mesma classe a um ajustamento eminentemente social e político, que torna possível a articulação de estruturas econômicas arcaicas e modernas no mesmo sistema econômico. Mas também conduz a um impasse fatal. A solidariedade que confere viabilidade prática a esse ajustamento restringe o poder de competição e proscreve o conflito nas relações em que as diferentes categorias da mesma classe se defrontam como portadoras de interesses econômicos divergentes. A união de interesses, assim estabelecida, transforma-se na verdadeira espinha dorsal do subdesenvolvimento, porque nenhuma categoria econômica da burguesia considera legítimo ou dispõe de meios eficientes para romper, em termos puramente econômicos, com o *pacto sagrado*. A mesma coisa se revela, em segundo lugar, na expectativa de acomodação passiva das demais classes (especialmente do setor operário e do campesinato) a essa união de interesses. Aqui estão alguns elementos que melhor permitem caracterizar a burguesia das economias capitalistas dependentes. Se existem fundados motivos para um "temor de classe" (devido às tendências extremas de concentração social da renda e da preservação de privilégios econômicos que redundam em barreiras sociais justificáveis e intransponíveis, entre "ricos" e "pobres"), a intolerância e o pânico sistemáticos traduzem propensões de ajustamento, estrutural e dinamicamente inadequadas. No fundo, tais propensões sublinham que as categorias socioeconômicas, que compõem a burguesia, evitam variavelmente que o "poder de possessão de bens" passe pelo mercado e procuram resguardar unicamente para si essa fonte de valorização social do destino humano, sob o capitalismo. Isso não deixa de ser paradoxal, porque equivale a uma recusa tácita da normalidade da estratificação em bases puramente econômicas e, o que não é menos grave, implica a redução do ego–envolvimento e da socialização para a sociedade de classes às categorias econômicas das "classes privilegiadas" (ou seja, da burguesia). Os efeitos desse processo histórico-social são demasiado complexos para serem examinados aqui. Contudo, é óbvio que semelhante exclusivismo pressupõe a neutralização de um dos fatores essenciais da dinamização de uma economia capitalista. O rateio social do excedente econômico projeta-se numa esfera em que fica protegido do poder de pressão e de conflito das demais classes sociais, como se devesse ser decidido através de critérios estamentais e sob um clima de menosprezo permanente pelo trabalho. Por fim, deveríamos mencionar, em terceiro lugar, que o dilema apontado impede que as categorias socioeconômicas da mesma classe se unifiquem através de interesses fundamentais para a sociedade nacional, a curto e a longo prazo. Predominando os interesses econômicos, sociais e políticos comuns a essas categorias, nenhuma delas pode ter um peso decisivo na construção de uma política econômica verdadeiramente revolucionária (em termos dos interesses da burguesia como classe). Essas contradições transparecem nas atitudes e avaliações do Estado e no comportamento diante da colaboração dos governos. Apesar de ele ser mais um instrumento econômico de classe que um órgão da "vontade nacional", não é explorado nos limites de programar, financiar e realizar o grande "salto capitalista". Sem dúvida, as polarizações do liberalismo econômico, o receio de que uma programação rigorosa pudesse pôr em segundo plano muitos "surtos econômicos" de escasso significado para a integração e o desenvolvimento da economia nacional, a expectativa de que o Estado poderia interferir nos padrões vigentes de distribuição da renda e a pressão negativa dos núcleos hegemônicos externos explicam razoavelmente esse desfecho. Ainda aqui, podemos observar como certos fatores de imobilismo desembocam numa composição que impede a utilização esclarecida e audaciosa do Estado, mesmo para a realização de uma "política de classe" consistente com a natureza e os móveis do capitalismo.

Se a análise anterior for correta, há um hiato nos comportamentos de classe da burguesia das sociedades capitalistas dependentes. Tudo se passa como se o capitalismo fosse aceito segmentarmente, como *forma econômica*, e repudiado como um estilo de vida, isto é, em suas formas *jurídico-políticas e societárias*. Todavia, se se adotam as formas econômicas do capitalismo é impossível evitar que, através delas e por causa delas, subam à tona as formações sociais e as instituições jurídico-políticas que servem de substrato, dão sentido e dinamizam as primeiras. Visto desse ângulo, o subdesenvolvimento é menos um produto direto da economia capitalista, considerada em si mesma, que da falta de conjugação entre mudanças econômicas, sociais e políticas, congelada ou impedida pela classe social que deveria jogar seus interesses econômicos em tal conjugação. Na verdade, os mecanismos econômicos não se corrigem nem se transformam automaticamente. São os homens que promovem tais correções e transformações. Privado de suas formas sociais e jurídico-políticas, o capitalismo foi despojado de qualquer impulso dinâmico construtivo e revolucionário. Ele deixou de orientar aspirações básicas comuns, e os que encarnaram socialmente uma *vontade histórica* identificada com seus valores limitaram-se a definir esses valores no plano econômico e segundo os interesses restritos de uma classe.

Isso nos leva à terceira questão. Se as classes dominantes das sociedades capitalistas subdesenvolvidas (ou seja, se suas burguesias) podem ou não realizar a *revolução burguesa*. A resposta a essa questão depende, naturalmente, do que se entenda por "revolução burguesa". Se esta for definida historicamente e segundo o padrão do capitalismo autossuficiente e autônomo, seria óbvio que não. Porém, se se admitir que a "revolução burguesa" significa um certo estado de tensão, pelo qual a economia capitalista se diferencia e se reintegra, então todo sistema econômico capitalista comporta uma "revolução burguesa". Em regra, ela coincide com a transição do capitalismo comercial e financeiro para o capitalismo industrial. Ora, essa passagem se dá nas economias capitalistas subdesenvolvidas e dependentes que possuem alguma vitalidade própria. E, em geral, ela se desenrola durante períodos em que se estabelece alguma coincidência entre a paralisação provisória de controles econômicos externos e a ativação de comportamentos econômicos construtivos (ou inovadores) das burguesias nacionais.

Isso nos põe diante do problema como ele é. Não como se pretende, por vezes, passando gato por lebre. Em tais casos, argumenta-se no sentido de comprovar alguma ligação entre o "interesse da classe dominante" e o "interesse da sociedade nacional". Ao atingir seus objetivos, a burguesia lograria, em cheio, os fins últimos de uma nação. Semelhante raciocínio é pueril. Ele não toma em conta que a economia capitalista possui um padrão diferenciado e dinâmico de integração econômica. Iniciado o processo, a burguesia percorre todas as etapas que a sociedade a que pertence pode desenvolver historicamente. O talento, a força criadora e o ímpeto realizador das diferentes burguesias nacionais refletem-se no modo pelo qual os seus membros enfrentam e resolvem os problemas, que se colocam em cada uma das fases e das várias transições, com as tensões econômicas, políticas e sociais a que elas dão origem. Mas, se uma dada burguesia não se identifica senão de maneira demasiado egoísta, estreita e provinciana com todo o processo, ela não concretiza nem os seus "interesses de classe" nem os "interesses da nação". Apenas parasita as formas econômicas do capitalismo, tornando-as duplamente pesadas e espoliativas para a coletividade. Portanto, da maneira que encaramos o problema, podemos situar as funções da burguesia, no nível histórico, em dois planos distintos. O primeiro diz respeito ao desencadeamento da revolução burguesa dentro das condições e dos limites do capitalismo dependente. O segundo refere-se ao alcance imprimido à revolução burguesa, especialmente como o grande "salto econômico", na direção do capitalismo autossuficiente e autônomo.

Quanto ao primeiro aspecto, não há dúvida de que o capitalismo dependente contém condições econômicas, socioculturais e políticas para a sua diferenciação progressiva e o seu crescimento contínuo. Há um encadeamento de fases ou etapas, através do qual um povo colonial pode chegar ao capitalismo comercial e financeiro, depois de uma fase de modernização mais ou menos intensiva, e conhecer, em seguida, um crescimento industrial bem-sucedido. Tudo depende, naturalmente, de vários fatores, que não podem ser discutidos aqui.[51] Em função do volume da população, da existência de recursos naturais, da expansão prévia de uma economia exportadora e de um mercado interno relativamente integrado (em escala regional ou nacional), com raízes em fortes concentrações demográficas e num crescimento urbano de certa magnitude etc., essas fases podem culminar: 1º) Na diferenciação da produção interna; 2º) no aparecimento e na consolidação paulatina de um parque industrial mais ou menos sólido. Cada uma dessas fases ou etapas representa, ao surgir, uma negação da anterior e libera forças produtivas de maior significação dinâmica. Todavia, sob o capitalismo dependente, elas não conduzem a um crescimento linear e acumulativo. As fases novas não eliminam as anteriores; ao contrário, coexistem e engendram um sistema econômico capitalista segmentado, no qual as diferentes estruturas compõem um todo, articulado com base nos elementos

---

51 O autor estuda o processo da revolução burguesa no Brasil em um ensaio sociológico, prestes a ser publicado.

capitalistas das diversas estruturas em vários estágios de diferenciação econômica. Aos poucos, as classes altas, localizadas nas posições econômicas privilegiadas, e monopolizando os papéis polarizados em torno dos elementos capitalistas do sistema econômico, entrosam-se solidariamente, formando uma burguesia relativamente organizada, consciente de seus interesses como classe e do significado político de sua liderança econômica. Ao se projetarem na cena histórica, procuram realizar um "destino nacional", que disfarça os interesses de classe, mas que também traz consigo os ideais do ciclo das revoluções burguesas na Europa e nos Estados Unidos.

Em seu aparecimento e consolidação, essa burguesia nega e supera o estado colonial como um momento político. Contudo, nem sempre consegue romper o bloqueio dos vínculos de dependência para com o exterior e com frequência se vê compelida a composições internas, que esvaziam os "ideais burgueses" de qualquer conteúdo verdadeiramente liberal e do seu sentido jurídico-político democrático. O plano econômico aparece como o único no qual ela se afirma e enquanto classe, pois o crescimento econômico não é alcançado sem tensões, que exigem dessa mesma burguesia auto-afirmação histórica e disposição de luta. Mas é, ao mesmo tempo, o plano da transação: as tensões são contidas por uma "sagrada aliança", de que resultam a união da burguesia como classe e sua incapacidade de transformar o capitalismo na fonte de uma revolução integral. A conjugação de estruturas arcaicas e de estruturas modernas simboliza, assim, uma dupla impotência: de romper totalmente com o passado e de eliminar os vínculos de subordinação no plano internacional. Estabelecida a ordem social competitiva, seu equilíbrio dinâmico se fundará em acomodações sucessivas, interna e externamente, que não infundem ao capitalismo através de suas sucessivas alterações internas nenhuma influência revolucionária. No conjunto, justifica-se falar numa revolução burguesa apenas por dois motivos. De um lado, pelas transformações estruturais e dinâmicas inerentes à constituição e à consolidação de uma ordem social competitiva, que serve de base ao funcionamento conjugado de uma economia capitalista diferenciada, embora dependente, de um Estado fundado no direito positivo e numa democracia representativa. De outro lado, porque, apesar de tudo, o capitalismo dependente não exclui a correlação entre monopólio de poder econômico e monopólio de poder político pela mesma classe social. A burguesia constrói, nos seus interesses e em sua situação de classe, os fundamentos de sua dominação social e política sobre as demais classes. Por essa razão, será também a única classe univocamente polarizada na preservação da ordem social vigente, ou seja, empenhada em defender, como e enquanto classe, o capitalismo dependente, com tudo o que ele significa como frustração do desenvolvimento econômico e como negação de um "destino nacional" livre.[52]

Quanto ao segundo aspecto, nesta parte da exposição já é evidente o que representa a revolução burguesa como um momento total de ruptura

---

52 A maior parte da bibliografia citada anteriormente contém materiais sobre o processo histórico-social caracterizado tão sumariamente. Em particular, são fontes importantes as obras de Octavio Ianni, Fernando Henrique Cardoso, Celso Furtado, Luiz Pereira, Caio Prado Jr. e Paul Singer. As seguintes indicações adicionais permitem cobrir parte dos livros que são essenciais ao estudo desse processo: Nelson Werneck Sodré, *História da burguesia brasileira*, Rio de Janeiro, Civilização Brasileira, 1964; Caio Prado Jr., *História econômica do Brasil*, São Paulo, Brasiliense, 1949, p. 217 e ss.); Nícia Vilela Luz, *A luta pela industrialização do Brasil*, São Paulo, Difusão Europeia do Livro, 1966; Richard Morse, *De comunidade à metrópole*, São Paulo, Comissão do IV Centenário da Cidade de São Paulo, 1954; Pandiá Calógeras, *A política monetária do Brasil*, São Paulo, Companhia Editora Nacional, 1960 (2ª parte); Roberto C. Simonsen, *Brazil's industrial revolution*, São Paulo, Escola Livre de Sociologia e Política, 1939; Inácio Rangel, *Introdução ao estudo do desenvolvimento econômico do Brasil*, Salvador, Livraria Progresso Editora, 1959; J. F. Normano, *Evolução econômica do Brasil*, trad. de J. Quartin Barbosa, R. Peake Rodrigues e L. Brandão Teixeira, São Paulo, Companhia Editora Nacional, 1945; Celso Furtado, *A pré-revolução brasileira*, Rio de Janeiro, Fundo de Cultura, 1962; Hélio Jaguaribe, *Desenvolvimento econômico e desenvolvimento político*, Rio de Janeiro, Fundo de Cultura, 1962; Fernando de Azevedo, *A cultura brasileira*, 2ª ed., São Paulo, Companhia Editora Nacional, 1944; Gilberto Freyre, *Ordem e progresso*, Rio de Janeiro, Livraria José Olympio Editora, 1959, 2 vols.; L. A. Costa Pinto, *Sociologia e desenvolvimento*, Rio de Janeiro, Civilização Brasileira, 1963; Octavio Ianni, *Industrialização e desenvolvimento social no Brasil*, Rio de Janeiro, Civilização Brasileira, 1963; José de Souza Martins, *Empresário e empresa na biografia do conde Matarazzo*, Rio de Janeiro, Instituto de Ciências Sociais da Universidade Federal do Rio de Janeiro, 1967; Luciano Martins, "Formação do empresariado industrial no Brasil", *Revista Civilização Brasileira*, Rio de Janeiro, ano III, nº 13, 1967, p. 91-131; Alain Touraine, "Industrialisation et conscience ouvrière à São Paulo", *Sociologie du Travail*, III-4, 1961, p. 77-95; Fernando Henrique Cardoso, "Le proletariat brésilien: situation et comportement social", *Sociologie du Travail*, idem, p. 50-65; Aziz Simão, "Industrialisation et syndicalisme au Brésil", *Sociologie du Travail*, idem, p. 67-76; Fernando Henrique Cardoso, "Tensões sociais no campo e reforma agrária", *Revista Brasileira de Estudos Políticos*, Belo Horizonte, nº 12, out. 1961, p. 7-26; Ary Dillon Soares, "Desarrollo económico y radicalismo político", em Joseph A. Kahl, *La industrialización en América Latina*, op. cit., p. 516-59; Maria Izaura Pereira de Queiroz, "Les classes sociales dans le Brésil actuel", *Cahiers Internationaux de Sociologie*, XXXIX-12ª année, 1965, p. 137-69.

– um rompimento contra os vínculos de dependência no exterior e contra a coexistência de formas econômicas exclusivas. Nesse nível histórico, a burguesia de uma sociedade capitalista dependente não estaria lutando apenas por si, como classe, mas contra algo exterior a ela, que seria o capitalismo dependente. Ora, é impossível pensar semelhante possibilidade histórica nos quadros descritos nas páginas precedentes. À consciência dos fins históricos, que existe na maioria das burguesias nacionais das sociedades capitalistas dependentes, seria preciso agregar a aceitação voluntária das formas sociais e políticas requeridas para a manifestação do capitalismo como um estilo de vida. Em outras palavras, as burguesias nacionais teriam de caminhar na frente das outras classes, incentivando-as a disputar o seu lugar ao sol. Tem-se escrito que o nacionalismo seria a verdadeira força de semelhante processo. Sem dúvida, ele é uma de suas condições decisivas. Entretanto, cumpre observar que, quando o nacionalismo se impõe como polarizador de uma política econômica, muitas alterações estruturais e dinâmicas ocorreram anteriormente. Ele surge num clima em que a ruptura com o capitalismo dependente é uma questão de fato e existem vários caminhos divergentes para consumá-lo. Sob esse aspecto, ele estabelece uma unidade entre grupos divergentes em muitas coisas, menos na disposição de destruir o capitalismo dependente.

Não cabe ao sociólogo negar alternativas à transformação das sociedades humanas. Elas existem, o difícil seria prognosticar qual delas poderá ocorrer. Na América Latina, ao que parece, as burguesias perderam a oportunidade histórica de se tornarem agentes da transformação concomitante das formas econômicas, sociais e políticas inerentes ao capitalismo. Por isso, o avanço nessa direção tende a fazer-se, ainda em nossos dias, como processo de modernização, sob o impacto da incorporação dos sistemas de produção e dos mercados latino-americanos às grandes organizações da economia mundial. As burguesias de hoje por vezes imitam os grandes proprietários rurais do século XIX. Apegam-se ao subterfúgio do desenvolvimentismo como aqueles apelam para o liberalismo para disfarçar uma posição heteronômica e secundária. O desenvolvimentismo encobre, assim, sua submissão a influências externas, que se supõem incontornáveis e imbatíveis. A mesma coisa acontece com o nacionalismo exacerbado. Quando ele reponta, no seio dessas burguesias, quase sempre oculta algo pior que o fracasso histórico e a frustração econômica: envolve uma busca de esteios para deter a torrente histórica e preservar o próprio capitalismo dependente, e segundo valores provincianos.

Sob esses aspectos, a transição da era do imperialismo econômico para a era do capitalismo monopolista expõe as burguesias das sociedades capitalistas dependentes a uma paradoxal inversão de perspectivas históricas. Elas se veem na iminência de serem batidas e ultrapassadas pelos efeitos inexoráveis da internacionalização dos mercados capitalistas, correndo o risco de se converterem nas principais vítimas da identificação com o capitalismo dependente. Ao conterem a revolução burguesa no nível dos interesses econômicos e das conveniências políticas de sua própria classe, forjaram a presente situação de impotência na qual se acham. A internacionalização das economias capitalistas dependentes é muito mais simples e muito mais fácil em sociedades nas quais se manteve a dissociação crônica entre as formas econômicas capitalistas e o seu substrato social e político (uma sociedade de classes em equilíbrio dinâmico e uma democracia representativa atuante). Desse ponto de vista, as coisas tornaram-se bem mais difíceis que no passado recente. O que não quer dizer o mesmo que elas sejam impossíveis. Todavia, teriam essas burguesias condições para romper sua cômoda associação com os capitais externos, agora que eles parecem tão sedutores? Poderão desejar uma ruptura, no momento em que as influências externas adquirem a aparência de quebrar, por seu próprio ritmo e intensidade, o impasse existente entre setor arcaico e setor moderno, abrindo ao capitalismo dependente novas vias de crescimento econômico, com a segunda revolução tecnológica e lucros fabulosos?

Para alguns, perguntas como essas não fazem sentido. Pensam que o capitalismo está condenado e que o seu desaparecimento iminente extrai qualquer interesse em saber o que sucederá com as burguesias nacionais e o capitalismo dependente. Em nosso entender, elas são necessárias. Não só o capitalismo revela grande vitalidade, especialmente nos centros de expansão e de irradiação da grande empresa monopolista. O capitalismo dependente poderá revitalizar-se, numa economia capitalista que caminha para a internacionalização. Daí ser relevante indagar-se para onde se dirige a burguesia das sociedades capitalistas dependentes.

As analogias com o passado, no caso, são pouco esclarecedoras. As classes altas dessas sociedades, que aceitaram o pacto neocolonialista, mal estavam iniciando seu aburguesamento. As burguesias consolidadas, que se comprometeram com o imperialismo econômico em seu zênite, e com as primeiras irradiações do capitalismo monopolista, eram as únicas classes organizadas de suas sociedades nacionais. Possuíam domínio exclusivo da cena histórica e monopólio do poder político. Essa realidade está-se alterando ou vai alterar-se com relativa rapidez. O capitalismo dependente já está nos meados do século XX; não poderá ignorar, com ou sem as pressões diretas e indiretas do mundo socialista, a crise profunda que se avizinha, ameaçando em primeiro lugar as suas estruturas arcaicas, o seu imobilismo e as suas iniquidades econômicas. O que essa crise representará, por sua vez, não é difícil predizer-se. As formas sociais e políticas, que foram sistematicamente repelidas, terão de ser aceitas e absorvidas. As burguesias nacionais terão de defrontar-se com outras classes sociais: com outro tipo de classes médias, que poderão pretender pôr em causa sua liderança intelectual e política; com novas classes operárias e com um novo campesinato, que repelirão o capitalismo dependente e, talvez, até o capitalismo avançado.

É por esse pano de fundo histórico que se deve projetar, atualmente, a ação histórica de uma burguesia disposta a levar a revolução burguesa às últimas consequências. A objeção séria é que o momento de realizá-la já passou. Se suceder o contrário, ela ocupará a cena como uma classe social desafiada, em luta com outras classes sociais, que exigem alternativas. Em um clima como esse, embora a história não remonte às suas origens e não se refaça, tal burguesia poderia voltar-se contra o capitalismo dependente, em nome do mesmo capitalismo.

Combinando-se os resultados dessa dupla indagação, constata-se que as burguesias do mundo capitalista subdesenvolvido são vítimas da estrutura e da organização da sociedade de classes em que vivem. Elas veem o capitalismo e suas exigências sociais, culturais e políticas do ângulo do capitalismo dependente. Ao fazer sua revolução, fazem-na na escala das realizações e das ambições fomentadas pelo capitalismo dependente. Nenhuma outra classe social as contesta com probabilidades de êxito. De qualquer modo, condenam-se a protagonizarem a história como uma eterna façanha de dependência. Para que elas se ergam acima dessa medida, precisam ser negadas e arrostadas por outras classes. Enfim, precisam ser compelidas a pensar e a transformar o mundo de uma perspectiva universal.

Para concluir a presente parte deste trabalho, devemos salientar que não era nossa intenção atribuir ao regime de classes a *função natural* de engendrar o subdesenvolvimento. O que pretendíamos era discutir certas evidências, que demonstram que, como conexão do capitalismo dependente, o regime de classes acaba sendo a forma social do próprio capitalismo dependente. Nessa manifestação típica, ele associa cronicamente capitalismo e subdesenvolvimento. Outros já devotaram muita atenção à alternativa clássica, em que lhe cabia associar capitalismo e desenvolvimento. Nada impede que a alternativa examinada deixe de existir. E, se isso suceder (ou quando isso suceder), é claramente previsível que o regime de classes servirá de suporte estrutural e dinâmico para alguma forma de capitalismo autossuficiente e autônomo. Todavia, essa não era a história que nos cabia contar, à luz das experiências atuais da porção capitalista do mundo subdesenvolvido.

Segunda Parte

ALGUNS DILEMAS DA "REVOLUÇÃO BURGUESA" NO BRASIL

Capítulo II

A Dinâmica da Mudança Sociocultural no Brasil*

É impossível apanhar os múltiplos aspectos da mudança social no Brasil através de algumas fórmulas gerais. O país não só é demasiado extenso e heterogêneo. As diferenças geográficas, econômicas, demográficas, sociais e culturais são significativas até em escala regional, fazendo com que o passado, o presente e o futuro coexistam e se interpenetrem inextricavelmente.

---

* O presente ensaio foi escrito graças às condições de trabalho oferecidas ao autor pelo Institute of Latin American Studies da Columbia University no ano letivo de 1965. Foi lido parcialmente nos auditórios de Departamento de Relações Sociais da Harvard University e do Departamento de Sociologia Rural da University of Wisconsin. O autor deve especial agradecimento ao dr. Charles Wagley, diretor do Institute of Latin American Studies, e aos seus auxiliares ou colaboradores, pela cooperação recebida. Publicação prévia em português: *Seara Nova*, Lisboa, nºs de abril, junho e agosto de 1966; *Cadernos Brasileiros*, Rio de Janeiro, nº 35, maio-jun. 1966, p. 22-39.

Por isso, nesta exposição não pretendo sugerir uma explicação sistemática da dinâmica da sociedade brasileira, encarada prospectivamente. Viso esboçar, apenas, um quadro de referência que permita entender melhor essa dinâmica, com vistas para o contexto civilizatório do qual o Brasil faz parte.

Para não estender demasiadamente o trabalho, evitei as digressões históricas e deixei para outra ocasião a fundamentação empírica das conclusões apresentadas. Doutro lado, pela mesma razão, só foram considerados, explicitamente, os tópicos fundamentais das questões debatidas. Tais questões delimitam, naturalmente, o mencionado quadro de referência e foram agrupadas em torno de três temas básicos: 1) vigência e eficácia da "civilização ocidental"; 2) o elemento político na mudança sociocultural espontânea; 3) os requisitos dinâmicos da integração nacional.

Os três temas, da maneira pela qual foram focalizados, respondem a uma problemática macrossociológica e se completam reciprocamente. O primeiro suscita questões relacionadas com a natureza, o sentido e a intensidade das tendências de mudança sociocultural. O segundo ergue questões que se referem ao controle societário da própria mudança sociocultural. E o terceiro levanta questões que dizem respeito às potencialidades da mudança sociocultural que são relevantes, atualmente, para o destino da "civilização ocidental" no Brasil.

1 – Vigência e eficácia da civilização ocidental

Em termos sociológicos, as sociedades humanas que tendem ou participam de um mesmo padrão de civilização podem ostentar essa condição de várias maneiras. No essencial, a vigência de um padrão de civilização sempre pressupõe um mínimo de eficácia em sua atualização histórico-social. Todavia, tanto estrutural quanto funcionalmente, ocorrem amplas flutuações em torno e abaixo ou acima desse mínimo. As sociedades do Novo Mundo não constituem exceção a essa regra. Ao contrário, elas mostram como as contingências da conquista, da colonização e da integração nacional afetaram, por vezes de modo dramático e profundo, a amplitude, o curso e os efeitos de "expansão da civilização ocidental" nesta parte do globo.

Os países do Novo Mundo herdaram da Europa, simultaneamente: 1) um conjunto de técnicas, instituições e valores sociais que caracterizam, material e moralmente, o estilo de vida humana na chamada "civilização ocidental moderna"; 2) um conjunto de tendências para explorar e desenvolver as potencialidades dessa mesma civilização nas relações dos homens com as forças da natureza, da sociedade e da cultura. Não obstante, isso se deu em situações históricas muito peculiares. Para transplantarem a civilização de que eram portadores e à qual se apegavam emocional e racionalmente, os homens tinham de forjar, em luta constante e incerta com fatores variavelmente adversos, as condições materiais e morais que a convertiam numa realidade histórica. Desse ângulo, o agente humano exercia uma atividade criadora específica, pois ele "produzia" ou "fabricava" os suportes que iriam assegurar viabilidade ao processo de transplantação sociocultural. O sucesso logrado não foi, porém, o mesmo em toda parte. Às vezes, como consequência de variáveis que se prendem ao ego-envolvimento do homem aos valores ideais de sua civilização, outras por causa do volume e da inflexibilidade de fatores naturais ou históricos, e não raro pela combinação dessas influências adversas, o rumo dos acontecimentos divergiu do sentido das intenções. Daí resultou a persistência e, em certos casos, o fortalecimento de condições relativamente desfavoráveis ao funcionamento integrado e à diferenciação contínua do padrão de civilização transplantado. Embora isso não excluísse a vigência de tal padrão, introduzia um novo elemento de variação; grau de eficácia dele passava a constituir uma função do êxito relativo atingido socialmente pelo homem na correção e no controle progressivos daquelas condições. Em suma, sem reduzir-se a mero símbolo, a vigência universal de um mesmo padrão de civilização deixou de ter qualquer significado preciso como índice da eficácia dessa mesma civilização.

Tendo em vista o que interessa à presente discussão, isso quer dizer, em termos menos gerais, que se estabeleceu um contraste entre modelos ideais e as formas reais de organização social da vida humana. Esse é um ponto de importância analítica fundamental. A ordem social correspondia ao padrão de civilização vigente, mas, de modo incompleto e, não raro, deformado e aberrante. Onde o homem se conformava com essa espécie de degradação involuntária do tipo de civilidade adquirido por herança social, o padrão de civilização transplantado ficava, naturalmente, condenado à estagnação, à regressão ou à substituição. Onde o homem se opunha a tal degradação e procurava corrigi-la ou pelo menos detê-la, esse padrão de civilização encontrava continuidade e, aos poucos, adquiria condições para funcionamento integrado e, até, para desenvolvimento equilibrado autônomo (como aconteceu nos Estados Unidos). Pelo que se sabe, as três alternativas implícitas nesses mecanismos adaptativos se desenrolam, historicamente, ao longo da expansão da civilização ocidental no Novo Mundo. O caso brasileiro não é totalmente particular. Mas ele exprime, de maneira típica, a alternativa intermediária, que se caracteriza por disposições específicas bastante fortes de preservar o padrão de civilização transplantado, de expandir sua área de vigência, aumentando progressivamente sua eficácia social, e de imprimir-lhe uma feição própria (ou de "cunho nacional").

Colocado nessa situação histórico-cultural, o agente humano tende a representar-se e a agir como uma espécie de "consumidor" dos bens da civilização. Doutro lado, os centros de difusão cultural são representados e operam, de fato, como se fossem os "produtores" desses bens. Estabelecem-se, assim, duas escalas ou ritmos de tempo: uma na qual a história constitui uma realidade interna e uma dimensão orgânica da vida do agente; outra, que é a história dos centros de difusão e que, absorvida vicariamente, serve para delimitar, no espírito do agente, de modo antecipado, a direção e os efeitos do "progresso". O afã de equiparar as duas escalas (ou pelo menos de reduzir sua assincronia ao mínimo) afirma-se como a tendência subterrânea, mas básica, de todo o processo civilizatório.

Não é fácil mencionar, em poucas palavras, os aspectos dessa situação que são mais relevantes para a compreensão da dinâmica da mudança sociocultural no Brasil. Por isso, selecionei quatro questões, que me parecem mais significativas. Duas das questões referem-se a facetas interdependentes do mesmo problema: a transplantação do padrão de civilização ocidental. No estado atual das investigações sobre o assunto, ainda prevalecem explicações unilaterais sobre a natureza desse processo e, especialmente, sobre o que ele representa no seio da sociedade receptora.

Tem-se discutido a transplantação como se ela fosse um processo automático. Um dar e um tomar, no qual apenas entrariam em jogo imitação, cópia e reprodução. Entretanto, essa focalização do processo é falaciosa, pelo menos no que tange aos povos do Novo Mundo. O aspecto essencial, no caso, não é a transferência de conteúdos e práticas culturais, em si mesma; mas o modo pelo qual a própria transferência se desenrola histórica e socialmente. Os europeus que migraram para o Novo Mundo trouxeram consigo uma civilização da qual não se pretendiam descartar e da qual não se separaram. Portanto, a transferência envolvia disposições emocionais, racionais e morais fundamentais, que convertiam a transplantação numa complexa reconstrução das condições anteriores de existência social.

Não obstante, se não era difícil transplantar as formas e os significados das técnicas, instituições e valores sociais, era praticamente impossível fazer o mesmo com as condições materiais e morais que garantiam a sua integração estrutural e regulavam, por conseguinte, as suas funções e o seu rendimento social. Tais condições podiam ser previstas como necessárias. Mas não podiam ser transferidas. Elas tinham de ser literalmente criadas pela atividade social dos homens, como ponto de partida para a preservação da herança sociocultural que as exigia.

Esse foi um terrível dilema, pois a existência de um padrão de civilização demasiado complexo, acrescida do apego emocional e moral que propendia a reduzir ao mínimo as perdas inevitáveis, complicaram sobremaneira a reconstrução das bases anteriores do estilo de vida. Em tal contexto histórico-social, definiu-se uma tendência de acomodação extremamente eficaz. As técnicas, as instituições e os valores sociais transplantados forneciam *modelos ideais* para a organização social das atividades humanas, da personalidade e da sociedade. O grau de eficácia, conseguido em suas diferentes aplicações sociais, engendrava as *formas reais* de organização social das atividades humanas, da personalidade e da cultura. O contraste que se estabelecia entre ambos é patente. No nível dos modelos ideais, a absorção "antecipada" pressupunha amplas potencialidades adaptativas, parcial ou totalmente inexploradas. No nível das formas reais, a absorção "efetiva" significava perda provisória ou definitiva de controles sociais sobre forças da natureza da sociedade ou de cultura previamente domesticadas na civilização transplantada.

Esse contraste entre modelos ideais e formas reais de organização social é que permite entender a natureza criadora dos papéis sociais dos indivíduos migrantes como agentes da transplantação cultural. Para preservar, fruir e desenvolver sua herança sociocultural, eles tiveram de inventar e construir, engendrando um mundo social porventura diferente, mas suscetível de absorver e de expandir o padrão de civilização herdado.

Por aí se vê que a vigência e a eficácia daquele padrão de civilização não podiam ser realidades paralelas. Muitas vezes, a vigência se confundia com algo puramente nominal ou virtual; outras vezes, a eficácia só aparecia na esfera das reações compensatórias e do engrandecimento do *ego*. Todavia, a partir desse patamar se erigiam mecanismos corretivos, que concorriam para normalizar a implantação daquela civilização. Tais mecanismos relacionavam-se, naturalmente, com o teor dentro do qual as manipulações sociais dos modelos ideais conduziam a formas reais de organização social de graus mais altos de eficácia.

Por isso, três coisas são evidentes. Primeiro, o que se poderia chamar de desenvolvimento prévio da estrutura social passou a condicionar o uso crescentemente mais eficaz dos modelos ideais. Através desse desenvolvimento, formavam-se ou fortaleciam-se as condições materiais e morais requeridas, saturando-se assim os vazios históricos existentes. Segundo, o mesmo tipo de desenvolvimento servia como condição para novos tipos de relação do homem com os modelos ideais. A partir do momento em que eles pudessem ser explorados dentro de limites ótimos de eficácia ou que se pudesse perceber concretamente sua obsoletização forçada, abria-se o caminho tanto para o desencantamento quanto para a aceitação de modelos ideais mais complexos, procedentes dos mesmos centros de difusão cultural. Terceiro, tal desenvolvimento raramente se dava como transformação homogênea da ordem social total. Ele se circunscrevia ou, pelo menos, era mais intenso e profundo nas camadas sociais cujo padrão de vida realizava melhor os requisitos para a absorção da civilização transplantada.

A terceira questão refere-se ao tipo particular de tensão, que ficava por trás de tais conexões entre modelos ideais e formas reais de organização social. A dinamização de atitudes e de comportamentos que pressupunham identificação para com os modelos ideais (vigentes ou alternativos) procedia de incentivos regulados socialmente. Na verdade, as formas reais podiam traduzir um grau mais ou menos insuportável de "atraso" ou de "obsoletização". Mas isso só aparecia assim para círculos sociais que podiam ter motivos para desejar socialmente uma exploração mais eficaz dos modelos ideais vigentes ou sua substituição por modelos ideais alternativos mais complexos. Em regra, como se pode observar através da luta pelo controle do poder político entre os setores português e brasileiro da aristocracia agrária, pelo abolicionismo ou pelo movimento republicano, as opções conservantistas e inovadoras afetavam segmentos da mesma camada social (também os únicos que tinham condições socioculturais para fazer aquelas opções). Elas eclodiam socialmente por meio de um mecanismo verdadeiramente elementar, que operava como regulador dinâmico do processo civilizatório. A opção conservantista identificava as formas reais de organização como um limite entre o "bom senso" e a "anarquia", portanto como o "avanço" possível e mesmo ideal na "situação brasileira". A opção inovadora se preocupava mais com o vazio existente entre os modelos ideais e as formas reais de organização social, que era a maneira mais simples de determinar o grau de obsoletização dessas últimas ou, conforme as circunstâncias, de "atraso do país". Essa modalidade de crítica social, confinada aos interesses e aos valores divergentes da mesma camada social, achava proteção nos *mores* vigentes e acabava sendo socialmente legítima, propendendo para o conhecido padrão de "revolução dentro da ordem". Com frequência, os seus adeptos aumentavam rapidamente; e, quando as inovações defendidas caíam no consenso social como uma "necessidade inadiável", os advogados de opção oposta se viam na contingência de aceitá-las rapidamente, como expediente para controlar a sua aplicação.

Para os fins desta exposição, impõem-se ressaltar duas coisas. De um lado, a função desse tipo de tensão. Em termos socioculturais, trata-se de uma tensão estrutural e dinamicamente vinculada ao processo de expansão da civilização ocidental no Brasil. Ela fomenta estados de consciência social que permitem uma visão mais clara das limitações das formas reais ou do teor obsoleto dos modelos ideais de organização social. Ela incentiva, ao mesmo tempo, estados de querer social que pressupõem propensões mais ou menos fortes e decididas: a) de identificação com o fluxo exterior do "progresso"; b) de lealdade para com a internalização desse fluxo pela sociedade brasileira. No conjunto, pois, a referida tensão preenche a função de regular o ritmo e a continuidade do desenvolvimento da civilização ocidental no Brasil. De outro lado, o mecanismo elementar, pelo qual essa tensão se objetivava socialmente, convertia-se em substrato básico de todo e qualquer processo de mudança sociocultural. O alcance dentro do qual ele podia operar construtivamente dependia, naturalmente, da estrutura do contexto histórico-social em que a tensão se desencadeasse. Ainda assim, é possível atribuir-lhe três funções socioculturais distintas. Primeiro, a de canalizar socialmente o inconformismo específico, que podia nascer dos contrastes entre os modelos ideais e as formas reais de organização social, mas que se polarizava como insatisfação profunda contra efeitos da distância histórica existente entre o Brasil e os centros de difusão de sua civilização. Segundo, forçar um certo ritmo de renovação sociocultural interna constante e com intensidade suficiente para impedir a estagnação do fluxo dessa civilização no seio da sociedade brasileira. Terceiro, manter a organização da vida humana em patamares que facilitassem, em dados momentos, a absorção dos "progressos" realizados pela mesma civilização no exterior e supervalorizados a partir dos seus próprios centros de difusão cultural.

A quarta questão refere-se às consequências introduzidas pela expansão da civilização ocidental no Brasil. A revolução burguesa, em particular, concorreu para conferir ao Brasil bases materiais e morais mais adequadas ao funcionamento e ao desenvolvimento normais da civilização ocidental. Além disso, em algumas comunidades urbanas e nas regiões que sofrem diretamente o seu impacto metropolitano, ela está difundindo um novo estilo de vida social, que repele fundamentalmente a relação anterior entre vigência e eficácia do padrão de civilização existente. Delineia-se, assim, um novo desdobramento, que faz da "civilização industrial" uma entidade compulsiva, que compele o agente humano a combinar de maneira mais harmônica e íntegra os modelos ideais e as formas de organização social. A vigência aparente perde cada vez mais o caráter de um símbolo desejável, como prenúncio de um futuro a ser conquistado pela ação humana; e a eficácia reduzida passa a ser concebida como pura devastação de recursos materiais e humanos. A confluência de vigência-efetiva e eficácia-limite surge como único índice viável para medir a capacidade de controle das forças naturais, sociais e culturais do ambiente pelo homem. Isso equivale a ruptura com o antigo esquema, que impunha uma dualidade de escalas ou de ritmos de tempo, e, especialmente, a conquista de uma perspectiva histórica autônoma, suscetível de organizar independentemente os papéis sociais dos seres humanos como e enquanto agentes do processo de mudança sociocultural.

Parece claro que esse desenvolvimento recente (e em pleno processo) pressupõe um salto histórico. Doutro lado, também é patente que ele coloca a sociedade brasileira diante de uma alternativa revolucionária, nascida da contingência de oferecer à civilização ocidental condições materiais e morais suficientes para seu funcionamento normal e de desenvolvimento autônomo no Brasil. No entanto, essas exigências só se fazem sentir intensamente nas áreas do *Brasil moderno*, que compartilham o estilo de vida social emergente. Por isso, o complexo equilíbrio estrutural e dinâmico entre civilização e organização da vida humana ainda é uma necessidade confinada e, sob muitos aspectos, sufocada no plano nacional. Mesmo assim, ele está criando e generalizando um novo tipo de tensão, que transforma a questão da vigência do padrão de civilização ocidental em um problema de eficácia e em um dilema histórico. Ela se mostra, por enquanto, demasiado fraca para promover a rápida superação do impasse que pairava sobre o Brasil e ainda persiste. Mas tem sido bastante forte para gerar um clima moral minado por insatisfações profundas, amargas perplexidades e esperanças radicais, como se houvesse chegado o momento de uma escolha definitiva entre o *passado* e o *futuro*.

2 – O elemento político na mudança sociocultural

Os sociólogos têm negligenciado a importância do elemento político na mudança sociocultural. No entanto, essa negligência não se justifica, do ponto de vista teórico, e na prática estreita a descrição e a interpretação da realidade. Como sucedeu com várias sociedades nacionais, que participam do mesmo círculo civilizatório, o Brasil já atingiu um nível de diferenciação social que converte os seus problemas de mudança em problemas fundamentalmente políticos. Eles são problemas políticos em três sentidos distintos: a) por dependerem ou resultarem de mecanismos de ação grupal que traduzem as posições relativas dos grupos na estrutura de poder da sociedade nacional; b) por exprimirem a natureza e o grau de poder alcançado por determinados grupos tanto na universalização de seus interesses, ideologias e valores sociais quanto no controle dos processos que afetam socialmente, de modo direto ou indireto, a manifestação daqueles interesses, ideologias e valores sociais; c) por indicarem em que sentido e dentro de que limites a organização da sociedade absorve, protege e expande, institucionalmente, as condições que são essenciais para o seu equilíbrio interno. Aqui e na parte subsequente só serão considerados alguns aspectos desses problemas, que demonstram como o elemento político afeta a atuação social (ou a ausência dessa) dos grupos que ocupam uma posição estratégica na estrutura de poder.

As conclusões expostas anteriormente sugerem que a expansão da civilização ocidental no Brasil alcançou um ponto crítico, que põe em xeque, de maneira peculiar, o desenvolvimento induzido de fora. No passado, mesmo no passado recente (até que os efeitos da Segunda Grande Guerra se fizeram sentir na estrutura socioeconômica da sociedade brasileira) essa questão não era socialmente importante. As contradições existentes entre os modelos ideais e as formas reais de organização social criavam tensões que podiam ser manipuladas de dentro de uma mesma classe social, segundo as exigências da situação de classe correspondente e através de mudanças graduais. No momento, porém, o quadro é diverso. O estilo de vida imperante nas regiões industrializadas e nas comunidades urbanas dotadas de funções metropolitanas requer um grau de internalização dos modelos ideais que impõe, queira-se ou não, o aparecimento mais ou menos rápido das condições econômicas, sociais e políticas exigidas por aquele estilo de vida. Isso projeta a modernização nas diferentes situações de interesses das classes sociais em presença. Doutro lado, faz com que o desenvolvimento passe a interessar a todas as classes, definindo-se como "matéria de interesse nacional", e com que as tensões engendradas pela modernização se emaranhem nas relações de classe.

Para enfrentar a complexa situação histórico-social que se está criando, as elites atuantes, no poder ou fora dele, precisariam possuir uma visão objetiva da realidade e um mínimo de capacidade de ação racional com relação a fins. Os fatos desvendam, contudo, algo paradoxal. Os mesmos agentes humanos, que se revelaram capazes de absorver o "progresso" até o ponto de provocarem uma *crise de crescimento* tão profunda na sociedade brasileira, mostram-se rígidos, tímidos e desorientados diante das escolhas e das realizações que precisam ser empreendidas na nova cena histórica. Não só o elemento de decisão que informa racionalmente o comportamento social inteligente está frequentemente abaixo da situação e mais ou menos cego às suas imposições mais simples e claras. Ele colide com elas, estimulando ajustamentos contraproducentes e tornando a transição difícil e atormentada. Por que as coisas se passam desse modo e quais são os efeitos delas decorrentes são duas questões a serem debatidas nesta parte do trabalho.

Quase todos os estudiosos que lidaram com a situação brasileira contemporânea deram respostas à primeira questão. Em termos teóricos, seria possível resumir as suas conclusões em poucas palavras. Como ocorreu em outras sociedades, em fases correspondentes de crises análogas, a intensidade, o grau de sincronia e o ritmo da mudança social no Brasil são insuficientes para introduzirem alterações substanciais bastante rápidas e homogêneas no horizonte cultural médio dos diferentes estratos sociais. Em consequência, cada um desses estratos tende a ajustar-se às condições e às tendências da mudança social em função de interesses, de ideologias e de valores que exprimem ou as posições que possuíam ou as posições que estão adquirindo na sociedade nacional. Por essa razão, apegam-se de modo obstinado a representações sociais e a formas de comportamento social variavelmente particularistas e obsoletas. Em suma, cada estrato procede como se as mudanças em curso não desembocassem numa confluência de vantagens comuns. Dentro desse contexto, a elaboração social da inteligência e sua exploração como força social construtiva sofrem profundas limitações e deformações. E, e o que é mais importante para esta análise, estabelece uma espécie de ponto morto de desequilíbrio, que perpetua o desajustamento estrutural inerente ao padrão da mudança social na atualidade, e eterniza as iniquidades sociais que ele pressupõe ou acarreta.

Está claro que é nesse ponto morto de desequilíbrio e nos seus efeitos dinâmicos recorrentes que o sociólogo encontra explicação para o uso improdutivo ou socialmente deformado da inteligência e de suas aplicações racionais. Por isso, os estudiosos que se preocuparam com o fenômeno têm tentado explicar esse ponto morto, relacionando-o com fatores como a desorganização social, as tensões demográficas, a modernização deficiente, a modernização excessiva, o desenvolvimento econômico "estrangulado", o crescimento urbano "congestionado", a mobilidade social, a debilidade das instituições (especialmente na esfera política), a resistência à mudança etc. Na verdade, fatores dessa natureza operam conjugadamente e concorrem simultaneamente para impedir que o ritmo da mudança consiga vencer o ponto morto de desequilíbrio. Seria preferível tentar descrever este fenômeno à luz das influências mais gerais e integrativas, que coordenam e justificam, inclusive, as diferentes manifestações desses fatores. Com esse objetivo, foram escolhidas três perspectivas descritivas, que permitem encarar o fenômeno à luz de tendências globais de transformação da ordem social e no nível em que operam as influências de caráter especificamente inovador ou conservantista.

No nível das tendências globais de transformação da ordem social seria preciso determinar como a *revolução burguesa* se refletiu ou tende a refletir-se nos conteúdos e na organização do horizonte cultural médio. Dois elementos convergentes precisam ser tomados em conta. Primeiro, a revolução burguesa surge, no Brasil, dentro do contexto e como episódio da expansão econômica do mundo rural. Não foi só a agricultura que forneceu o ponto de partida para a acumulação de capital, na qual se fundou aquela revolução; foi também o homem do campo que estendeu o raio de ação de suas atividades, inserindo a cidade dentro dele. O fazendeiro, quando se envolveu nesse processo, continuou simultaneamente preso aos papéis sociais que possuía no mundo rural. O imigrante desprendeu-se econômica e socialmente do mundo rural, mas levou consigo as concepções rurais de organização da vida. Essa circunstância tem grande importância analítica para a explicação dos rumos tomados pela expansão do capitalismo no Brasil. Pois, no fundo, a revolução burguesa foi, largamente, empreendida e conduzida por agentes humanos cujo horizonte cultural estava moldado para o estilo de existência, a economia e a previsão do futuro da "comunidade integrada". Tais agentes histórico-sociais viram-se condenados a explorar formas novas de organização das atividades econômicas segundo a escala de grandeza que extraíram de sua concepção do mundo. Os ajustamentos práticos iriam assumir, por conseguinte, enorme significação dinâmica. É que deles passou a depender a renovação do horizonte cultural herdado. Segundo, a revolução burguesa assume, no Brasil, um tempo e um ritmo que atestam as dificuldades do país em realizá-la. Confinada às cidades e irreversível apenas nas áreas de certa vitalidade econômica, ela se debate, desde o último quartel do século XIX até os nossos dias, nas malhas de um terrível círculo vicioso. Processos econômicos débeis e estruturas sociais rígidas são os dois polos desse círculo vicioso, os quais caracterizam a revolução burguesa brasileira como um processo extremamente lento, descontínuo e convulsivo. Em virtude dessas condições, os ajustamentos práticos perderam grande parte do poder corretivo que poderiam ter e contribuíram em escala mitigada para a renovação do horizonte cultural herdado. Portanto, as origens e o desenvolvimento da revolução burguesa explicam razoavelmente a persistência e a tenacidade de um horizonte cultural que colide com as formas de concepção do mundo e de organização da vida inerentes a uma sociedade capitalista.

    Esses resultados esclarecem, mais ou menos, o que cai no âmbito dos fenômenos *ex post facto*. Ao assimilar o padrão de revolução social burguesa, a sociedade brasileira expurgou-o (presumivelmente de maneira provisória) de certos componentes, que pressupunham elevados graus de racionalização nas formas sociais de consciência e de organização do comportamento. Restaria saber como a questão se coloca, tendo-se em vista a natureza das influências inovadoras, que se manifestam através de situações e de processos sociais *in flux*. Dessa perspectiva, a análise conduz a evidências paradoxais. Primeiro, a expansão da ordem social competitiva ainda não foi suficientemente longe para criar situações de classe verdadeiramente integrativas e para universalizar certos mecanismos de acomodação pelo menos dentro de uma mesma classe. Segundo, as debilidades dos processos econômicos geram atitudes e comportamentos sociais imediatistas, oportunistas e ultraegoísticos em todas as classes sociais, os quais animam ajustamentos tão obstinados e rígidos quanto os que se produziriam por conflito social. Terceiro, a intensa e extensa mobilidade social (horizontal e vertical) comporta motivações psicossociais dissociativas persistentes, que solapam a forma de solidariedade de classe e generalizam aspirações inconsistentes de classificação social. Nesse contexto, duas tendências contraditórias se configuram dinamicamente. Uma, polarizada em torno de elementos adversos à expansão da ordem social competitiva (e que são, no fundo, fatores arcaizantes herdados do passado). Polarizações dessa espécie aparecem frequentemente em todas as classes e redundam em ajustamentos de extrema irracionalidade. Outra, polarizada em torno de elementos favoráveis à expansão da ordem social competitiva (e que correspondem aos fatores de inovação mais profundos, produzidos pelo estilo de vida social vigente). Tais polarizações também aparecem com frequência em todas as classes e exteriorizam, em graus variáveis, o tipo de racionalidade exigido pelo presente. As investigações feitas não permitem determinar a proporção das primeiras polarizações sobre as segundas. Mas elas deixam claro que, quer se trate do operário, do estudante, do professor ou do industrial, as primeiras polarizações acabam possuindo uma importância dinâmica considerável nas atitudes e nos ajustamentos sociais. Configura-se, assim, um universo sociocultural que neutraliza variavelmente as influências inovadoras ou que tende a reduzir o seu impacto positivo sobre o desenvolvimento da ordem social competitiva.

Isso significa, em outras palavras, que o chamado *elemento tradicionalista* continua vivo, operante e com grande vitalidade. Como as influências arcaizantes e inovadoras se combinam inextricavelmente, aquelas não só atuam por dentro das situações histórico-sociais novas; fazem-no irruptivamente, sem os controles que limitavam sua potência na ordem social tradicionalista. Desse ângulo, parece que a principal desvantagem da ordem social competitiva, nos países em que ela se instaura em condições desfavoráveis, consiste em que ela agrava, nas fases iniciais de desenvolvimento pelo menos, a concentração social da renda e do poder. Nessas fases, ela mais aumenta que modifica as categorias dos entes sociais "privilegiados".

Parte desse fenômeno vem a ser a persistência (velada ou aberta) e o agravamento das formas autocráticas de controle, aplicadas com intensidade principalmente nas áreas relacionadas com o suprimento, a utilização e o custo do trabalho. Esses episódios se repetiram no Brasil graças a duas circunstâncias. Primeiro, as elites tradicionais aceitaram facilmente o princípio da livre concorrência na esfera das relações econômicas estratégicas, viam na concorrência um ônus social inexpressivo, ao lado de compensações muito vantajosas (o funcionamento e o desenvolvimento da economia com base no trabalho livre). Todavia, repeliram na prática a igualdade jurídico-política e se apegaram tenazmente às formas tradicionais de mandonismo, como recurso para manter suas posições de dominação na estrutura de poder da sociedade nacional. Segundo, os grupos em ascensão, constituídos principalmente por imigrantes, acomodaram-se de modo espontâneo às expectativas daquelas elites. Empenhados em "fazer fortuna" e em retornar o mais depressa possível às comunidades de origem, viam apenas vantagens na referida acomodação e, em especial, nas técnicas autocráticas de uso do poder. Quando as aspirações de retorno se revelaram uma miragem, as vantagens evidentes dessas técnicas (muitas vezes incorporadas de forma diferente às suas tradições culturais) prevaleceram sobre outras razões (como, por exemplo, as impulsões igualitárias e de defesa de um estilo democrático de vida). Estabeleceu-se uma equivalência de interesses, que possibilitou a perpetuação tácita do mandonismo no seio das cidadelas da expansão capitalista. Essa conexão tem particular importância na presente análise. Ela evidencia, de um lado, que influências tradicionalistas poderosas tiveram ampla continuidade na organização das relações humanas, através da revolução burguesa. Ela sugere, de outro lado, que nem sempre é correto dizer-se que a modernização absorveu influências arcaizantes. Às vezes, também sucedeu o contrário, onde foi a tradição que absorveu influências modernizantes. Tudo isso mostra quão complexo é o quadro global. E, o que importa mais, oferece um sistema de referência para compreender-se por que as influências conservantistas se mantiveram tão fortes e em condições de neutralizar o impacto das influências inovadoras no comportamento social inteligente.

    A segunda pergunta dirige as indagações para produtos estruturais e dinâmicos desse complexo e heterogêneo quadro histórico-social. Foram selecionados, apenas, três aspectos mais significativos para a presente discussão. Mas eles parecem suficientes para que se entenda o que ocorre, quando o conformismo se impõe praticamente numa sociedade em mudança. Deixando de ser uma resposta normal a certas condições de convivência social, ele se converte em meio para atingir outros fins. Aparece, assim, como puro ingrediente político, cuja função, parcialmente manifesta apesar de tudo, consiste em conter o ritmo de alteração das estruturas de poder nos limites da situação de classe das elites tradicionais. Isso acarreta perdas irrecuperáveis diante de alternativas socialmente construtivas e obscurecimento da consciência social do futuro. Por fazerem parte de uma composição política irracional, porém, efeitos dessa ordem são encarados e aceitos como ocorrências naturais, justificadas e necessárias.

O aspecto mais importante diz respeito a um efeito óbvio, mas crucial. Trata-se da influência unilateral, absorvente e prepotente de círculos sociais pouco aptos a entender e a manipular as exigências da situação a curto e a longo prazo. A questão não está em que o "tradicionalismo" seja pior que a modernização, pois ambos apresentam dilemas quanto ao seu custo social ou às suas vantagens e desvantagens. É que o "tradicionalismo" deixou de ter conteúdo e não responde ao sentido do processo histórico--social. Ele se mantém como expediente político de alcance limitado, já que se confina aos interesses sociais de uma classe. Por essa razão, nada justifica seu enorme custo social e, ainda menos, os riscos que ele cria, por causa das tensões que desencadeia. Entretanto, não é aí que se acham suas principais consequências funestas. Estas podem ser reduzidas a duas. Primeiro, a deformação das formas de poder inerentes à ordem social competitiva. Essa ordem social impôs normas e valores próprios em todos os níveis das relações humanas. Ao serem introjetados no horizonte cultural preexistente, porém, essas normas e valores foram redefinidos e projetados no contexto da dominação tradicionalista (às vezes, de tipo puramente patrimonialista). Daí resultou a perpetuação de técnicas sociais inoperantes numa sociedade de classes; e extrema concentração do poder nas mãos de círculos sociais propensos: 1) a exercer pressões negativas, ultraegoístas e obscurantistas sobre os grupos mais ou menos empenhados em aproveitar construtivamente as alternativas viáveis de aceleração da mudança social; 2) a degradar os efeitos políticos da igualdade jurídica e a restringir o impacto da livre competição fora da área econômica; 3) a proscrever o conflito como mecanismo de acomodação de interesses e de relação intergrupal. Segundo, a exploração de técnicas de dominação demasiado rígidas, incompatíveis com a estrutura e o funcionamento das relações de poder numa sociedade aberta. A eficácia das técnicas de dominação tradicionalista (inclusive de tipo patrimonialista) na sociedade brasileira do passado não procedia das qualidades intrínsecas de tais técnicas. Mas do consenso que a legitimava e de sua compatibilidade com a ordem social existente. Na sociedade competitiva elas perderam, ao mesmo tempo, os fundamentos de sua legitimação social e de sua eficácia prática. E as funções que desempenham conduzem, inevitavelmente, ao represamento e à inibição de tendências de mudança social espontânea profundamente vinculadas à nova estrutura social. Portanto, em vez de obter obediência, adesão e identificação ou de eliminar o conflito, essas técnicas cultivam forças sociais explosivas, que poderão assumir os padrões normais de manifestação da violência nas relações de classes. Aliás, outras formas de solução das tensões latentes ficam excluídas, desde que inovações de interesse coletivo e ideologicamente neutras são reprimidas, solapadas ou proscritas.

Outro aspecto de relativa importância na situação global relaciona-se com as orientações suscitadas por semelhante rigidez numa era de mudanças sociais de caráter estrutural. Em virtude do teor irracional das pressões conservantistas, qualquer inovação, em particular, e o processo de modernização, em geral, são avaliados e repelidos ou aceitos num contexto de extrema irracionalidade. Mesmo soluções técnicas, que tiveram algumas vezes conotações ideológicas na época em que surgiram (na Europa e nos Estados Unidos) ou que nunca tiveram tais conotações, são expulsas por aquelas pressões para as esferas da opção ideológica e da luta política. Essa situação envolvente provoca tendências reativas muito diversas, quanto ao grau de irracionalidade, mas sempre numa escala que as torna improdutivas. No nível dos círculos conservadores, ela estimula o crescente recurso ao *enrijecimento*, mesmo pela violência organizada. Envenenando o espírito dos agentes, essa reação aumenta sua incapacidade de entender e de enfrentar as mudanças, predispondo-os para a desconfiança, a insegurança e o temor pânico de perder o controle das inovações. Doutro lado, ela fornece a base psicossocial de atitudes e comportamentos especificamente antissociais, como o solapamento sistemático de empreendimentos de significação nacional e a resistência sociopática à mudança. No nível de círculos sociais que poderiam ser descritos como inovadores por causa de sua propensão em aceitar e em defender "reformas estruturais", a mesma situação fomenta o apego emocional a decisões ou técnicas de caráter racional. Essa reação acaba consentindo que reivindicações neutras pareçam opções ideológicas. E incentiva uma superestimação fatal dos meios, dos fins ou dos fins e dos meios, predominantemente avaliados fora e acima da capacidade de absorção potencial do ambiente brasileiro. Nesse caso, transforma-se num veneno sutil, que leva as pressões conservantistas a afetar a própria estrutura do pensamento inovador. Além disso, é preciso considerar-se que o clima humano em que vive o agente inovador, em semelhante situação, é em si mesmo muito destrutivo. Submetido a pressões contraditórias persistentes, condenado a sentir-se isolado e incompreendido, impotente para resguardar as inovações do solapamento sistemático, da resistência organizada ou dos simples imprevistos, aquele agente vê-se na contingência de aceitar atitudes e comportamentos variavelmente irracionais. O que interessa ressaltar, nesses dois tipos de reação, é a circularidade dos efeitos irracionais. Eles se encadeiam, a partir da qualidade, da intensidade e da continuidade das pressões conservantistas, e se propagam através de uma espécie de multiplicador de erros, até atingirem a medula da atuação inovadora.

O terceiro aspecto é específico. Mas ele se refere a algo que precisa ser pelo menos mencionado. Trata-se do modelo pelo qual a situação histórico-social descrita se reflete na organização, no rendimento e no desenvolvimento das instituições. O fluxo da mudança social só se torna estrutural e dinamicamente significativo quando ele se exprime através de novações que podem ser absorvidas, difundidas e conservadas institucionalmente. Para que isso ocorra, não obstante, é preciso que exista um mínimo de correlação positiva entre o crescimento das instituições e as tendências de mudança social imperantes na sociedade global. Ora, essa correlação não é (nem poderia ser) automática. Ela se produz, ou não, em função das impulsões e das disposições que animam o comportamento social inteligente. Se os homens não têm condições para tomarem consciência clara e em escala coletiva das relações que devem existir entre técnicas, valores e objetivos sociais em suas situações de vida, o caminho para correlacioná-los institucionalmente fica mais ou menos bloqueado. O processo de inovação se esvazia, deixando de ter sentido moral e significado histórico. Nada pode opor-se ou impedir a estagnação, mesmo que ela contrarie interesses coletivos ou valores ideais. Essa dura realidade não se abate sobre o Brasil de forma extrema. Em vários níveis, mas principalmente no das relações econômicas, o crescimento institucional reflete avanços reais e potenciais no controle racional das forças do ambiente. Contudo, de maneira geral, a mencionada correlação entre técnicas, valores e objetivos sociais, em função das exigências da situação de vida, não se organiza como processo social. Os influxos negativos, diretos ou indiretos, das pressões conservantistas destroem ou obstruem o patamar inicial, que é o ego–envolvimento do querer humano na existência e no destino das instituições.

A última pergunta levanta, pois, o problema capital. Mudança social de caráter estrutural e controle do poder por círculos sociais conservadores são entidades que se excluem. O simples fato de uma sociedade comportar indefinidamente essa combinação já é, em si mesmo, um índice relevante de que a mudança estrutural conta com limitada viabilidade. Doutro lado, se tal combinação coincide com o uso indiscriminado do poder por aqueles círculos, então eles adquirem uma posição excepcional para agirem na defesa de interesses particularistas e, se necessário, para lutar contra a mudança. O elemento político se equaciona, para tais círculos, em termos simples: o uso do poder para conseguir o máximo de estabilidade social. Se isso for possível, o uso do poder segundo alternativas que redundem no controle dos fatores da mudança social, na monopolização dos seus proventos de significação política e na contenção de suas tendências à aceleração. A lógica desse comportamento é bem conhecida. O pensamento conservador não poderia proceder de outro modo, sem destruir-se. Para que as coisas tomem o rumo inverso, impõe-se que outros círculos sociais possam escolher entre diluir o presente no passado ou criar a sua própria história.

3 – Requisitos dinâmicos da integração nacional

A discussão anterior se concentrou em aspectos da realidade que evidenciam como emergem e como operam certas influências conservadoras, que não foram absorvidas ou eliminadas pela mudança social e que, por isso, interferem negativamente em fases essenciais desse processo. Dessa perspectiva, duas constatações são inevitáveis, independentemente de qualquer resíduo de pessimismo. A primeira consiste em que a expansão do regime de classes e da ordem social competitiva correspondente ainda não atingiu proporções que imponham a transferência das posições de liderança e de dominação para círculos sociais mais identificados com as influências inovadoras. A segunda consiste em que, por suas origens, objetivos e natureza, as influências conservantistas se manifestam através de polarizações puramente particularistas, como se uma posição estratégica de dominação fosse mais importante que os interesses coletivos das outras classes ou da Nação como um todo. Portanto, em vez de ganhar ímpeto, a mudança social desemboca num ponto morto de desequilíbrio, que a converte, intrinsecamente, num dilema social.

É difícil apanhar o modo pelo qual esse dilema cai na esfera de consciência social e de atuação inteligente dos grupos mais ou menos identificados com os efeitos previsíveis da aceleração da mudança social. Esses grupos não são elimináveis e tendem a crescer continuamente, como consequência da própria dinâmica dos interesses sociais e das relações de classes numa sociedade competitiva. Doutro lado, qualquer que seja o grau de irracionalidade inerente a seus ajustamentos à presente situação histórico-social, esses grupos não veem a mudança social como um mal em si, uma fonte de perturbações ou um desastre social. Ao contrário, encaram-na como algo desejável e necessário, distinguindo suas manifestações concretas de suas potencialidades inexploradas. Por isso, valorizam-na positivamente e se opõem à situação dos círculos sociais conservadores a que ainda não podem, não obstante, enfrentar e bater no terreno prático. Todavia, dados dessa espécie não são relevantes para uma sondagem que pretenda estabelecer como poderão surgir e em que sentido irão operar certas tendências irredutíveis de mudança social. Para focalizar essas tendências foram escolhidos, por essa razão, fenômenos que ocorrem no nível da integração nacional da sociedade brasileira. Duas questões, apenas, serão debatidas. Uma, que diz respeito ao que significa integração nacional como um conjunto de exigências sociodinâmicas da sociedade brasileira. Outra, que se refere ao que implica a integração nacional como fator insufocável de mudanças estruturais de longo alcance. As duas questões erguem o problema mais geral das alternativas que se abrem, historicamente, à presente atuação dos círculos conservadores.

Em todos os países em que se realizou ou está se realizando, a integração nacional constitui um processo de revolução social. O Brasil não representa uma exceção à regra. Quando muito, pode-se dizer que ele a encarna de forma peculiar e (em confronto com outros países como a França, a Inglaterra ou os Estados Unidos) de modo discrepante. Ora, isso tem sido percebido, mas em termos mais ou menos estreitos. A natureza e a duração do processo, principalmente, sofrem uma compreensão deformada. Ele é visto, com frequência, como se fosse um *processo de circuito fechado*, que se iniciaria e terminaria em função da concretização histórica de certos ideais de independência e de organização do poder político em escala nacional. No período de tempo, assim delimitado, estaria concluído o "ciclo de integração nacional".

No entanto, malgrado o que se tem escrito sobre o assunto, se existe um "ciclo de integração nacional", ele está muito longe de seu termo histórico. Encarada sociologicamente, integração nacional significa, acima de tudo, que uma sociedade é capaz de realizar, como e enquanto nação, o padrão de equilíbrio estrutural e dinâmico inerente a dada ordem social. Sob essa perspectiva, o Brasil já experimentou não um, mas dois "ciclos" de integração nacional. Um, que vai da Proclamação da Independência e da implantação do Estado nacional até a desagregação final da ordem social escravocrata e senhorial (do início aos fins do século XIX, aproximadamente). Outro, que começa com a Proclamação da República e se acha em pleno desenvolvimento (do fim do século XIX em diante). No primeiro ciclo, a concentração da renda, do prestígio social e do poder em termos estamentais e de castas reduzia o número e o volume dos estratos sociais que poderiam participar, diretamente, daquela ordem social. Por eufemismo, a noção de "povo" era aplicada a esses estratos. Ao *povo*, assim entendido, cabia encarnar a vontade da Nação e colocá-la em prática. A plebe, os libertos, os escravos e os segmentos marginais ou dependentes da população estavam, naturalmente, excluídos desse conceito e da qualificação resultante, que incorporava os indivíduos ou os grupos sociais à existência da Nação. No segundo ciclo, a universalização dos direitos fundamentais do cidadão aboliu, legalmente, as fronteiras jurídico-políticas entre os estratos sociais. Contudo, as formas preexistentes de concentração social da renda, do prestígio social e do poder permanecem intactas. Em consequência, este ciclo vai caracterizar-se pela contradição fundamental entre o princípio de organização política da sociedade nacional e as formas de dominação utilizadas socialmente. A Nação devia compreender, teoricamente, todos os estratos sociais em condições de se classificarem na ordem social competitiva. Na realidade, porém, ocorriam duas exceções. Nem todos os estratos sociais conseguiam meios para ter acesso à ordem social competitiva. Nem todos os estratos incorporados à ordem social competitiva possuíam meios para desempenhar, normalmente, os papéis políticos que os integrariam à sociedade nacional. Para que o conceito de *povo* pudesse ser redefinido socialmente, adaptando-se como categoria histórica às implicações jurídico-políticas da universalização dos diretos fundamentais dos cidadãos, impunham-se três condições prévias: 1) inserir todos esses elementos na ordem social competitiva; 2) eliminar ou corrigir as fontes sociais da neutralização dos papéis políticos no funcionamento dessa ordem social; 3) aumentar a eficácia-limite dos processos que garantem a continuidade dessa mesma ordem social.

Esse segundo ciclo é que interessa, de perto, à presente discussão. Parece evidente que ele preenche as funções de uma fase de transição e que se esgotará, historicamente, a partir do momento em que a sociedade brasileira possua condições para superar a contradição entre seu princípio de organização política e as formas de dominação tradicionalista predominantes. Vendo-se as coisas deste ângulo, integração nacional significa, em toda a fase considerada, formação de requisitos para a instauração e o desenvolvimento da democracia no Brasil. Para se perceber o alcance dessa afirmação, é preciso atentar-se para o que a integração nacional representa em dois níveis distintos. De maneira imediata, ela responde à necessidade de adaptar-se à sociedade brasileira, em escala nacional, à estrutura e ao funcionamento da ordem social competitiva. Nesse nível, ela depende de certos requisitos, que põem em xeque a contradição apontada. A longo prazo, à medida que a integração nacional se ajusta aos imperativos estruturais e dinâmicos da ordem social e competitiva, ela dá origem às condições que permitem e regulam a substituição das formas de dominação tradicionalista por técnicas democráticas de organização do poder (inclusive, do poder político). Por aí se vê não só por que a integração nacional contém um sentido revolucionário. Descobre-se, também, por que ela é tão temida e combatida, na expressão que iria assumir historicamente no segundo ciclo, pelos grupos sociais empenhados na defesa das formas de dominação tradicionalista. Para resguardar tais formas de dominação, aqueles círculos precisariam empenhar-se em manter a integração nacional no nível do primeiro ciclo.

Assim compreendida, a integração nacional implica duas coisas distintas, embora interdependentes. Primeiro, ela estimula e orienta a mobilização societária dos fatores psicossociais, socioeconômicos ou socioculturais que são necessários, estrutural e dinamicamente, para o funcionamento e o desenvolvimento integrados da ordem social competitiva. Essa mobilização é, em si mesma, um processo muito complicado e difícil. Dadas as desigualdades regionais, o impacto deformador da antiga estrutura social na formação do regime de classes e a resistência que as elites tradicionais oferecem ao desnivelamento acarretado pela eliminação progressiva de seus privilégios sociais, só as comunidades e as regiões de maior vitalidade socioeconômica conseguem organizar o processo espontaneamente. Segundo, a integração nacional coordena a expansão e a universalização da ordem social competitiva. Esse processo é ainda mais complicado e difícil que o primeiro. As comunidades e as regiões que não logram certas condições mínimas de crescimento econômico e de desenvolvimento social ficam mais ou menos entregues a estilos de vida que preservam, indefinidamente, formas arcaicas de organização social. Portanto, veem-se condenadas a permanecer à margem dos processos de integração nacional no nível em que eles se estão realizando. Por isso, tanto a mobilização de fatores essenciais à continuidade da ordem social competitiva quanto a universalização desse padrão de integração social exigem tipos de intervenção racional que sejam fortemente sensíveis a interesses coletivos vitais e independentes das pressões particularistas. Tais tipos de intervenção racional esbarram em dificuldades tenazes, e somente o Estado tem conseguido empregá-las com relativa amplitude e alguma eficácia.

Não é possível debater aqui todos os problemas que semelhantes implicações colocam à análise sociológica. Para completar o esboço apresentado, foram escolhidos três aspectos da situação geral, que merecem maior atenção. Esses aspectos referem-se aos efeitos equiparadores da integração nacional; à importância da integração nacional para o aparecimento e o aperfeiçoamento de novas formas de institucionalização do poder; e às alternativas que poderiam associar-se ao malogro da ordem social competitiva como meio de integração nacional.

Quanto à primeira questão, é sabido que o regime republicano, desde sua implantação até o presente, não encontra bases reais de funcionamento integrado. Os padrões predominantes de concentração social, regional e racial da renda, do prestígio social e do poder eliminam qualquer possibilidade de eficácia na organização e no rendimento do regime republicano. Na verdade, não é só o princípio formal da "igualdade perante a lei" que está em jogo. Normalmente, as garantias reconhecidas legalmente não possuem suporte social adequado. Categorias sociais inteiras são privadas, parcial ou totalmente, dos efeitos dos seus papéis jurídicos-políticos, porque ocupam posições sociais que não asseguram viabilidade prática àqueles papéis. A alteração dessa situação anômala depende de transformações da própria estrutura social. Por conseguinte, nesse nível a integração nacional aparece como um processo que tende a equiparar as probabilidades de participação da ordem legal e política entre indivíduos pertencentes a estratos sociais distintos. Num sentido, ela produz a democratização dos papéis políticos e das garantias sociais correspondentes; em outro, ela provoca circulação das elites no poder. À medida que ela progride, formam-se e consolidam-se as condições sociais de vida política que poderão dar viabilidade aos padrões democráticos de organização do poder e ao funcionamento normal do Estado republicano.

Quanto à segunda questão, é óbvio que o Estado republicano só poderia funcionar e crescer normalmente se se tornasse o ponto de convergência e de equilíbrio dos interesses sociais comuns das diferentes classes. Essa condição requeria, basicamente, todo um complexo de instituições políticas suscetível de captar, dirigir e aproveitar os ânimos patrióticos do cidadão comum. No entanto, o Estado republicano não contou com esse patamar. Ele herdou uma situação que restringia o alcance da institucionalização do poder aos estratos sociais dominantes e, o que é pior, nunca dispôs de meios para incluir dentro dessa esfera os demais estratos sociais. Ficou praticamente cativo de grupos que não se empenhavam ou se empenhavam sem entusiasmo pela chamada "normalização do regime", a qual exigia que o povo se transformasse, como categoria inclusiva, em participante responsável, consciente e ativo dos processos políticos. O povo se manteve como uma categoria apática ou como uma massa passiva e inexperiente, mais ou menos divorciada da elaboração daqueles processos. Para alterar essa situação, impunha-se envolver as massas, institucionalmente, nos mecanismos de organização e de funcionamento do poder político e, ao mesmo tempo, libertá-las da submissão aos interesses particularistas. Portanto, nesse nível a integração nacional surge como um processo que tende a universalizar certos ajustamentos políticos, de importância capital para a existência e a sobrevivência de uma comunidade nacional democrática. De um lado, ela incentiva e organiza a participação do cidadão comum em todas ou em quaisquer das fases do processo político. De outro, procura assegurar a normalidade desse mesmo processo, mediante formas abertas de institucionalização do poder político. O pouco êxito alcançado nesta direção explica as crises sucessivas que pontilham a agitada evolução de Estado republicano, de 1889, ao golpe militar de 1964.

Quanto à terceira questão, está fora de dúvida que muitas respostas seriam possíveis. As evidências dessa discussão sugerem, porém, que, apesar de suas debilidades, a ordem social competitiva atingiu um grau de diferenciação que não comporta o retorno puro e simples ao *status quo ante*. As debilidades que ela apresenta são de natureza *estrutural-funcional*. Afetam o seu padrão de integração e de desenvolvimento. Contudo, os fatores que tendem a corrigir tais debilidades também são de tipo estrutural-funcional. Em suma, elas não só estão sendo corrigidas, elas continuarão a ser corrigidas no futuro, talvez com aceleração crescente. Essa necessidade responde a forças profundas, que afetam a existência e o desenvolvimento de uma sociedade nacional. Em vista disso, um malogro da ordem social competitiva poderia conduzir à estagnação e, em consequência, à persistência indefinida de um subcapitalismo, de uma pré-democracia e de uma infranação. Essa não parece ser, todavia, a alternativa mais provável. O malogro levaria ao abandono da ordem social competitiva, mas a integração nacional continuaria por outros meios. Algumas das formas de socialismo, exploradas com êxito por outros *povos subdesenvolvidos*, converteria a ordem social planificada na alternativa historicamente viável. Nesse caso, os impasses que pairam sobre a integração nacional seriam enfrentados através de outras técnicas sociais.

Nesta parte da discussão já são evidentes a natureza e o sentido das influências que dão continuidade, generalizam e tendem a intensificar as manifestações da mudança social. Como aconteceu com outros países, o Brasil precisa atingir um mínimo de integração interna que lhe assegure condições para se organizar e sobreviver como *sociedade nacional* autônoma. Desse ângulo, tanto o ponto morto de desequilíbrio, que ameaça sua capacidade de coexistência e de desenvolvimento, quanto a irracionalidade do comportamento conservador, que põe em risco o destino da ordem social competitiva, constituem obstáculos que serão previsivelmente superados. Na medida em que realiza historicamente as condições econômicas, sociais e políticas para se organizar como sociedade nacional, o Brasil avança em duas direções. Primeiro, no controle dos fatores adverso à mudança. Segundo, na absorção progressiva de padrões de organização social nuclearmente mais adaptados ao tipo de mudança requerido por uma sociedade aberta.

Capítulo III

Crescimento Econômico e Instabilidade Política no Brasil*

1 – Introdução

O tema geral deste simpósio é "Crescimento e mudança no Brasil depois de 1930". No entanto, seus organizadores indicam que se deve discutir "a interação entre crescimento econômico e instabilidade política nesse período". Em vista disso, a presente contribuição concentra-se no tema específico, em si mesmo bastante complexo para um trabalho de síntese.

Crescimento econômico e instabilidade política parecem ser, de fato, os traços essenciais da vida no Brasil nos últimos cinquenta anos. Aparentemente, o país atingiu o apogeu para o "arranco econômico"; o que forneceria a chave para explicar as "convulsões políticas" que eclodiram durante esse período. Estatísticas que não vamos transcrever aqui evidenciam pelo menos três transformações econômicas substanciais: 1) produtos previa-

---

* Comunicação apresentada ao IV Colóquio Internacional de Estudos Luso-brasileiros (Harvard University e Columbia University, set. 1966) a convite da Comissão Organizadora. Publicação prévia em português: *Revista Civilização Brasileira*, n°s 11 e 12, dez. 1966-mar. 1967, p. 11-37.

mente destinados à exportação, como o açúcar, encontram escoamento predominante no mercado interno; 2) a pauta das importações assumiu uma configuração nova, revelando que o crescimento econômico se fez, durante os últimos anos, com base na substituição das importações e na expansão do parque industrial interno; 3) a indústria está sofrendo, há mais de duas décadas, modificações estruturais, com o aparecimento e a vitalização progressiva de uma indústria pesada. Ao mesmo tempo, de 1930 a 1964, o país experimentou convulsões políticas altamente dramáticas, entre as quais se poderiam destacar: uma revolução de âmbito nacional (1930); a rebelião paulista de 1932; a implantação de uma ditadura, que reorientou a organização e as polarizações do poder na sociedade brasileira (1937); e, subsequentemente, a renovação da democracia liberal, o suicídio de um presidente eleito, a renúncia de outro, uma experiência parlamentarista efêmera e extemporânea, condenada pela consulta eleitoral, uma conspiração civil com apoio militar que redundou num golpe de Estado contrarrevolucionário, na destituição do governante legal e na implantação de um regime militar autoritário (1964). Em suma, através de conspirações e composições sucessivas, o poder civil se debilitou, as instituições políticas se desgastaram completamente e os militares assumiram o controle do poder, em nome da "consolidação do regime" e da "defesa da democracia"!

É evidente que as duas séries de processos e eventos são interdependentes. Mas seria demasiado simplista explicar a instabilidade política como decorrência das condições ou efeitos do crescimento econômico; como também seria incorreto atribuir às "crises políticas" e ao seu agravamento progressivo as inconsistências e debilidades do crescimento econômico. Cumpre evitar, na análise desse fenômeno e de suas conexões histórico-sociais, tanto as deformações que nascem de um economismo fácil quanto as distorções que resultam do conhecimento de senso comum. Tem-se acentuado a tendência, por parte dos intérpretes da situação brasileira, a dar importância crescente às categorias do pensamento econômico e aos fatores econômicos. Aos poucos, o quadro histórico-social geral deixou de ser o sistema de referência das análises, e os fatores histórico-sociais passaram a segundo plano. Em consequência, as explicações descobertas tendem a perder de vista o essencial: as determinações mais amplas e centrais a longo termo, que estruturam e dinamizam as relações entre a Economia e a Política. Doutro lado, o conhecimento de senso comum propende para avaliações de cunho ideológico, que gravitam em torno dos interesses típicos dos setores empresariais, rurais e urbanos. Por essa razão, provavelmente, converte a estabilidade política numa espécie de *vaca sagrada*, que deve ser alimentada e mantida a todo preço, mesmo à custa da ruptura da legalidade. Por motivos e vias diferentes, portanto, as duas perspectivas empobrecem e deformam as perspectivas de análise, viciando a visão da importância do elemento político nos complexos e contraditórios processos de modernização em curso.

Na medida do possível, procuramos cingir a presente discussão a argumentos especificamente sociológicos. Admitimos que os economistas profissionais não são responsáveis pela proliferação do economismo que vem avassalando as Ciências Sociais na América Latina. Outrossim, supomos que eles tenham interesse em conhecer a contribuição do sociólogo, em questões que não podem ser devidamente compreendidas senão através dos recursos analíticos da Sociologia. Quanto ao impacto do conhecimento de senso comum, parece claro que evitá-lo e neutralizá-lo constitui um imperativo da própria objetividade científica. Neste ponto, o sociólogo divorcia-se do homem de ação, não porque a prática seja incompatível com a ciência, mas porque esta não pode nem deve converter-se em meio de propaganda ou de dominação políticas.

2 – Intensidade e limitações do crescimento econômico

A questão fundamental, para o sociólogo, não está nas expressões quantitativas assumidas pelo crescimento econômico em dado período de tempo. Mas determinar se elas correspondem, estrutural e dinamicamente, ao padrão de integração econômica da civilização vigente. Sob esse aspecto, dois temas se impõem à consideração: 1º) as peculiaridades e consequências da forma de incorporação da grande lavoura exportadora ao capitalismo comercial; 2º) fatores e efeitos da neutralização, retardamento ou extrema descontinuidade das funções construtivas da "revolução burguesa" no plano econômico.

Quanto ao primeiro tema, o que importa ressaltar aqui diz respeito à herança econômica deixada pela grande lavoura exportadora, que deu origem ao chamado "complexo econômico colonial".[1] Este se formou sob a égide do capitalismo comercial. Por isso, inseria a economia brasileira, no nível das relações com o mercado internacional, no circuito das formas mercantis capitalistas. Todavia, ele exprimia: uma rígida especialização econômica (produção em escala de produtos primários exportáveis); associa-

---

1 Essa expressão, cunhada como um conceito heurístico, encontra uso corrente entre vários especialistas em história econômica do Brasil. Ela compreende a grande exportadora em termos estruturais, através de conexões que se formaram no período colonial, mas persistem até hoje.

ção do latifúndio ao trabalho escravo ou ao trabalho livre com remuneração ínfima; extrema concentração da renda; limitação residual do mercado interno, dominado pela comercialização restrita de produtos importados e pela circulação interna mais ou menos inexpressiva de produtos de subsistência; o controle exterior do fluxo das atividades econômicas e da riqueza.[2] Com o advento da Independência, a implantação do trabalho livre e as consequências produzidas pela exploração do café, esse quadro sofreu alguns retoques. A Independência tornou imperiosa a organização de um Estado nacional e isso se refletiu no crescimento econômico, graças às medidas que aumentaram em número e eficácia os meios de comunicação, de transportes, dos serviços administrativos etc., redundando em intensificação da comercialização interna dos produtos de subsistência e no fortalecimento de certas tendências de especialização econômica inter-regional. O trabalho livre contribuiu para liberar grandes parcelas de capital fixo e fez pressão nas formas preexistentes de redistribuição da renda, acelerando, principalmente nos núcleos urbanos, a diferenciação e a expansão do mercado interno. O café, por sua vez, forçou a internalização de alguns mecanismos de financiamento da produção, de estocagem e comercialização das safras etc. Daí resultou que várias fases das atividades mercantis, antes desenroladas no exterior, sofressem alguma institucionalização interna. Como esse processo coincidia com o desenvolvimento do Estado nacional e, a partir de certo momento, com a universalização do trabalho livre, ele provocou um forte impacto na emergência e diferenciação de papéis econômicos, em particular no seio das comunidades urbanas que se vinculavam às áreas de expansão do café, tanto as que dependiam dos centros agrícolas quanto as que acabaram absorvendo as funções dominantes nos "negócios do café" ou na sua exportação. Apesar de tudo, o

---

2   Esse controle se manifestava diretamente através do financiamento da produção e de outros mecanismos. Mas ele também envolvia certas manipulações por meio das quais agências econômicas do exterior controlavam a produção, o mercado internacional e a comercialização dos produtos (difusão das técnicas de produção de determinados produtos e seu cultivo em várias áreas do globo, para garantir aumento contínuo da produção, oferta alta, preços baixos etc.; estímulo à superprodução desses produtos e interferências drásticas na manipulação de preços, mecanismos financeiros etc.; colocando os fornecedores à mercê dos importadores; absorção dos mecanismos institucionais de comercialização dos produtos primários nos centros importadores etc.). No conjunto, fossem colônias propriamente ditas ou Estados nacionais, os países especializados na exportação de produtos primários não possuíam soberania de fato e nenhuma autonomia em suas relações econômicas com o mercado internacional.

padrão de crescimento econômico daí resultante não ultrapassava – nem podia ultrapassar – as fronteiras dependentes e estreitamente confinadas de uma "economia colonial".

Quanto ao segundo tema, não seria difícil imaginar-se que a "revolução burguesa" teria de operar-se, nas condições da economia brasileira do último quartel do século XIX e do começo deste século, segundo estímulos pouco propícios. Não obstante, graças aos efeitos econômicos da implantação de um Estado nacional, à universalização do trabalho livre e aos excedentes acumulados através da exportação do café, esse processo histórico ganhou pontos de apoio suficientes para adquirir aceleração crescente e um sentido irreversível, pelo menos nas cidades que se encravavam em regiões agrícolas prósperas ou possuíam condições para se converterem em centros econômicos dominantes. Na verdade, o fulcro da "revolução burguesa" repousou nas consequências provocadas pelas ramificações econômicas, institucionais e tecnológicas do Estado nacional, dos "negócios do café" e do trabalho livre, associado inicialmente à imigração. É difícil discernir, com os conhecimentos atuais, os principais fatores dessa revolução. No entanto, parece fora de dúvida que o "fazendeiro de café" desempenhou, na fase inicial, os papéis centrais e decisivos. Em virtude da estrutura da grande empresa agrícola, ela produzia grandes lucros, mas possuía pouca capacidade para reabsorver o capital excedente. Aos poucos, um número cada vez maior de fazendeiros envolveu-se em outros ramos ocasionais ou permanentes de atividades econômicas. No começo, isso se deu ao velho estilo: os fazendeiros associavam-se aos aspectos financeiros dos "negócios do café", participando deles na qualidade de especuladores, de sócios comanditários etc.; depois, esses fazendeiros se engolfaram na teia de oportunidades econômicas abertas pela urbanização e pelas tendências de especialização econômica inter-regional: de *capitalistas* (emprestadores de dinheiro a juros, sob diversas formas), converteram-se rapidamente em financiadores dos empreendimentos mais prósperos (casas comerciais, agências bancárias, rede de transportes, exploração de energia elétrica, especulações imobiliárias etc.) e em empresários em outros setores econômicos (principalmente no campo do "grande comércio" e na esfera bancária, mas também na área da indústria). Em consequência, nesse período sua posição social se caracteriza pelo engurgitamento dos papéis econômicos (a absorção de novos papéis não conduzia à eliminação dos anteriores, pois o fazendeiro morava na cidade e delegava a outro agente a administração das fazendas) e sua influência econômica decisiva se fez sentir na formação e no fortalecimento de um mercado interno com polarizações autonômicas. No conjunto, o fazendeiro começou absorvendo algumas das funções do capital financeiro internacional com ênfase nos "negócios do café"; mas terminou preenchendo papéis econômicos novos, surgidos com a expansão urbana e com a alteração incipiente do próprio estilo de vida econômica, os quais não podiam ser preenchidos e saturados socialmente por outros agentes humanos. O imigrante, por sua vez, atuou segundo linhas relativamente distintas, de acordo com as perspectivas de especialização que se abriam nas áreas de imigração (a esse respeito, a coincidência entre expansão do café e crescimento urbano abria em São Paulo possibilidades bem diversas das que eram garantidas pela colonização associada à pequena propriedade em Santa Catarina ou no Rio Grande do Sul, por exemplo). Como constante, porém, deve-se considerar certas disposições universais para a acumulação capitalista e as técnicas adaptativas para lograr esse objetivo: o uso da cooperação familiar, a poupança sistemática, o domínio e a exploração sagaz de técnicas econômicas e sociais mal conhecidas ou ignoradas no meio tradicionalista brasileiro, a predisposição para romper o bloqueio do horizonte cultural tradicionalista; e, ainda, as possibilidades de aproveitamento dos êxitos obtidos graças à combinação, em espiral, da mobilidade ocupacional e espacial, do enriquecimento e da ascensão social. Por isso, enquanto o fazendeiro monopolizava as oportunidades novas que surgiam no ápice das atividades socioeconômicas, o imigrante aproveitava o ponto de partida possível, mas com o propósito de também atingir o ápice. Nesse processo, ele foi favorecido por duas circunstâncias: o aparecimento de atividades intermediárias pouco valorizadas socialmente, que se iriam revelar, com a continuidade do desenvolvimento urbano e da expansão do mercado interno, altamente compensadoras; a acomodação à dominação política das elites tradicionais nativas. Como se projetou no próprio âmago das transformações da economia e da sociedade, o imigrante terminou por se converter, como operário ou como empresário, no agente humano por excelência das inovações que iriam dar em novo estilo de vida social e econômica, no qual o capitalismo industrial reponta como a nova força aglutinadora do crescimento econômico do Brasil. Ao lado desses dois agentes, o fazendeiro e o imigrante, que foram a seu modo os "heróis" indiscutíveis da primeira fase da "revolução burguesa", seria preciso situar outras influências. Entre elas, cumpre ressaltar, por sua magnitude, a nova tendência que iria assumir, com a Independência, a exploração do café e o desenvolvimento urbano, a infiltração do capital financeiro internacional. O alargamento das oportunidades iria atrair, também, o interesse desse capital; todavia, para atingir seus objetivos, ele teve de se internalizar. O próprio processo de absorção de instituições econômicas inexistentes (especialmente na esfera do capital financeiro, mas também na de serviços) se inaugura sob a égide e a participação direta dos agentes ou representantes desse capital. Isso não só deu origem a unidades empresariais completas de estilo novo. Compreendia um alargamento significativo da especialização de papéis e funções de natureza econômica e, o que parece mais importante, transferia para dentro do país tais instituições, o que redundava, a longo termo, na ampliação da área de autonomia segundo a qual se iriam organizar as atividades econômicas daí em diante. Por essa razão, tal influência precisa ser posta em relevo. Ela marca uma nova etapa nas relações com o capital estrangeiro e assinala o advento de uma nova era, na qual aquele capital se transformaria numa força socioeconômica internalizada, atendendo a seus interesses especulativos através de atividades organizadas internamente e destinadas a satisfazer necessidades de consumo internas. Assim, em pouco mais de meio século (aproximadamente entre 1875 e 1930), essas três influências marcantes dão corpo e concluem a primeira fase da "revolução burguesa". A fase mais difícil, heterogênea e incerta, diga-se de passagem, mas que lançou as bases para o ciclo posterior, no qual o industrialismo confere ao "arranque econômico" um sentido histórico e econômico bem definido.

    Apesar dessa comunicação referir-se ao período histórico ulterior (de 1930 em diante), essa primeira fase é que possui importância crucial para a análise. Não se pode nem se deve subestimar o que aconteceu em seguida. É indiscutível, porém, que o Brasil continua a enfrentar as dificuldades decorrentes do padrão de crescimento econômico associado a essa fase inicial da "revolução burguesa" brasileira. De um lado, a grande empresa agropecuária continuou a desempenhar as funções de única fonte expressiva de captação de excedentes econômicos do exterior e de acumulação de riqueza. Isso significou três coisas distintas. Primeiro, a persistência do chamado "complexo econômico colonial" em quase três quartas partes da economia rural brasileira. O que quer dizer que se manteve, no essencial, com pequenas modificações superficiais, o quadro de extrema concentração social da renda, com tudo o que ele representa em termos do confinamento do mercado interno, do "desemprego disfarçado", de miséria, subnutrição e ignorância para o trabalhador agrícola etc. Segundo, como decorrência dessa situação predominante na economia rural, a permanência indefinida das condições e fatores socioeconômicos que dificultam a expansão e a integração nacional do mercado interno. Onde prevalece o "complexo econômico colonial", a diferenciação das atividades produtivas, de comercialização e de distribuição atrofiam-se incontrolavelmente, engendrando uma espécie de desenvolvimento econômico de tipo "ganglionar", que restringe o *progresso* às regiões e aos círculos sociais que se beneficiam da concentração social da renda ou do crescimento econômico urbano. Terceiro, a sobrevivência dessa quase especialização econômica contribui para manter o estado de heteronomia ou de dependência socioeconômica em relação ao exterior, numa área sobremaneira desvantajosa do mercado internacional e que torna a economia tão vulnerável. Aqui convém lembrar não só o que ocorre em virtude da persistente deterioração dos termos de troca, como a constante perda do terreno conquistado nessa delicada esfera dos "centros de decisão econômica". As pequenas vantagens obtidas na primeira fase da "revolução burguesa" esboroaram ou foram terrivelmente comprometidas, em grande parte porque a economia agrícola do país não suportou o grau de autonomia socioeconômica requerido por uma economia capitalista integrada. De outro lado, por causa dessas mesmas condições inexoráveis, a industrialização e as tendências de integração nacional da economia não lograram suficiente vitalidade para atuar, profunda e consistentemente, como fonte de correção dos desequilíbrios econômicos. Ao contrário, elas próprias acabaram vitimadas por esses desequilíbrios, que desfiguraram e solaparam, de uma maneira ou de outra, ambos os processos, anulando ou restringindo, assim, seus efeitos construtivos a curto e a longo prazo. Além disso, no meio de influências tão contraditórias, nem a iniciativa privada nem o Estado conseguiram evoluir para uma política econômica coerente e firme, perdendo-se num imediatismo oportunista, vantajoso em termos de conjuntura, mas estéril ou contraproducente com referência ao futuro.

Esse quadro, que não foi exagerado em nenhum ponto, revela os contornos e a qualidade da "revolução burguesa" nos países economicamente subdesenvolvidos e dependentes. Apesar de assimilarem os padrões de organização econômica dos países dominantes da mesma constelação civilizatória, eles não possuem condições socioeconômicas para desencadear um fluxo de riquezas suscetível de saturar e de conferir realidade histórica plena àqueles padrões de organização econômica. Sob esse aspecto, pode-se falar num estilo de "revolução burguesa" típico dos países de economia capitalista subdesenvolvida. No caso brasileiro tal coisa parece evidente e demonstra o caráter descontínuo, extremamente lento e desigual com que essa revolução se desenrola no tempo ou se propaga no espaço.

Para completar esta discussão, seria necessário indagar se a segunda fase da "revolução burguesa", em curso desde a crise de 1929 e acelerada pelas duas grandes guerras, conseguiu introduzir correções substanciais nos desequilíbrios econômicos apontados. Nessa fase ocorreram dois eventos de magnitude. Primeiro, o advento do que se poderia chamar de "a segunda revolução industrial brasileira" e que, a rigor, vem a ser a formação de um "complexo econômico industrial" propriamente dito. Por meio de empreedimentos estatais, do capital estrangeiro e da iniciativa nacional, supera-se a fase da produção de bens de consumo e entra-se na fase da produção de bens de produção, ou seja, penetra-se verdadeiramente na era da civilização industrial e da economia de escala na produção industrial. Segundo, conclui-se o arcabouço de uma economia integrada nacionalmente. Não só se cria um sistema de comunicações e de transportes capaz de interligar as diferentes regiões econômicas do país. Como estas se articulam através do mercado interno, por meio de processos de circulação de riquezas que, malgrado suas acanhadas proporções, intensificam constantemente a troca de produtos primários e de produtos industriais entre as diferentes regiões. Apesar da significação positiva e do alcance dos dois eventos, eles exprimem apenas um progresso relativo. Várias razões explicam esse fato. Vamos lembrar somente as mais relevantes. Primeiro, a importância econômica da grande empresa agropecuária ainda é acentuada. Dados pertinentes aos nove Estados de maior renda interna em 1959 (São Paulo, Guanabara, Minas Gerais, Rio de Janeiro, Rio Grande do Sul, Paraná, Bahia, Pernambuco e Santa Catarina) mostram que a renda agrícola constituía 55,4% e a renda industrial entrava com 44,6% do total. Com exceção de São Paulo, Guanabara e Rio de Janeiro, nos demais estados a predominância da renda agrícola sobre a renda industrial era de 2, 2,5, 3 ou 6 para 1. Em face das características e dos efeitos socioeconômicos do "complexo econômico colonial", essas proporções falam por si mesmas. Sem uma *revolução agrícola* concomitante, qualquer "arranque" do setor industrial estará condenado a um malogro relativo, pois ele sempre será insuficiente para engendrar, sozinho, uma economia balanceada e nacionalmente integrada. Segundo, o polarizador do crescimento econômico recente, na esfera industrial, foi a substituição das importações. Ora, ela não só resultou de condições externas, a que teve de adaptar-se a economia brasileira, como possui um dinamismo próprio de pequeno alcance. Nas condições brasileiras, ela praticamente esgotou suas possibilidades em menos de quatro décadas. Terceiro, o impulso do ciclo da substituição das exportações procedeu da iniciativa privada, nacional e estrangeira. Os incentivos que a orientavam procediam de um conjunto de fatores, em que a margem de lucro se combinava às possibilidades internas de produção e de comercialização dos produtos indusriais. Em consequência, as áreas que encontraram preferência e prioridade, no processo de industrialização, não eram as mais vitais para corrigir distorções econômicas estruturais e seculares. Ao contrário, elas agravaram essas distorções, em virtude dos efeitos que exerceram sobre a concentração regional das indústrias (quase 65% da produção industrial, em valor do produto, concentravam-se no eixo São Paulo–Guanabara em 1958) e, por conseguinte, na concentração regional da renda. Acresce que a prosperidade associada à industrialização fomenta uma deformação invisível da mentalidade econômica média, suscitando uma euforia falsa sobre o "progresso econômico do país" e animando propensões pouco patrióticas (para dizer-se o menos) com referência ao consumo conspícuo, aos problemas sociais e econômicos das regiões ou das classes pobres etc. Doutro lado, as "substituições de importações" constituem, sob muitos aspectos, um processo de "substituições de empresas e de empresários". Em duas condições as organizações internacionais têm mostrado interesse pelo mercado interno brasileiro: a) quando ele se mostra vantajoso para a colocação de certos produtos; b) em virtude da própria competição delas entre si, no nível do mercado internacional. Nas duas hipóteses, a instalação dentro do país provoca a referida substituição, pouco sentida até agora por causa da multiplicidade de oportunidades que se abrem à atuação empresarial. Contudo, esse processo acarreta consequências limitativas, porque submete os chamados "centros de decisão" internos ao impacto da dominação daquelas organizações. Ao que parece, esse impacto pode ser diluído no plano econômico, sob condição de um crescimento econômico acelerado contínuo, extenso e intenso. A segunda alternativa de instalação dessas empresas no país revela que isso é possível e pode conduzir a industrialização em níveis, padrões ou ritmos que seriam prematuros a partir das possibilidades da iniciativa privada nacional. No entanto, o mesmo não sucede no plano político. Em contraste com o que sucedia em conexão com a grande lavoura exportadora, a perda de autonomia econômica para centros estrangeiros se processa a *partir de dentro*, ocorrendo de maneira sutil e por vezes invisível. As perspectivas de erigir-se e pôr em prática uma política econômica adequada à situação da economia e às funções construtivas a serem preenchidas dentro dela pela expansão da indústria de base volatilizam-se completamente, com prejuízos incompensáveis. Essas sumárias indicações são suficientes para atestar que a segunda fase da "revolução burguesa" não contribuiu, ainda, para alterar em profundidade e de modo homogêneo o padrão de crescimento econômico herdado da fase anterior.

Em vista disso, seria legítimo concluir que o padrão de crescimento econômico que regula atualmente a organização e a expansão das atividades econômicas no Brasil é típico de uma economia capitalista diferenciada, mas "periférica" e "dependente". No nível estrutural, ele é insuficiente para promover a integração balanceada, em escala nacional, da produção, da circulação e do consumo, nos moldes da civilização vigente (os quais pressupõem uma economia capitalista "avançada"). No nível dinâmico, ele é insuficiente para promover o desenvolvimento econômico autossustentado e autônomo, segundo os mesmos moldes. Como nasce e responde a uma relação de dependência crônica, no mercado internacional, o crescimento nesse nível antes concorre para manter a influência dos centros hegemônicos externos, que para provocar sua substituição pelos "centros de decisão" internos ou para criar o tipo de autonomia econômica requerido pela economia capitalista integrada ou pelo Estado nacional independente a que ela se associa. No nível do sistema sociocultural global, em que a economia se insere, é insuficiente para dar lastro econômico adequado à integração, ao funcionamento e ao desenvolvimento da ordem social, ainda levando-se em conta os moldes da civilização vigente.

A base dos raciocínios expostos não consiste em assimilar o padrão de crescimento econômico de economias capitalistas *avançadas* e *subdesenvolvidas*. Procurou-se, tão somente, pôr em evidência o caráter típico (e, nesse sentido, também a peculiaridade histórica) do padrão de crescimento econômico imperante no Brasil. Esse padrão corresponde, sem dúvida possível, aos requisitos econômicos básicos da civilização vigente. Mas opera, tanto quantitativa quanto qualitativamente, dentro dos limites em que essa civilização consegue vigência histórica no Brasil. Isso significa, em outros termos, que a ordem social reflete as debilidades que ela própria imprime ao padrão de crescimento econômico. Surge, assim, um ciclo vicioso quase perfeito. As condições extraeconômicas constrangem, debilitam ou deformam de várias maneiras os fluxos especificamente econômicos da produção e da circulação da riqueza. Por sua vez, o padrão de crescimento econômico, resultante dessa interação entre a economia, a sociedade e a cultura, não fornece à ordem social o substrato e os dinamismos econômicos necessários à absorção, à eliminação ou à superação de suas inconsistências e desequilíbrios puramente socioculturais. A economia cresce e se expande, sem contudo romper o ponto morto que a submerge dentro de uma cadeia de ferro, expressa em formas sociais obsoletas ou apenas parcialmente modernizadas, das quais provêm a neutralização ou a inibição dos efeitos construtivos do próprio crescimento econômico.

3 – Significado e funções da instabilidade política

A questão das relações entre o crescimento econômico e a instabilidade política no Brasil, principalmente depois de 1930 – fase mais avançada da "revolução burguesa" em curso – é demasiado complexa para ser enfrentada por meio de uma abordagem convencional. Na verdade, quaisquer que sejam as debilidades daquela revolução, ela constitui um fenômeno dinâmico. Só pode ser vista e discutida, portanto, de uma perspectiva suscetível de compreendê-la através de fatores e efeitos dinâmicos. Isso é o inverso do que se tem procurado fazer, com frequência, como se crescimento econômico e estabilidade política fossem parte de um sistema mecânico – o que engendra a ideia de que a estabilidade política seria uma "condição necessária" do crescimento econômico e este tivesse por fim supremo produzi-la e mantê-la, como uma espécie de estado natural da sociedade. Estamos longe de pensar assim, pois os fatos parecem indicar que essa maneira de ver as coisas nada mais é senão uma decorrência ideológica do pensamento conservador. Os que a defendem, ou querem manter o *status quo ante*, ou seja, identificam-se com a perpetuação indefinida do chamado "complexo econômico colonial", com todas as iniquidades econômicas, sociais e políticas que o caracterizam; ou querem resguardar as formas de acumulação capitalista inerentes ao atual "complexo econômico urbano-industrial", sob muitos aspectos antieconômicos e antissociais em termos dos interesses da Nação como um todo. Ao crescimento econômico não só devem corresponder crises e convulsões políticas mais ou menos violentas; como, se elas forem extirpadas sem a solução conveniente das tensões econômicas, sociais e políticas que lhe são latentes, o crescimento econômico não levará a nada no terreno político.

Nesta exposição serão considerados três aspectos essenciais do assunto: 1º) como surge, se estrutura e dinamiza a instabilidade política; 2º) porque o crescimento econômico pode-se converter em polarizador social de relações de conflito e, portanto, em fator indireto da instabilidade política; 3º) as funções construtivas da instabilidade política, inclusive para a aceleração e a normalização do crescimento econômico. A discussão visa evidenciar, em conjunto, até que ponto a instabilidade política independe do crescimento econômico (por envolver outros fatores genéticos determinantes). E, doutro lado, procura assinalar dentro de que limites ambos transcorrem como forças interdependentes, necessárias à reintegração da ordem social em níveis mais complexos de organização econômica, social e política.

Em termos puramente genéticos, a instabilidade política não é causada pelo crescimento econômico. Ela surge de desajustamentos estruturais crônicos, que lançam raízes na distribuição extremamente desigual da renda, mas que possuem origem social e natureza política. O crescimento econômico contribui para manter e agravar tais desajustamentos estruturais – mas não porque ele existe: porque ele se desenrola numa escala deficiente e insuficiente, quanto à sua intensidade, ao seu ritmo e ao seu padrão estrutural. É muito provável que, se se alterasse o padrão socioeconômico através do qual ele se tem manifestado historicamente, ele atuaria dinamicamente em sentido inverso, concorrendo para incentivar a absorção progressiva ou a superação daqueles desajustamentos. Essa questão é, não obstante, mais complicada do que parece. O crescimento econômico, em si e por si mesmo, não produz o controle ou a extinção de desajustamentos estruturais crônicos, fora e acima do nível econômico. Seus efeitos diretos ou indiretos, na esfera extraeconômica, dependem do contexto histórico-social em que ele se acha inserido e do valor social que adquire em função dos ideais de vida, de equidade e de solidariedade existentes socialmente nas relações dos homens entre si. No atual contexto da sociedade brasileira tal condição poderia ocorrer, no entanto, porque a organização da produção e da distribuição da riqueza, na ordem social competitiva em expansão, pressupõe novos padrões de participação social da renda. Em outras palavras, certos mínimos sociais na democratização da renda são essenciais para que o substrato e os dinamismos econômicos da ordem social competitiva funcionem de modo balanceado e equilibrado.

Sob esse aspecto, não são as forças econômicas que constroem o futuro no presente que ameaçam o equilíbrio político da sociedade. Ao contrário, é o desequilíbrio político da sociedade que ameaça aquelas forças econômicas, reduzindo, solapando ou anulando suas potencialidades e funções sociais construtivas. Ora, o desequilíbrio político da sociedade parece associar-se a tensões latentes puramente sociais, que se polarizam politicamente graças ao teor irracional e egoístico das avaliações daquelas tensões pelos círculos conservadores. Os resultados da investigação histórica e da investigação sociológica sugerem, convergentemente, que tanto o trabalhador agrícola quanto o operário – para não se falar do negro ou do estudante radical, que também compartilham motivações análogas – são movidos, socialmente, pelo afã de ter acesso às posições acessíveis da ordem social competitiva, de se classificarem dentro dela de modo estável e de participarem, com a própria família, de seus mecanismos de ascensão social. As tensões latentes e os conflitos que as tornam visíveis nascem, portanto, da obstinação dos círculos conservadores, em regra nada ou pouco propensos a admitirem a vigência efetiva dos valores jurídicos e políticos que regulam, legal e moralmente, as relações humanas na ordem social competitiva (como ela se objetiva socialmente no meio brasileiro: nos códigos, na Constituição e no consenso social). As polarizações políticas dessa manifestação de intransigência, que envolve atitudes e comportamentos de intensa resistência residual à mudança – como se equidade, nas relações de indivíduos de classes sociais antípodas, fosse degradante – variam com os interesses sociais em jogo. Onde tais interesses gravitam em torno do "complexo econômico colonial", a aceitação da ordem social competitiva é meramente nominal; no fundo, prevalece nos círculos conservadores associados a esse complexo inabalável de que democracia significa liberdade para o mais forte usar o próprio poder de acordo com seu arbítrio, interesses ou conveniências. Onde aqueles interesses giram em torno do "complexo econômico urbano-industrial", aparecem gradações que evidenciam a operatividade parcial ou total dos requisitos jurídico-políticos da ordem social competitiva, tudo dependendo das pessoas, situações ou obrigações envolvidas; como para os círculos conservadores associados a esse complexo é vital resguardar formas mais ou menos espoliativas e antissociais de acumulação de capital, para eles democracia adquire um significado análogo ao anterior. Isso mostra por que as elites "tradicionais" e as "modernas" atuam solidariamente no plano político. Apesar das divergências provenientes da diversidade de categorias econômicas a que pertencem, a identidade funcional de seus interesses sociais, na presente conjuntura econômica, compele-os a atuar solidariamente no plano político. Em virtude dessa convergência de interesses, que tenderá a se anular com o desenvolvimento do capitalismo industrial, não existem diferenças entre as elites "tradicionais" e as "modernas", pois ambas põem em prática as mesmas propensões à concentração social da renda a ao abuso do mandonismo. Em consequência, as aspirações de classificação e de mobilidade sociais dos outros setores da sociedade, especialmente o dos trabalhadores agrícolas e o dos operários, ficam condenadas a um bloqueamento compacto e a uma frustração sistemática. Malgrado suas identificações com o "sistema", veem-se à margem das compensações materiais ou morais desejadas e alimentam, de forma latente, ressentimentos contra os "donos do poder" que podem ser facilmente transferidos contra a ordem social vigente.

Esse breve escorço omite vários fatos importantes. Contudo, ele sugere como surge e como se mantém a instabilidade política. A ordem legal vigente confere igualdade política aos cidadãos e organiza o regime republicano em bases democráticas. As classes sociais que compõem a sociedade não possuem possibilidades análogas de participar efetivamente dessas garantias jurídico-políticas. Algumas classes monopolizam a fruição de tais garantias, convertendo a democracia numa ficção e numa cômoda armadilha, pois à concentração da renda corresponde a concentração do poder, o que coloca os socialmente "fracos" à mercê dos socialmente "fortes". O pior é que estes constroem uma imagem da "normalidade da ordem" e da "consolidação do regime", a qual exclui qualquer normalização das relações sociais nos níveis econômico e político. Todavia, ao inverso do que sucedia sob a ordem social patrimonialista, as classes sociais prejudicadas não só tomam consciência do sacrifício de garantias sociais básicas e das consequências nefastas que daí advêm. Opõem-se como podem a tal situação, ouvindo ou apoiando os demagogos, aderindo a formas compensadoras ou eficientes de inconformismo, predispondo-se à radicalização política e à ação pela violência etc. No entanto, como se identificam com as compensações sociais consagradas pela ordem social vigente, sua oposição não se ergue "contra o regime", claramente, mas "contra as injustiças de que são vítimas, perdendo-se esteticamente, sem assegurar a estruturação de movimentos sociais de protesto e de luta, suscetíveis de provocar o almejado "saneamento do regime". Apesar de sua ineficácia, a eclosão de tais ressentimentos, frustrações e insatisfações na arena política alerta os círculos conservadores, gerando ciclos alternados de composições conciliadoras, mais ou menos "progressistas", e intransigências rígidas, mais ou menos "duras" e "implacáveis". No fundo, a lógica desses dinamismos é sempre a mesma. Os círculos conservadores usam suas posições estratégicas na estrutura do poder (no terreno econômico, político ou militar) com o propósito estrito de manter o monopólio do poder sob controle de uma de suas facções. Os expedientes para atingir esse objetivo tanto podem ser a via eleitoral, a conspiração política ou o golpe de Estado. A instabilidade transfigura-se, assim, numa espécie de "doença da velhice", afirmando-se nitidamente como uma técnica antissocial de uso pacífico ou violento do poder para impedir a reorganização da sociedade nos planos econômico, político e social.

O que interessa, à análise, não são as aparências do drama político. Mas as condições e os fatores que promovem sua continuidade secular, a qual tolhe a evolução normal dos regimes democráticos e os condena a uma ineficácia que compromete a própria democracia aos olhos do povo. A esse respeito, dois pontos parecem fundamentais. Primeiro, as estruturas sociais arcaicas continuam a ter suficiente vitalidade para preservar técnicas sociais legalmente proscritas de controle autoritário do poder, enquanto as estruturas sociais modernas não possuem bastante vitalidade para impor ou defender as técnicas democráticas de organização do poder. Apesar dos três quartos de século da experiência republicana, o nível de integração da ordem social-democrática em formação ainda não comporta a tolerância diante do inconformismo, a solução construtiva das tensões ou dos conflitos sociais e o respeito pela equidade independentemente do grau de riqueza, prestígio e poder. Segundo, as formas dominantes e arraigadas de institucionalização do poder ainda são, fundamentalmente, extra e antidemocráticas. Ainda se pensa e se age, entre os que mandam e os que obedecem nas relações de dominação, de forma autocrática e autoritária, como se o único poder legítimo, esclarecido e construtivo emanasse da vontade, dos interesses e dos valores das elites dirigentes dos círculos sociais conservadores. Isso impede, de modo sociopático, que as instituições políticas absorvam e elaborem as expressões da vontade, dos interesses e dos valores das demais classes sociais. O que as afasta das formas instituídas de organização do poder ou as mantém perigosamente marginalizadas nos processos políticos de que participam. Esses dois elementos, a inexistência de canais políticos de absorção de divergências, tensões ou conflitos sociais e a ausência de formas propriamente democráticas de institucionalização do poder, que pudessem incluir todas as classes da sociedade nacional em ocorrências de interesse comum, é que respondem e explicam, substancialmente, o caráter inevitável e secular da instabilidade política.

Isso não impede que o crescimento econômico, sem ser fator tópico causal da instabilidade política, tenha com ela uma relação estrutural e dinâmica. Segundo supomos, a análise anterior patenteia esse fato de maneira implícita ou explícita. Contudo, conviria ressaltar sistematicamente os aspectos fundamentais dessa relação do crescimento econômico com a instabilidade política. De um lado, a aceleração do crescimento econômico acaba se convertendo numa condição essencial para a extinção das "estruturas sociais arcaicas", tanto quanto para a consolidação e progressiva normalização das "estruturas sociais modernas". De outro lado, essa importância e função do crescimento econômico é percebida pelos grupos sociais em presença, animando sua tomada de posição diante dele e, especialmente, dinamizando suas atitudes ou comportamentos políticos a respeito. Aqui devemos dar atenção, naturalmente, ao segundo aspecto. Na medida em que as tensões e as relações de conflito se agravam, os grupos sociais divergentes evoluem da defesa de uma "taxa" de crescimento econômico para a defesa de um "padrão" de crescimento econômico. A partir do momento em que a "quantidade" se revela mais ou menos inoperante, surge e se fortalece a ideia da "maneira de organizar e distribuir" os benefícios do desenvolvimento. Isso fica patente quando se consideram as avaliações que afetaram a "política desenvolvimentista" do governo Kubitschek. O objetivo de um *desenvolvimento acelerado*, que realizasse "cinquenta anos em cinco", exerceu enorme fascínio em todas as camadas sociais. Todavia, os expedientes usados para atingir o objetivo – concessões consideradas excessivas ao capital externo e a empresários nacionais, recurso imoderado à inflação, altos custos dos empreendimentos estatais sem controles de rendimento e de qualidade etc. – e os resultados obtidos deram origem a avaliações mais ou menos realistas, que expunham em primeiro plano a pergunta: a quem beneficia o desenvolvimento? Os políticos que apareceram na cena política, em seguida, nao puderam mais ignorar a "obsessão desenvolvimentista"; mas tinham de colocá-la em bases novas, por causa daquela pergunta, dando ênfase ao "como organizar o desenvolvimento". À medida que os aspectos quantitativos do crescimento econômico foram cedendo lugar aos aspectos qualitativos, as polarizações políticas dos diferentes círculos sociais diante do problema se alteraram rapidamente. Nos chamados "meios empresariais", que englobam tanto a grande empresa agropecuária quanto os representantes dos interesses urbano-industriais, essa evolução foi recebida com perturbação e recebeu franca oposição. Se ela frutificasse politicamente, fomentaria a condenação e a eliminação progressiva das práticas usuais de acumulação de capital, espoliativas e antissociais no contexto jurídico e político da ordem social vigente. Para eles, convinha incentivar o *mito do desenvolvimentismo*, mas sem ultrapassar as questões relacionadas, econômica e politicamente, com a "taxa" de crescimento. Tratava-se de um artifício para manter o *status quo* onde convinha, onerando-se a coletividade como um todo por processos econômicos que não distribuíam proventos equitativos para todos. Já outros setores da sociedade, sensíveis às dimensões políticas dessa realidade – como os operários sindicalizados, os trabalhadores rurais envolvidos em movimentos reivindicatórios e os estudantes radicais – propendiam a pôr em primeiro plano o "padrão" de crescimento econômico. Eles viam neste o meio por excelência para atingir "pela base" a solução de problemas de envergadura nacional. Por isso, associavam o crescimento econômico explícita e sistematicamente à correção de iniquidades sociais, econômicas e políticas, fazendo dele a mola mestra das "reformas estruturais". Na medida em que tais reformas visavam à eliminação de condições e fatores que perturbavam a integração e o desenvolvimento normais da ordem social competitiva, sua posição e motivações nada tinham de "revolucionárias". Apenas colocavam no tabuleiro político uma nova visão, mais sensível aos interesses da Nação como um todo, de como orientar politicamente o desenvolvimento econômico. Como consequência mais geral, ao mesmo tempo dramática e paradoxal, assumiam, contra a inércia e sob a irritação da burguesia nacional, os papéis ativos de agentes conscientes e responsáveis da "revolução burguesa", pretendendo conduzi-la a seu término histórico.

Essa diferença de polarizações políticas em face dos interesses representados pelo crescimento econômico aumentou até o clímax a instabilidade política. Ela está, mesmo, na própria raiz das ocorrências trágicas que assinalam a duração efêmera e o destino sinistro dos últimos governos ou o banimento dos líderes políticos, sindicais e intelectuais mais expressivos do país. Pondo de lado outros aspectos relevantes, gostaríamos de aprofundar essa análise em algumas direções. Os dados expostos indicam, acima de tudo, como numa sociedade em processo de integração nacional (no nível do regime de classes e da ordem social competitiva), o crescimento econômico pode inserir-se nas relações de conflito social. Classes e grupos sociais divergentes, quanto ao curso e aos objetivos da integração nacional, podem projetar seus interesses e opções ideológicas nas áreas em que se define o que o crescimento econômico deverá representar para a "consolidação" ou para a "expansão" da ordem social vigente. Daí resultam fricções incontroláveis que agravam a instabilidade política e intensificam sua utilização como recurso extremo para manter o controle do poder ao velho estilo. Ao mesmo tempo, os dados expostos também evidenciam o quanto é difícil, na atual situação brasileira, harmonizar os interesses econômicos, sociais e políticos divergentes, de modo a definir-se os alvos do crescimento econômico no nível político da integração nacional. A arena é ocupada e dominada por interesses nítidos e estreitos de classes (ou de facções de classes), com a agravante de que só as classes (ou de facções dessas classes) que ocupam posições estratégicas nas estruturas de poder logram impor sua voz ativa. Por fim, aqueles dados sugerem que a superação dessa fase destrutiva e predatória na definição do uso social do crescimento econômico depende dos efeitos lentos e imprevisíveis da mudança social espontânea. Enquanto a integração nacional (no nível da ordem social competitiva) não possuir o mesmo valor para todas as classes sociais, o crescimento econômico tenderá a ser calibrado socialmente através de interesses sociais mais ou menos particularistas. O que significa que o advento de uma era em que predominem, nesta esfera, razões puramente técnicas e motivos racionais continua a ser longínquo.

Os resultados da discussão precedente alimentam duas conclusões. Em primeiro lugar, o crescimento econômico repercute profundamente nos interesses das classes sociais e, por isso, se imiscui nas relações de conflito delas entre si, o que leva a operar, indiretamente, como uma condição de agravamento da instabilidade política. Em segundo lugar, ele faz parte, em termos prospectivos, da constelação de fatores socioeconômicos que operam no sentido de corrigir e eliminar as inconsistências da ordem social competitiva, as quais convertem processos típicos de "*transformação dentro da ordem*" em tensões ou conflitos sociais insolúveis. Essas duas conclusões são significativas, porque salientam os dois aspectos complementares dos efeitos sociodinâmicos do crescimento econômico, encarado como força histórico-social. No mesmo contexto em que o crescimento econômico contribui indiretamente para acelerar e agravar a instabilidade política, também contribui para modificar a qualidade da consciência da situação social e para desencadear atitudes, avaliações e comportamentos mais racionais diante da mudança social. No caso brasileiro, essas duas tendências se associam claramente, permitindo prever que a superação do impasse existente é uma questão de tempo.

Por fim, resta-nos dar alguma atenção à instabilidade política vista em suas relações com a organização do poder e com o desenvolvimento econômico. Será que, de fato, a instabilidade política preenche alguma função social construtiva? Pouco se avançou na direção de responder a esta pergunta. Os que enxergam mais longe e com maior objetividade admitem que existe uma lógica da "sociedade problema". Acabam entendendo não só que a instabilidade política representa uma "condição normal" dessa espécie de sociedade; como, também, que ela é *necessária* para que a "sociedade problema" possa funcionar e reproduzir-se segundo o seu padrão de normalidade. O defeito desses raciocínios está em sua circularidade. Eles pressupõem um ponto ideal de desequilíbrio dinâmico que se perpetua incessantemente, segundo o qual os dinamismos da "sociedade problema" não fazem outra coisa senão mantê-la nesse estado. Ora, não parece que tal maneira de ver encerre a questão. De que *normalidade* se está falando? Da que resulta do desequilíbrio inerente à "sociedade problema", ou da que é inerente ao padrão de civilização que ela não consegue realizar plenamente? Desse ângulo, o essencial seria determinar se os dinamismos da "sociedade problema" não trabalhou, de uma maneira ou de outra, no sentido de convertê-la numa "sociedade normal", segundo os requisitos estruturais e funcionais da civilização vigente. Fazendo-se essa rotação de perspectivas, constata-se que a instabilidade política não traduz, apenas, uma "impossibilidade histórica". Ela também prenuncia um futuro em gestação, uma "possibilidade que se converterá em história".

Dentro dos marcos das perguntas enunciadas ergue-se a verdadeira problemática da sociedade brasileira, encarada através dos dilemas de suas contradições políticas. Uma parte da dinâmica da instabilidade política repousa, realmente, na contínua revitalização do tradicionalismo, do mandonismo e da pseudodemocracia. Contudo, outra parte da mesma dinâmica apresenta o significado oposto, que faz dela a única via possível para a modernização. Isso quer dizer que ela traz consigo os germes de sua fraqueza e de sua destruição. Se círculos sociais poderosos só podem manter o controle da situação mediante o uso da violência organizada, da conspiração permanente e de golpes de Estado sucessivos, a sociedade está-se transformando inexoravelmente e, com ela, sua economia e sua ordem política. O perigo poderia ocorrer se, em lugar da instabilidade, se impusesse a estabilidade política, mantendo-se as demais condições inalteradas. Aí, sim, a estagnação estaria consagrada; e, graças a ela, estaria condenada qualquer esperança de modernização dos modos de ser, de pensar e de agir. Essa eventualidade é que torna os regimes ditatoriais tão perniciosos e indesejáveis na América Latina – porque eles rompem o impasse que impõe a instabilidade política como uma composição transitória, mas a favor de uma solução que anula qualquer marcha para a frente, quanto à realização de um estilo democrático de vida.

Vendo-se a realidade brasileira desse prisma, parece fora de dúvida que a instabilidade política possui um duplo significado histórico-social: 1º) ela atesta a inevitabilidade e a profundidade das rupturas com o passado e com os elementos arcaizantes que o enraízam no presente ou o projetam no futuro; 2º) ele evidencia a rigidez e a vulnerabilidade das técnicas de dominação e de controle herdadas do passado, incapazes de absorver os incentivos à democratização inerentes à ordem social vigente e de estabelecer o padrão dinâmico de equilíbrio político que ela requer. Correlatamente a esses significados, a instabilidade política preenche certas funções sociais construtivas, vinculadas com a transformação da sociedade em suas dimensões do "vir a ser histórico". Primeiro, ela compele as elites no poder a tomar consciência da existência, vitalidade e influência de outros círculos sociais, igualmente empenhados, embora sem êxito aparente, nas questões pertinentes à organização política da sociedade. Segundo, ela anima essas mesmas elites a levar em conta (e, por vezes, a assimilar) as exigências políticas daqueles círculos sociais, consentindo por via autocrática o que não se dispõem a fazer através da democratização do seu estilo de atuação política. Ao preencher essas funções construtivas, a instabilidade política contribui positivamente: a) para selecionar e reforçar as "áreas de concessão", dentro das quais os círculos sociais em pugna (aberta, dissimulada ou latente) procuram traduzir, em termos políticos, as acomodações alcançadas na organização da economia e da sociedade; b) para compelir os círculos sociais no poder a ampliarem, continuamente, os limites dessas áreas, atendendo assim às pressões que não afetam suas posições de dominação e, por vezes, às tensões que podem agravar-se explosivamente, apesar do controle autoritário; c) para manter em efervescência política tensões e conflitos sociais que nascem de interesses, valores e aspirações sociais essenciais à diferenciação e à reintegração da ordem social. As atitudes e comportamentos que culminam nessas consequências são encobertos, nos círculos sociais conservadores, sob o manto dos "imperativos da responsabilidade social". Na verdade, porém, tais atitudes e comportamentos fazem parte inevitável da "lógica da situação". Evitá-los ou proscrevê-los seria provocar riscos imprevisíveis; daí a preferência pela instabilidade, que pode ser aceita desde que exista alguma segurança, para aqueles círculos, de que ela não acarrete perda de controle do poder e de que ela permita manipular as mudanças consentidas (e capitalizá-las politicamente) segundo seus interesses econômicos, sociais e políticos. As atitudes e comportamentos que propendem para os efeitos apontados, nos círculos sociais inconformistas, são francamente sublimados em torno de uma filosofia do oportunismo político. As concessões são feitas como se fossem um "mal necessário" e tendem a ser avaliadas reativamente, pelo que os "donos do poder" perdem ou cedem. O cálculo dos ganhos é feito, por sua vez, com base no argumento de que "uma concessão puxa outra" e sob a esperança de que, em um momento qualquer, as relações de força poderão inverter-se. Portanto, as duas funções construtivas da instabilidade política transcorrem em um contexto psicossocial em que os agentes se definem como antagonistas e são movidos pela predisposição de *maximizar* seus lucros políticos.

Por aí se vê o quanto a instabilidade política responde dinamicamente às condições de organização do poder de sociedades subdesenvolvidas em mudança. De um lado, ele desemboca em arranjos políticos que reforçam, direta ou indiretamente, as condições possíveis de reintegração da economia, da sociedade e da cultura. De outro, ela pode e tende a aumentar as margens dentro das quais o padrão de civilização vigente se realiza, historicamente, naquelas três esferas. Sob esse ângulo, parece fora de dúvida que a instabilidade política reflete um estado de coisas muito mais favorável ao crescimento econômico, visto a longo termo, que o imobilismo da sociedade tradicionalista ou de uma ditadura nele inspirada. Acresce que, na situação brasileira, a instabilidade política não pode ser superada senão por meio da eliminação dos entraves socioculturais que sufocam, constrangem ou deformam o crescimento econômico. Ela não se configura, neste sentido, como barreira específica ao crescimento econômico, já que aparece como um sintoma histórico da crise das estruturas de poder que suportam e alimentam a resistência sociopática à mudança sociocultural.

Os resultados desta discussão não comprovam, portanto, a ideia corrente de que a instabilidade política seja fundamentalmente negativa. Ao contrário, sugerem que ela constitui uma resposta normal e a única possível a situações políticas nas quais os detentores do poder são suficientemente fortes para manter suas posições de dominação política e, ao mesmo tempo, bastante fracos para terem de se compor com círculos sociais divergentes em matérias políticas essenciais para a organização da economia e da sociedade. Os aspectos negativos de semelhante situação histórico-social são evidentes: os grandes problemas ficam em suspenso e sem solução relevante para os processos de integração nacional. Isso cria insatisfação e certo temor destrutivo em relação ao futuro. Todavia, a mesma situação histórico-social possui aspectos positivos. Em primeiro lugar, se a resposta final à situação consiste na consolidação de um regime democrático, o impasse reside na ausência de uma filosofia política nacional, suscetível de absorver, dentro de certos limites, interesses, valores e ideologias discrepantes das diversas classes sociais em presença. Se uma das classes eliminasse as outras nesse processo, de modo decisivo e definitivo, a elaboração daquela filosofia política nacional se tornaria inútil e impraticável. Em segundo lugar, a instabilidade política pressupõe a continuidade de tensões e conflitos que são, em si mesmos, educativos e construtivos. Deles dependem a emergência de novas atitudes e comportamentos de tolerância nas relações políticas, o aparecimento de novos padrões de dominação política e a própria diferenciação da ordem social competitiva, sob o impacto da democratização do poder. Esses aspectos positivos se relacionam, em última instância, com o que a instabilidade política representa como fase de transição: ela facilita e promove a inclusão de novos setores da sociedade nas formas existentes de institucionalização do poder. Se não for abortada por um retrocesso, desimpede o caminho do desenvolvimento da democracia em sociedades nas quais a integração nacional esbarra com obstáculos econômicos, socioculturais e políticos muito fortes.

Isso tudo nos permite voltar ao ponto de partida desta discussão. Os que condenam a instabilidade política no Brasil cometem um erro de perspectiva. Avaliam economicamente processos políticos de longa duração com critérios econômicos de conjuntura. Ao procederam desse modo, omitem que um equilíbrio político prematuro pode sair muito mais caro, além de arruinar o destino de algumas gerações e de comprometer a integração da sociedade nacional. Doutro lado, o pânico diante da extrema instabilidade da vida política da vida brasileira nos últimos trinta e seis anos é injustificável. Nada indica que o Brasil esteja condenado a submergir num impasse político por causa disso. Ao contrário, ao que parece esse impasse será superado dentro de um espaço de tempo variável, de vinte e cinco a cinquenta anos, que é o quanto poderá durar historicamente, a fase de integração da sociedade nacional que estamos atravessando. No decorrer desse período, se não acontecer nada mais relevante, a instabilidade política deixará de ser uma técnica adaptativa, tendo cumprido suas funções de recurso político extremo numa era de indecisão e de transição.

4 – Conclusões

Nos limites desta contribuição não é possível discutir todos os problemas sociologicamente significativos, em particular os que são de natureza teórica. Tais problemas são, contudo, essenciais para a compreensão da realidade. Por isso, seria conveniente retomar as conclusões formuladas, com o objetivo específico de focalizar as relações entre "economia" e "política" na situação histórico-social brasileira. Semelhante focalização se impõe, pois existe uma tendência a subestimar-se a segunda, como se só a primeira contasse, estrutural e dinamicamente, na determinação dos processos de mudança que afetam a organização do poder e o padrão de integração nacional da sociedade brasileira

A esse respeito, é preciso lembrar que o padrão de civilização, vigente no Brasil, foi transferido ou transplantado de fora, mas por via de herança cultural e de participação contínua nos processos de transformação dessa civilização, ocorridos nos centros originais de sua elaboração e irradiação. Vendo-se a realidade desse prisma, duas coisas ficam patentes. De um lado, o tipo de correlação dos fatores sociais (especialmente, de economia, sociedade e cultura) que caracteriza aquela civilização faz parte, em termos de "estrutura", de "função" e de "história", do estilo de vida social imperante no Brasil. De outro, os dinamismos pelos quais essa correlação se objetiva e se manifesta estrutural, funcional ou historicamente, devido à própria condição da transplantação cultural e do esforço de manter o padrão daquela civilização em condições mais ou menos desvantajosas, apresentam peculiaridades significativas para a interpretação sociológica. Como as instituições econômicas, sociais e políticas foram importadas, juntamente com os padrões ideais que regem a integração da ordem social global e os respectivos modelos organizatórios, nem sempre a "economia" gera, liberta ou coordena os estímulos que dinamizam o aparecimento e o desenvolvimento histórico dessas entidades nos seus centros de origem. Limitando-nos ao essencial, duas evidências gerais se impõem: a) cabe à "economia" dar lastro e vitalidade às instituições, aos padrões ideais de integração da ordem social global e aos modelos organizatórios transplantados; b) depende da "política" o modo pelo qual esse lastro e vitalidade eclodem na cena histórica e convertem-se em forças sociais persistentes, calibrando-se como fatores de estabilidade ou de mudança sociais.

Na verdade, a "economia" está na base do que sucede com a herança cultural transplantada. A ela se subordinam a formação e o fortalecimento dos fluxos de produção e de distribuição da riqueza, que são essenciais à existência, ao funcionamento e ao desenvolvimento das instituições, dos padrões ideais de integração da ordem social global e dos modelos organizatórios transplantados. Contudo, pela própria posição periférica, dependente e especializada no mercado internacional, os países que estão na situação do Brasil, na América Latina, não possuem uma "economia" que possa preencher todas as funções vitais para a vigência e a expansão *normais* da civilização transplantada. Os fluxos da produção e da circulação da riqueza às vezes são suficientes para saturar, historicamente, uma parte das funções dessa civilização. Não obstante, eles se mostram demasiado débeis, seja para servir de base, em dado momento, à atualização simultânea de todas as suas funções econômicas, sociais e políticas; seja para incentivar eficazmente, a longo termo, a manifestação coordenada das potencialidades de mudança inerentes a tais funções. Nesse sentido, o principal efeito sociodinâmico das debilidades econômicas aparece em dois níveis. A "economia" oferece suportes demasiados fracos para imprimir plena vitalidade às instituições, padrões ideais de integração da ordem social global e modelos organizatórios herdados. E ela própria sofre o impacto dessa debilidade, esvaziando-se socialmente de modo variável e desgastando-se como um dos focos centrais de coordenação ou de dinamização dos processos civilizatórios. Tudo isso quer dizer que a "economia" não conta com condições materiais e morais suscetíveis de imprimir às suas influências dinâmicas (integrativas ou diferenciadoras) o caráter de processos organizados e encadeados autonomamente em escala nacional.

Nessas condições histórico-sociais, a "política" emerge como um fator de potencialidade decisiva. É claro que ela não escapa às limitações da "economia" e das inconsistências que daí decorrem para a organização e para a evolução da "sociedade". Todavia, devido às debilidades dos fluxos de produção e de distribuição da riqueza, dela vai depender, quase literalmente, o modo pelo qual se calibrará a reação societária às consequências disnômicas daquelas debilidades em todas as esferas da vida. Portanto, dela vai depender a maneira pela qual o comportamento social inteligente é posto (ou deixa de ser posto) a serviço da correção e da superação dos "efeitos cegos" do crescimento econômico e da mudança social. A esse propósito, não seria demais repetir que é muito difícil, para qualquer povo, construir uma "política" mais independente que sua "economia". Mas isso não é impossível, como nos ensinam vários exemplos, e acaba sendo uma necessidade histórica para os povos de origem colonial. O que compromete o Brasil, a esse respeito, é o padrão assumido por sua integração nacional. Primeiro, a Independência não conduziu, de fato, senão à organização do Estado e à integração, em escala nacional, da sociedade civil que lhe servia de suporte (a casta senhorial e os estamentos de homens livres que possuíam qualificações cívicas). Segundo, a República não conseguiu, até agora, senão aumentar o número de classes e a quantidade de indivíduos incorporados à sociedade civil, falhando no seu propósito de universalizar direitos e obrigações que extinguiram o divórcio existente entre esta e a Nação como tal. Isso ocorreu e se explica, fundamentalmente, por um fator simples. A constituição de um Estado nacional não coincidiu nem exprimia a emergência de formas de diferenciação e de concentração do poder necessárias para organizar e expandir o desenvolvimento socioeconômico em bases nacionalmente autônomas. A "política" ficou contida dentro dos limites materiais e morais do "complexo colonial", engendrando um Estado nacional que repousava na dominação patrimonialista. Mesmo a "revolução burguesa" seria contaminada por essa situação, pois lançava algumas de suas raízes no "complexo colonial" e nas formas de dominação que lhe eram subjacentes. Por isso, e também por causa da influência de centros hegemônicos externos na expansão do capitalismo industrial, as forças que a animam omitem-se diante do confronto entre o conceito e a realidade do que *é* e do que *deveria ser* autonomia nacional. Somente quatro décadas depois da implantação da República é que a sociedade brasileira começa a colocar-se os problemas da integração nacional de uma perspectiva política mais ampla e a cogitar dos meios para construir o seu próprio destino. Então, a "política" se liberta, gradativa mas convulsivamente, dos entraves do imobilismo tradicionalista, e se projeta nos centros de interesses e nas aspirações do "homem comum", ganhando maior plenitude como fator histórico-social construtivo.

À luz dessas conclusões, é legítimo admitir-se que se está operando, embora desordenada e lentamente, uma rotação no uso social do elemento político na sociedade brasileira. Até um passado recente, as elites dirigentes enfrentaram suas "responsabilidades sociais" de tal maneira, que sua atuação prática jamais ultrapassou, mesmo na esfera da inovação, os limites do conservantismo político. Sob pressão dos avanços da integração nacional e dos progressos do capitalismo industrial, torna-se cada dia mais difícil e improdutivo manter-se a "política" na condição de prisioneira de interesses estanques e confinados, o que condena suas polarizações conservantistas e, ao mesmo tempo, fortalece suas polarizações modernizadoras. Tanto a integração nacional, em sua fase atual, quanto o desenvolvimento do capitalismo industrial exigem uma política econômica inovadora, que permita extinguir formas de acumulação do capital que onerem improdutivamente a sociedade, que favoreçam a correção de desequilíbrios econômicos regionais ou setoriais e que incentivem a formação de um mercado nacional dinâmico, capaz de entrosar equilibradamente a produção, a distribuição e o consumo. Doutro lado, uma política econômica dessa envergadura pressupõe a equação em novas bases da organização e das funções do Estado, bem como de suas relações com a iniciativa privada e com o funcionamento das instituições jurídicas que regulam as atividades econômicas. O que importa ressaltar é que essa rotação no uso social do elemento político, malgrado as aparências em contrário, desenrola-se como um processo penetrante e envolvente, com caráter irreversível. Ele avassala as consciências nos mais distintos níveis sociais e modifica sutilmente os critérios de avaliação e de racionalidade que eram explorados tradicionalmente na arena política. A aceleração da instabilidade política, em vez de infirmar, representa a melhor contraproposta dessa observação. Pode-se prever, pois, o advento de uma era na qual a "política" terá, como fator de mudança (e presumivelmente de "mudança provocada e orientada"), uma importância análoga à que já teve no passado, como fator de estabilidade. Em tais condições, ele ganhará forças para fomentar o aparecimento e a universalização de uma nova mentalidade, de um novo estilo de ação e de novas aspirações sociais, que irão conferir ao homem brasileiro maior capacidade de previsão e de controle em suas relações com a organização ou com o desenvolvimento da "economia".

Capítulo IV

O Desenvolvimento como Problema Nacional*

1 – Introdução

O conceito de desenvolvimento pode ser definido de várias maneiras na Sociologia. Em regra, as duas principais definições são propostas no nível estrutural-funcional e no nível da análise histórico-sociológica. No primeiro sentido, desenvolvimento equivale a diferenciação das formas

---

* Versão condensada da conferência realizada no Centro Acadêmico André da Rocha, em 13/3/1967, sob o patrocínio de vários centros acadêmicos da Universidade Federal do Rio Grande do Sul e da Pontifícia Universidade Católica do Rio Grande do Sul. O local reservado para a conferência foi tomado aos estudantes, mas ela se realizou graças à coragem e ao empenho que eles revelaram, obtendo outro local. O mesmo não ocorreu com a conferência que fiz sobre a revolução burguesa no Brasil, na mesma data, mas à noite, porque o diretor da Faculdade de Filosofia, Ciências e Letras teve o descortino de presidir à reunião, realizada no salão nobre dessa escola. A presente versão daquela conferência foi apresentada, mais tarde, aos estudantes e professores da Faculdade de Filosofia, Ciências e Letras de Presidente Prudente, sob o patrocínio do Centro Acadêmico 3 de Maio (em 22/4/1967), como parte das comemorações do cinquentenário da cidade.

de integração da ordem social e pode ser representado, conceptualmente, como "multiplicação das formas de interação numa determinada sociedade".[1] No segundo sentido, desenvolvimento significa o modo pelo qual os homens transformam socialmente a organização da sociedade e pode ser representado, conceitualmente, como "a forma histórica pela qual os homens lutam, socialmente, pelo destino do mundo em que vivem, com os ideais correspondentes de organização da vida humana e de domínio ativo crescente sobre os fatores de desequilíbrio da sociedade de classes. Daí resulta o sentido objetivo, peculiar desse processo, que se apresenta de modo variável mas universal, como um *valor social*, tanto no comportamento dos indivíduos quanto nos movimentos sociais".[2]

2 – Civilização, sociedade e desenvolvimento

Tende-se a pensar o desenvolvimento como problema isolado, como se ele dissesse respeito a uma sociedade dada, considerada em um momento histórico particular. No entanto, em termos sociológicos, ele deve ser encarado através de um grupo de sociedades, que compartilhe um mesmo padrão de civilização, e as diferentes possibilidades que este oferece às sociedades que o compartilham para realizar um destino social historicamente comum. À luz de tais considerações, a noção de *tipo social*, formulada por Durkheim, volta a ter enorme interesse analítico. *Grosso modo*, poder-se-ia distinguir: 1º) as potencialidades de desenvolvimento, inerente a dado padrão de civilização; 2º) a intensidade e os limites dentro dos quais as mencionadas potencialidades são dinamizadas concretamente, pelas sociedades que pertencem a um tipo social comum e, por conseguinte, compartilham o mesmo padrão de civilização. A moderna *civilização industrial*, por exemplo, fundada na ciência, na tecnologia científica, numa economia de mercado capitalista e no regime de classes, desde as suas origens alcançou maior ritmo de crescimento em certos países, embora a longo prazo certas transformações substanciais se manifestem (ou tendam a manifestar-se) em todas as sociedades que a compartilham.

As razões dessa variação encontram-se em mecanismos socioculturais, mais ou menos conhecidos sociologicamente. Numa civilização que

---

1 Emílio Willems, *Dicionário de Sociologia*, Porto Alegre, Globo, 1950 (verbete "desenvolvimento social").
2 Florestan Fernandes, *Mudanças sociais no Brasil*, São Paulo, Difusão Europeia do Livro, 1960, p. 32 (para uma melhor compreensão do conceito e de suas definições na Sociologia, cf. todo o capítulo, p. 11-49).

possua como suporte societário um sistema social diferenciado e instável (ao contrário do que sucederia em civilizações que possuem como suporte societário sistemas sociais homogêneos e altamente estáveis), como ocorre com a moderna "civilização industrial", a mudança constitui o meio fundamental de preservação do equilíbrio social. O ritmo dentro do qual ela se manifesta é que varia, mas de acordo com o grau de absorção dos requisitos estruturais e dinâmicos de integração da ordem social. A regra que se poderia estabelecer sociologicamente, a esse respeito, colide com o que se poderia pensar com base no conhecimento de senso comum. Quanto maior for o grau de integração da ordem social, tanto maior será a instabilidade dos fatores socioculturais dinamizados pelo *funcionamento normal* do sistema social. E, portanto, tanto maiores serão, em consequência, a intensidade e os efeitos da mudança social. Para se entender esse aparente paradoxo, é preciso compreender-se, adequadamente, como o regime de classes, a economia capitalista, a tecnologia científica e a organização estatal do poder político combinam-se organicamente nessa civilização. O conflito e o planejamento aparecem como as duas formas básicas capazes de impor alterações de caráter estrutural: o primeiro surge nas relações típicas de classe; o segundo, nas esferas em que os interesses de classes são controlados ou absorvidos, de maneira parcial ou total, por agências que se identificam, real ou apenas nominalmente, com os interesses da coletividade como um todo. De qualquer modo, a posição das classes sociais na estrutura de poder da sociedade é que determina e gradua a maneira pela qual as mudanças sociais se concretizam historicamente – ou seja, que determina quais são os interesses e os valores sociais a serem consagrados ou beneficiados pelas mudanças socialmente necessárias e *in flux*. No fundo, a chamada "luta pelo poder político" representa uma luta pelo controle da mudança social, pois são seus efeitos que ditam o sentido, o alcance e a continuidade, a curto ou longo prazo, das alterações ocorridas no padrão de integração da ordem social vigente.

Na presente discussão, interessam-nos especialmente dois aspectos centrais do funcionamento e expansão da moderna "civilização industrial". De um lado, o fato de que ela tende a privilegiar a sociedade nacional (ou o grupo de sociedades nacionais) que possua ou possuam condições mais vantajosas para o aproveitamento-limite das potencialidades de desenvolvimento do próprio padrão de civilização considerado. Isso faz com que uma sociedade nacional (ou um grupo de sociedades nacionais) acabe, por assim dizer, assumindo o "comando" do processo civilizatório: o que se poderia ilustrar através da posição da Inglaterra, no contexto da Revolução Industrial, ou dos Estados Unidos, e da Rússia, em seus respectivos "blocos", na atualidade. Daí resulta uma tendência incoercível de concentração nacional dos benefícios materiais, culturais ou políticos da mudança, principalmente a longo prazo; e numa tendência suplementar ao aparecimento de influências dinâmicas, voltadas para o fortalecimento e a perpetuação da primeira tendência. De outro lado, as sociedades nacionais que se polarizam marginalmente nesse processo de caráter supranacional acabam ficando numa posição extremamente desvantajosa, já que o destino da civilização de que compartilham não é determinado por seus interesses nacionais, mas pelos interesses da nação ou das nações que "comandam" o próprio processo civilizatório apontado. Essa é, naturalmente, a situação do Brasil. Países nessa situação, que se acham na periferia do processo civilizatório, são duplamente prejudicados em suas possibilidades de absorver e de dinamizar o padrão de civilização de que compartilham. Primeiro, de forma espontânea: na medida em que não realizam todos os requisitos estruturais e dinâmicos para expansão normal dessa civilização, não possuem meios efetivos para tirar proveito de suas vantagens e compensações mais promissoras. Segundo, como consequência do ajustamento dependente: ao se associarem às nações que "comandam" o processo civilizatório, ficam subordinadas a um crescimento sociocultural controlado de fora e em função de interesses nacionais estranhos, por vezes incompatíveis ou em conflito com seus próprios interesses nacionais.

O caso brasileiro permite ilustrar tipicamente a natureza desse processo histórico-social. As formas existentes de organização da vida econômica, social e política são extraídas da "civilização ocidental moderna" e, ao mesmo tempo, a *tradição cultural* estabelece uma profunda identificação emocional e moral com os valores dessa civilização. No entanto, as próprias bases reais da vida econômica, social e política não são suficientemente diferenciadas e dinamicamente consistentes para infundir realidade histórica (ou seja, eficácia social efetiva) àquelas formas de organização da vida econômica, social e política, ou às identificações emocionais ou morais e aos valores correspondentes. Em consequência, ao contrário do que sucede com as nações inseridas no núcleo de produção original de difusão e de controle dos dinamismos dessa civilização, as nações dependentes encontram sérias dificuldades para engendrar culturas nacionais, dotadas de relativa autonomia de crescimento interno e de certa autossuficiência na reprodução dos dinamismos socioculturais, em que repousa o padrão de equilíbrio da mencionada civilização.

Ao que parece, a raiz de tais dificuldades é de natureza social. O regime de classes objetiva-se historicamente, nessas nações, de modo insuficiente e incompleto, o que impede ou bloqueia a formação e o desenvolvimento de controles sociais democráticos. A riqueza, o prestígio social e o poder ficam concentrados em alguns círculos sociais, que usam suas posições estratégicas nas estruturas políticas para solapar ou neutralizar as demais forças sociais, principalmente no que se refere ao uso do conflito e do planejamento como recursos de mudança sociocultural. Assim, ao atingir um objetivo social puramente particular e egoístico, esses círculos sociais assumem, de fato, o controle político da mudança sociocultural e se convertem nos verdadeiros fatores humanos da perpetuação do estado crônico de dependência cultural em relação ao exterior. A tolerância diante de usos socialmente construtivos do conflito é o primeiro requisito para o aparecimento de controles democráticos e de tendências definidas de democratização da renda, do prestígio social e do poder, os quais condicionam todos os dinamismos socioculturais em que se fundam o padrão de equilíbrio e o ritmo de evolução da "civilização industrial". Se a tolerância não existe ou se ela se revela insuficiente, torna-se impossível forjar os alicerces para modalidades mais ou menos complexas de utilização dos recursos materiais e humanos da nação, em termos de critérios racionais e dos interesses coletivos. O planejamento, em qualquer escala significativa, não pode ser explorado, e os problemas de ordem estrutural-funcional são enfrentados segundo técnicas impróprias e incapazes de submetê-los a controle social efetivo. Isso é evidente com referência aos diversos tipos de problemas estrutural-funcionais com que se defronta qualquer sociedade nacional, incorporada ao referido círculo civilizatório: 1º) os que emergem da capacidade variável de ajustamento de indivíduos ou grupos de indivíduos às condições de existência requeridas pela própria civilização vigente e que se refletem no rendimento médio, produzidos pelas técnicas, instituições e valores sociais básicos; 2º) os que resultam do grau de capacidade e de eficácia na mobilização de recursos materiais e humanos disponíveis, sem os quais as potencialidades da civilização vigente não se concretizam historicamente; 3º) os que nascem de inconsistências inerentes à própria civilização e que exigem opções coletivas mais ou menos firmes de transformações de seu sistema de valores. Em todos esses níveis, a sociedade brasileira desembocou num impasse crônico, porque o monopólio do controle político da mudança social, por minorias privilegiadas, impede a sua participação normal e autônoma dos fluxos da civilização ocidental. Ao se eternizarem tais problemas como "questões insolúveis", eterniza-se também um ritmo da história que torna o Brasil uma "nação moderna", mas de tipo *"colonial"* e *"dependente"*. Em suma, no fim da análise deparamos com um curioso paradoxo: a mudança social, que deveria ser a pedra de toque e o fator de equilíbrio dinâmico da civilização vigente, é substituída pelo afã de estabilidade social a todo custo ou por seu sucedâneo, a mudança social comprimida ou deturpada politicamente por interesses particulares. Sob esse aspecto, pois, as elites das sociedades subdesenvolvidas cumprem suas funções históricas invertendo os seus papéis. Em vez de pugnar pela autonomia crescente de suas sociedades nacionais, agindo como inventores de cultura e de técnicas sociais novas, operam como agentes e principais responsáveis de uma especialização que converte aquelas sociedades em consumidoras retardatárias e frustradas do progresso sociocultural alheio.

3 – Os ciclos revolucionários da evolução da sociedade brasileira

Essa visão sociológica entra em choque com o que se poderia chamar de "retrato oficial do Brasil". Os estudiosos de nossa formação histórica, cultural e política tendem a evitar, cuidadosamente, a análise realista de duas conexões, que são fundamentais para a compreensão e a explicação objetivas de nossa situação histórico-social. De um lado, o que representa o nosso passado colonial; de outro, o que significa a nossa condição presente, de "povo periférico e dependente". Projetando em nossa história imagens e categorias tomadas da evolução da Inglaterra, da França ou dos Estados Unidos, acabam diluindo e anulando a fase colonial de formação da sociedade brasileira. Por uma mágica simplista, fundada em precária teleologia histórica, todo o período colonial teria como "finalidade interna" a função de gerar a *nacionalidade* e uma *sociedade nacional* pronta e acabada. Nada mais infantil, impossível e longe da verdade! Ainda hoje não completamos a absorção, a neutralização e a superação da complexa herança negativa, recebida de nosso passado colonial. Até o ponto de partida de uma nova evolução econômica só surgiu de lentas e contraditórias transformações das estruturas sociais herdadas da colônia, num processo que abrange mais de um século de duração, ou seja, mais de quatro gerações consecutivas. A mesma ilusão aparece na descrição do presente ou do futuro. Imagens e categorias econômicas, jurídicas e políticas, transpostas daquelas mesmas nações, levam-nos a uma falsa consciência do funcionamento da "ordem econômica", do "progresso" e da "independência". Desse modo, as tendências de modernização, pelas quais o Brasil não se converteu noutra coisa senão numa nação subdesenvolvida (e, portanto, satélite e dependente), permitem uma terrível falsificação: a de identificar-se a nossa história com a "façanha de liberdade" e com o "destino de grande potência" que não se herdam com a transplantação pura e simples de complexos culturais. Essas elucubrações (e outras ainda mais fantásticas, como a de "organizar o

Brasil para o ano 2000") possuem evidentes funções compensatórias (e, sob esse aspecto, inteligíveis e construtivas). Contudo, deveríamos sair desse círculo vicioso tentando compreender objetivamente por que um *país colonial* se converte numa *nação dependente*. Essa seria a primeira condição seja para superarmos a mistificação inerente à imagem "oficial" do Brasil, seja para atingirmos, como povo e como nação, a sonhada posição de *independência* e de *grande potência*. Ela não é impossível. Impraticável seria lográ-la deformando a percepção da realidade e adulterando o uso da razão.

O Brasil passou, durante sua evolução econômica, social e política, por dois ciclos revolucionários. O primeiro deles ocorreu no contexto histórico da emancipação política e do desenvolvimento de um Estado nacional independente. O segundo deu-se no contexto da desagregação da ordem social escravista e senhorial (o nosso *antigo regime*) e da expansão da ordem social competitiva. Se usássemos a periodização fornecida por "grandes acontecimentos históricos", o primeiro ciclo compreenderia oito décadas (de 1808, data da transferência da Corte, a 1888, data da Abolição); e o segundo também abrangeria quase oito décadas (contando-se da última data aos nossos dias). No entanto, a desagregação do "antigo regime", que começara pouco antes do início do último quartel do século XIX – com as medidas legais que prescreviam a substituição do trabalhador escravo[3] – arrasta-se penosamente além da instauração da República. Estabelece-se, assim, um longo período de transição, de quase sete décadas (se se toma 1930 como data-limite, em termos nacionais), durante o qual reinou um amplo compromisso com o passado e a nova ordem econômica, social e política só teve verdadeira eficácia para os estratos sociais dominantes ou em ascensão socioeconômica. O exposto permite concluir que os dois ciclos revolucionários foram mais produto da transformação estrutural profunda da organização da economia e da sociedade que de movimentos sociais conscientes e estruturados das elites tradicionais ou emergentes. Apenas nos momentos finais das crises engendradas por tão demorada transição e com vistas para os seus inconvenientes econômicos, as suas incertezas políticas e os seus riscos sociais é que as elites no poder se esforçaram por colocar um paradeiro a essa situação. Mas, sem se imporem definitivamente uma filosofia política democrática, que consubstanciasse o caráter

---

3 Aliás, Pandiá Calógeras indica, com real penetração, as datas de 1864-1870 e 1861-1875 como marcos de referência das grandes transformações que iriam caracterizar a evolução da sociedade brasileira no último quartel do século XIX (cf. *Formação histórica do Brasil*, 4ª ed., São Paulo, Companhia Editora Nacional, 1945, cap. XII; ver também caps. XIII-XIV).

da nova era e o sentido histórico de sua ruptura com o passado. Não seria apropriado analisar, aqui, esses dois ciclos revolucionários. Contudo, impõe-se, pelo menos, apontar o alcance e o significado de seus efeitos para o destino do país, pois é essa perspectiva que se pode entender, sociologicamente, por que a Independência não gerou uma nação livre e integrada; e por que o crescimento econômico, associado à expansão interna do capitalismo e à industrialização, não fez outra coisa senão manter sua posição dependente em relação ao exterior.

O primeiro ciclo revolucionário conduziu à extinção do pacto colonial e à constituição de um Estado nacional independente. Não obstante, o controle legal da Metrópole e da Coroa apenas desapareceu para dar lugar a outra modalidade de controle externo: um controle baseado em mecanismos puramente econômicos, que restabelecia os nexos de dependência como parte das relações comerciais, através dos negócios de exportação e de importação. Assim, desenrolou-se, nessa época e em seguida, um extenso (e sob certos aspectos profundo) processo de internalização e de absorção de instituições econômicas, que não existiam antes no país. Tal internalização e absorção não significavam, porém, que a economia brasileira se transformasse numa economia livre ou independente. Nem mesmo que se estivesse construindo, a longo prazo, uma economia nacional, de bases capitalistas, relativamente autônoma. Mas, ao contrário, significavam que, à medida que o capitalismo se consolidasse dentro do país, mais ramificados, sólidos e persistentes se tornariam os laços de dependência puramente econômica, nascidos do novo tipo de incorporação dessa economia ao mercado mundial. Portanto, a evolução do capitalismo, como realidade histórica interna, não possuía a mesma significação que teve em outros países da Europa (como a Inglaterra, a França ou a Alemanha) e nos Estados Unidos. Na fase incipiente desse desenvolvimento, o capitalismo exprimia a reorganização econômica e política do "mundo colonial", sob hegemonia inglesa. Ele concorreu, sem dúvida, para alterar os rumos de nossa evolução econômica ulterior e deu lastro econômico ao duplo processo, pelo qual se constituíram um Estado nacional e uma nação moderna no Brasil. Contudo, ambos surgiram, historicamente, como entidades presas a uma teia invisível de dependências econômicas, criada pelo próprio capitalismo no nível de organização internacional da economia. Em outra fase, principalmente depois da consolidação mundial da hegemonia inglesa e da reorganização do mercado internacional sob o impacto da Primeira Revolução Industrial, o neocolonialismo cede lugar a um tipo mais sutil, porém mais eficiente, de controle puramente econômico externo. O imperialismo econômico passa a orientar o quadro das relações entre nações ricas e avançadas e nações pobres e dependentes. Mais que na fase anterior, o capitalismo, como realidade histórica interna, não podia engendrar e fomentar um desenvolvimento econômico de caráter autônomo. É que, nesta fase, a dependência econômica não constituía um simples efeito de relações comerciais e financeiras. Ela se impunha como produto da existência de uma ordem econômica mundial, na qual as nações dependentes se especializavam, de um modo ou de outro, em funções econômicas vinculadas à dinâmica das economias nacionais dominantes; nascia, assim, um padrão de desenvolvimento econômico pelo qual o crescimento econômico das nações ficava subordinado aos interesses, à política e às potencialidades econômicas das nações dominantes. Por conseguinte, todo o primeiro ciclo revolucionário culmina e se esgota sob o signo de controles econômicos externos, demasiado eficazes e fortes para serem rompidos e eliminados sob o impulso de crescimento alcançado pela economia brasileira. O que se produz, durante o transcorrer dessa época econômica, não é senão a germinação de uma economia capitalista dependente, que só tinha algum dinamismo interno na medida em que absorvia influxos de crescimento vindos de fora.

O segundo ciclo revolucionário origina-se em um contexto histórico mais complexo. É que ele representa, em si mesmo, um conjunto de forças econômicas, sociais e políticas combinadas entre si, em escala nacional, pela própria expansão interna do capitalismo comercial e financeiro. A simbiose entre a produção agrária exportadora e os negócios de exportação e de importação, fortalecida politicamente pela ação de um Estado nacional e economicamente pela expansão do mercado interno, culmina na primeira grande transformação realmente significativa que se operou na economia brasileira: a integração do capitalismo comercial e financeiro como um processo histórico, lastreado na organização da sociedade brasileira. Esse processo suscitou uma ilusão de autonomia econômica e política que não encontrava razão de ser. Como a integração do capitalismo comercial e financeiro se desenrolava num plano de interesses econômicos, sociais e políticos altamente abstratos, ignorou-se que ele podia resultar de uma conjunção de ações econômicas externas e internas, nas quais o poder de determinação efetiva continuava preso aos dinamismos desencadeados na e pela economia mundial, através do padrão de dominação imperialista. Mesmo que, quantitativamente, uma grande parcela dos capitais captados tivesse uma origem nacional, o controle estrutural e dinâmico das operações estava nas mãos de firmas e instituições (principalmente comerciais e bancárias) que detinham o controle daqueles dinamismos no nível do mercado externo. Mesmo a política de proteção do café e o conjunto de operações financeiras em que ela repousava não escapavam a essa determinação. Por meios diretos ou indiretos, da montagem de mecanismos comerciais e bancários controlados a partir de fora à associação crescente com capitais e interesses nacionais, a integração do capitalismo comercial e financeiro se realiza como produto do novo tipo de organização da economia brasileira e, portanto, do seu novo destino no seio da economia mundial. As coisas não poderiam passar-se de modo diferente, embora o processo tenha sido analisado, parcialmente e em conjunto, como se o crescimento de uma economia capitalista em consolidação nacional e dependente em relação ao exterior pudesse gravitar em torno de si mesmo, apesar de se manterem e de se fortalecerem os nexos de sua vinculação heteronômica no seio da economia mundial. Em consequência, à medida que as funções da referida integração se concretizam historicamente, a industrialização aparece e se afirma como um processo de modernização típico, fomentado e graduado de fora, embora alimentado e sustentado a partir de dentro. O segundo ciclo revolucionário atinge o seu clímax, portanto, num clima que constitui a antítese e a própria negação dos sonhos de autonomia econômica que o engendraram internamente. Ao mesmo tempo que o capitalismo alcança sua maior complexidade e maturidade, como capitalismo industrial, exprimindo uma economia de mercado especificamente *moderna* e afirmando-se como algo irreversível nas atividades humanas ou nas aspirações sociais, também revela, ao máximo, que o crescimento econômico de uma economia nacional dependente completa-se dentro de um círculo vicioso. Na era do capitalismo industrial a Nação atinge seu maior nível de riqueza e de desenvolvimento mas configura, igualmente, a plenitude do capitalismo dependente.

Assim, o condicionamento econômico externo praticamente serviu de baliza ao desenvolvimento da economia brasileira. Num primeiro momento, é esse condicionamento que propicia, de fora para dentro, a ruptura com o antigo sistema colonial. Nossas elites senhorias souberam aproveitar-se da oportunidade histórica com que depararam, construindo um Estado nacional independente e assumindo o controle político da Nação. Romperam, dessa forma, os liames de dependência inerentes ao pacto colonial. Contudo, não dispunham de meios (principalmente econômicos) nem de imaginação (principalmente política) para impedir que a antiga colônia desse origem a uma nação igualmente controlada de fora, em termos neocoloniais, no nível econômico. Tampouco atentaram para os riscos inerentes a um padrão de crescimento econômico que articulava a economia nacional a um crônico destino dependente, sob as modernas tendências do imperialismo econômico. Em um segundo momento, as velhas estruturas econômicas e sociais, que serviram de ponto de apoio para a ação política e a afirmação nacional dessas elites, puderam ser condenadas e superadas. Enceta-se e intensifica-se uma evolução de novo tipo, que engendra uma economia capitalista nacionalmente diferenciada e integrada. No entanto, ainda aí o condicionamento econômico externo prepondera e determina os rumos da evolução do nosso capitalismo. Nos quadros da nova economia capitalista mundial, tanto em termos de diferenciação da produção e do mercado internos quanto em termos das probabilidades de consumo em massa, a economia brasileira já pode operar como uma espécie de fronteira das economias nacionais, que dominam o mercado mundial na era do *capitalismo monopolista*. Em consequência, as tendências à integração do capitalismo comercial e financeiro consolidam-se, finalmente, cabendo-nos uma industrialização dependente em sua forma e em sua substância. A "revolução burguesa" desenrola-se, pois, em um quadro imprevisto na transição do século XIX para o século XX. Ela não leva a uma crescente autonomização econômica, mas ao tipo mais complexo, sutil e completo de dependência econômica, que já pesou sobre o destino desta Nação. De tudo isso, pode-se tirar uma lição útil e provocativa. A "revolução burguesa" e o capitalismo só conduzem a uma verdadeira independência econômica, social e cultural quando, atrás da industrialização e do crescimento econômico, exista uma vontade nacional que se afirme coletivamente por meios políticos, e tome por seu objetivo supremo a construção de uma sociedade nacional autônoma.

4 – O desenvolvimento como "problema nacional"

A análise precedente coloca a questão crucial. Não devemos subestimar a natureza das dificuldades que enfrentamos, em escala nacional. Ao contrário do que se pensa e do que se tem propalado freneticamente, como uma espécie de matéria de fé, os problemas do Brasil, vistos sociologicamente, não são "problemas de crescimento". Crescimento tem havido, especialmente no nível econômico. Ele não chegou a assumir, porém, as proporções e um padrão que afetassem a integração do Brasil como uma sociedade nacional e sua posição no conjunto das demais sociedades nacionais, que compartilham da mesma civilização. Assim, *o que nos deve interessar é o modo de participar do padrão dessa civilização.*

Aí está o ponto fundamental da presente discussão. Como se trata de uma relação – a *relação* do Brasil com as sociedades nacionais do mesmo círculo de civilização e, em particular, com aquelas sociedades nacionais que detêm o controle do próprio processo civilizatório no âmbito dessa civilização –, não se poderia alterar a atual situação unilateralmente. Para modificarmos essa posição relativa do Brasil e, com ela, o seu "destino histórico", seria preciso introduzir alterações concomitantes em dois níveis distintos: o interno e o externo. Todavia, a organização e a orientação das forças que operam no nível externo escapam ao controle de uma sociedade nacional determinada, especialmente se ela preenche a condição de uma sociedade satélite e dependente, especializada no consumo das invenções culturais e no atendimento das necessidades econômicas ou de outra natureza das sociedades nacionais a que se subordina.

Por isso, o processo só pode ser (e, de outro lado, tem de ser) desencadeado a partir de dentro: através da modificação das estruturas sociais, econômicas e políticas da sociedade brasileira. Desse ângulo, o desenvolvimento não é um "problema econômico", e tampouco um "problema social", um "problema cultural", um "problema político" etc. Ele possui o caráter de um problema macrossociológico, que afeta toda a organização da economia, da sociedade e da cultura e que diz respeito, essencialmente, a todo o "destino nacional", a curto ou a longo prazo.

Vendo-se as coisas dessa perspectiva, parece ser reduzido o interesse das tentativas de acelerar o crescimento econômico, mantendo-se as demais esferas da sociedade e da cultura inalteradas ou estagnadas. O melhor que pode suceder é que os efeitos de semelhante esforço não são realmente compensadores e significativos para a sociedade nacional como um todo. Está fora de dúvida que se impõe começar em algum plano, e que a intensificação da mudança sociocultural possui maior alcance multiplicativo se ela afetar as estruturas econômicas. Contudo, é preciso ter em conta: 1º) se se está, de fato, introduzindo alterações nas estruturas econômicas; 2º) que mesmo uma esfera estratégica, como a do crescimento econômico, não possui poder para alterar as demais esferas, se a intervenção assumir um caráter concentrado e unilateral. Além disso, ao inverso do que se acredita, esse tipo de intervenção exige custos sociais muito altos e provoca escassas consequências como foco de mudanças encadeadas e interdependentes. Os povos que tentam essa saída e persistem nela, mesmo depois de descobrirem suas limitações, o fazem porque não possuem outros meios para forçar a melhoria do seu "destino histórico" na civilização a que pertencem. No fundo, trata-se de uma saída cega e desesperada, tão irracional e improdutiva quanto seria combater a raiva mordendo-se o cão que a transmitisse.

No entanto, convém ressaltar, igualmente, que a superação do impasse não poderia resultar na mera "vontade esclarecida" (qualquer que seja sua encarnação: o "empresário inventivo"; o "militar patriota"; o "burocrata competente"; o "político responsável" etc.). Um povo pode contar com elites capazes de fazer diagnósticos precisos e completos de sua situação histórica, em seus diversos desdobramentos. Mas, se essas elites não tiverem coragem e decisão de levar o diagnóstico à pratica ou se não receberem suficiente apoio coletivo, nada se alterará fundamentalmente. O Brasil não possui elites desse tipo; e, de outro lado, as próprias massas ainda não se projetam no cenário histórico, como atores do drama e fatores humanos de mudanças sociais conscientemente desejadas em escala coletiva. Não obstante, se realizasse as duas condições indicadas, ainda assim a "vontade esclarecida" pouco significaria em si mesma. O esclarecimento só se converte num elemento construtivo da situação quando ele envolve e conduz a transformações de caráter global.

Portanto, desde que se veja o desenvolvimento como "problema nacional", o diagnóstico e a atuação prática implicam "querer coletivo" polarizado nacionalmente. No caso brasileiro, semelhante polarização tem de ser condicionada, tanto em termos negativos (de repúdio a certos fatores ou efeitos da ordem existente) quanto em termos positivos (de identificação com os objetivos a serem alcançados, através da superação dessa ordem), pelas inconsistências estruturais e dinâmicas que vêm dificultando ou impedindo o Brasil de realizar-se e de desenvolver-se, plenamente, como uma *sociedade nacional*. Apesar das instituições e dos valores sociais vigentes, a ordem legal criada pela República não abrange, equitativamente, todas as camadas sociais de todas as regiões do país. Tudo se passa como se os direitos e as garantias sociais, assegurados por essa ordem legal, fossem privilégios inconfundíveis das minorias que possuem condições econômicas, sociais e políticas para desfrutá-los e como se fosse indiferente, para a existência e para o futuro de uma sociedade nacional, que três quartos de sua população estivessem parcial ou totalmente banidos de suas estruturas de poder. Ora, nenhuma sociedade nacional pode existir, sobreviver e ao mesmo tempo construir um *destino nacional*, em tais bases. A destruição de estamentos e de grupos sociais privilegiados constitui o primeiro requisito estrutural e dinâmico da constituição de uma sociedade nacional. Onde essa condição histórica não chega ou não pode concretizar-se historicamente, também não surge uma ação e, muito menos, uma nação que possa apoiar-se num "querer coletivo" para determinar, por seus próprios meios, sua posição e grau de autonomia entre as demais sociedades nacionais do mesmo círculo civilizatório. Sob esse aspecto, a democratização da renda, do prestígio social e do poder aparece como uma necessidade nacional. É que ela – e somente ela – pode dar origem e lastro a um "querer coletivo" fundado em um consenso democrático, isto é, capaz de alimentar imagens do "destino nacional" que possam ser aceitas e defendidas por todos, por possuírem o mesmo significado e a mesma importância para todos.

Capítulo V

A "Revolução Brasileira" e os Intelectuais*

Meus jovens colegas:

O fato de vocês terem-me eleito padrinho desta cerimônia constitui motivo de orgulho e de desvanecimento para mim. Vejo nessa distinção o testemunho de que vocês me acreditaram capaz de traduzir os seus anseios, inquietações e esperanças, nas horas sombrias em que se armavam de paciência e de coragem para defenderem a própria condição de estudante. Sou-lhes grato por isso e, ainda mais, pelo apoio espontâneo e decidido que me deram, com outros colegas, na luta que travamos juntos pela liberdade de pensamento e pela autonomia universitária. A normalidade ainda não se restabeleceu plenamente. Pairam sobre eminentes mestres punições inconcebíveis e inaceitáveis, enquanto a intolerância obscurantista descobre meios para perseguir, sem nenhuma trégua ou respeito, figuras do gabarito científico de um Mário Schenberg.

---

* Discurso de paraninfo da Turma de 1964 da Faculdade de Filosofia, Ciências e Letras da Universidade de São Paulo, pronunciado em 23/3/1965. Publicação prévia: *Revista Civilização Brasileira*, nº 2, 1965, p. 325-337.

Apesar disso, acho que não devemos desertar nem desanimar. O que importa é sabermos o que pretendemos. E não cedermos terreno no que for essencial à implantação, no Brasil, de autênticos núcleos de pesquisa original, de ensino renovador e de divulgação criteriosa. O que sucedeu ainda é presente, mas já pertence ao passado. Cumpre, acima de tudo, esquecer os ressentimentos e as frustrações, para pensar-se nas tarefas da construção do futuro. Dentro de pouco tempo, a própria história se encarregará de relativizar as figuras e os acontecimentos que ganharam o centro do palco e se projetaram como se fossem a "mão do destino". Como sempre sucede, ambos serão calibrados em função do valor que possuírem no processo histórico, que não se conta através de instantes, horas e dias, mas de séculos. Doutro lado, quaisquer que tenham sido nossas preferências ou aflições, nada do que ocorreu pode ser tachado de imprevisível na situação histórico-social e cultural do Brasil. Pagamos por erros e omissões que se acumularam ao longo de quatro séculos e meio. Transformar o algoz em vítima de nada nos adiantaria. Precisamos fazer algo mais complexo e definitivo: lutar contra as causas que tornam essas ocorrências inevitáveis, ou seja, com os fatores que perturbam, desequilibram e desorientam o desenvolvimento nacional. Isso não significa que devamos ignorar o que aconteceu. Quando numa universidade se compõe uma comissão de expurgo e nela se encontram professores sequiosos por essa missão; quando as congregações de escolas que reúnem a nata de nossa intelectualidade aceitam sem repulsa a tutela dos IPMs; quando professores e alunos lúcidos se coligam para delatar, condenar e destruir, sem maior exame de consciência e sem nenhuma consideração de ordem moral; quando, enfim, os círculos letrados se mantêm neutros e indiferentes diante de tais desdobramentos – há matéria para meditação, para funda meditação, e até para expiação e purificação... O que quero dizer é que não nos devemos contaminar com as experiências que se desenrolaram e que nos envolveram de corpo e alma. Elas já constituem uma realidade vivida e superada. Se soubermos delas tirar proveito, elas nos ensinarão muita coisa sobre diversos assuntos, das razões que explicam o malogro da democracia no Brasil até questões menores, como as dificuldades de implantar verdadeiras universidades ou de difundir entre nós o pensamento científico etc.

Sendo esta a perspectiva de que encaro as coisas, julguei que seria de meu dever antes animá-los para as tarefas construtivas, que vocês têm pela frente, que incitá-los para a invectiva ou para a represália. É claro que não lhes vou pedir para ensarilhar as armas. Numa sociedade democrática, os homens devem estar permanentemente preparados para vigiar seus deveres inalienáveis e usufruir seus direitos legítimos. Devem, pois, arcar com uma luta permanente, consigo mesmo e com os outros, na defesa de prerrogativas em que se fundam a dignidade humana e o próprio sentido da vida civilizada. Mas, como diziam os antigos, convém não tomar a nuvem por Juno. Numa sociedade desse tipo, todos os cidadãos, e entre eles especialmente os intelectuais, precisam ter uma clara e firme noção daquilo por que lutam, como condição mesma de sua segurança e de sua confiança nos critérios de opção ou de atuação social escolhidos. A questão não está só em "ficar em paz com a consciência" ou em "não fazer o jogo do adversário". Há algo mais, essencial, que consiste na capacidade de perceber e de tentar pôr em prática aquilo que precisa ser feito para que o estilo democrático de vida não se corrompa, transformando-se no seu oposto, a sujeição consentida de uma maioria fraca a uma minoria prepotente. Com a mira nesse objetivo é que selecionei os três temas, que serão debatidos nesta exposição. Mais que a nós próprios e a nossos dilemas pessoais, procurei visar à contribuição positiva que a sociedade brasileira tem o direito de esperar de seus intelectuais conscientes, aptos para o desempenho da porção de seus papéis sociais que possuem um conteúdo ou uma significação históricos.

O primeiro desses temas reporta-se ao que se convencionou chamar de "revolução brasileira". De fato, está em curso uma revolução social no Brasil. No entanto, seria proveitoso que vocês examinassem friamente os diferentes aspectos e o sentido dessa revolução social. Em particular, em sua qualidade de professores e de pesquisadores, vocês precisam saber, sem prenoções ou deformações ideológicas, qual é a natureza e o alcance do fenômeno, quando menos para não confundirem algumas de suas fases com o processo global ou certos episódios de teor dramático com o desfecho final. Graças ao incremento das pesquisas econômicas, sociológicas e históricas, hoje dispomos de apreciável soma de conhecimentos comprovados sobre nossa revolução social. Com base nesses conhecimentos, já se pode traçar um quadro geral desse processo histórico, o qual não corresponde às interpretações convencionais, feitas na crista dos acontecimentos e sem um sistema de referência propriamente histórico.

Haveria muito que falar das deformações interpretativas que impregnam a concepção que se fazia convencionalmente da "revolução brasileira". Retendo apenas as mais significativas, pode-se admitir que elas pressupunham um vício de datação; e que ignoravam tanto as origens quanto a continuidade do processo, no fluir para diante. Quanto ao primeiro ponto, prevalecia a opinião de que a "revolução brasileira" poderia ser apropriadamente descrita como a "revolução de 1930". A insurreição provocada pela Aliança Liberal aparece como um dos elos fundamentais da nossa revolução. Não porque indique o seu nascimento e a sua localização; porém, porque testemunha a primeira grande transformação qualitativa que se operou no seio das forças histórico-sociais que já haviam gerado aquela revolução. Em linguagem figurada, diria que a "Revolução de 1930" traduz a superação da fase do impasse histórico, como se a sociedade brasileira entrasse, finalmente, no limiar de sua maturidade para a concretização do pacto revolucionário. O segundo ponto envolve um terrível erro de perspectiva e uma iniludível falsificação da interpretação objetiva dos processos histórico-sociais. Na verdade, é dificílimo fazer-se a história do presente. Acresce que os "retratos da situação" ou foram escritos pelos agentes do drama histórico ou foram fortemente influenciados pelo impacto das opções ideológicas com que eles se defrontaram. Por conseguinte, a disposição de "criar história" mistura-se com a disposição alternativa de "explicar a história". Embora seja admissível uma associação íntima das duas coisas, na situação brasileira essa coincidência fomentou uma tendência incoercível a dissociar o presente do passado. Passou-se, assim, quase insensivelmente, a interpretar-se a realidade histórica como se ela fosse um fluir de acontecimentos que lançariam suas raízes no tempo imediato das ações humanas consideradas. Ora, mesmo aceitando-se que a melhor regra, na explicação histórica, consiste em remontar do presente ao passado (como o quer Simiand), os processos históricos possuem antecedentes e, com frequência, esses antecedentes abarcam várias gerações sucessivas. Em nosso assunto, o marco para localizar historicamente tais antecedentes parece ser o último quartel do século XIX, onde se evidenciam os efeitos estruturais da cessação do *tráfico negreiro* e o repúdio moral à ordem escravista, os dois grandes fermentos iniciais da revolução burguesa. Por fim, quanto ao terceiro ponto, estabeleceu-se, pelas razões apontadas, uma propensão reiterada a encarar-se esta revolução como se ela fosse o produto puro e simples da atividade de uma geração – ou, melhor, da parcela de uma geração que representasse os papéis de atores do drama. Isso fez com que a falta de uma perspectiva voltada para o passado se acabasse agravando por uma deturpação ainda mais funesta, que vem a ser a ausência de uma percepção voltada para o futuro. No fundo, o que não era pensado como processo histórico, na ligação do atual com o anterior, também deixava de ser pensado como processo histórico numa direção puramente prospectiva, na ligação do atual com o ulterior. Isso impediu que se visse a "revolução brasileira" como algo contínuo e *in flux*, provocando uma atomização da consciência da realidade sem paralelos e uma ingênua mistificação da natureza do processo global, raramente entendido como autêntica *revolução burguesa*. Tal visão só podia ser alimentada por um estado de espírito particularista, pulverizador e imediatista; e teve o condão de exagerar enormemente a significação do que se fazia e do que se podia fazer, em detrimento do que deveria ser feito. Em suma, perdeu-se de vista não só o encadeamento das diversas fases da nossa revolução social, como também os caracteres que ela assumia na duração histórica, que singularizavam o nosso padrão de desenvolvimento histórico-social. Sua lentidão, sua irregularidade, sua falta de homogeneidade, que exigiam atenção, explicação e correção, foram negligenciadas, embora se soubesse que fenômenos análogos haviam transcorrido em outros países de forma bem diversa. No conjunto, os três tipos de deformação representativa da história provinham de inconsistências do horizonte cultural dos próprios agentes históricos, que organizavam sua percepção da realidade e duas técnicas de atuação social segundo uma noção tradicionalista e a-histórica da realidade-social. Levando-se em conta esses dados, não só se compreende melhor por que tivemos de enfrentar tantas crises sucessivas. Também se entende melhor por que elas não foram enfrentadas com recursos mais eficientes.

O fulcro sociológico da "revolução brasileira" consiste numa relação de influências histórico-sociais, imanentes à organização da nossa sociedade. Desde o início, no último quartel do século XIX, essa revolução eclodiu e evoluiu como o equivalente brasileiro da *revolução burguesa* na Europa e nos Estados Unidos. Várias condições internas, insuperáveis, deram um toque especial a todo o processo e o condenaram a um padrão histórico-social próprio. O sentido irreversível do processo não foi afetado, mas o seu ritmo, regularidade e homogeneidade. Em sua variante brasileira, ele se tornou demasiado lento, muito descontínuo e só nas áreas urbanas de industrialização intensa ele chegou a atingir quase todas as esferas da vida social organizada. Como se as diferentes idades históricas do Brasil coexistissem no tempo, a revolução burguesa apenas modificou diretamente, com alguma profundidade, os centros humanos que puderam extrair da comercialização do café as bases da expansão industrial e de uma economia de escala. Isso se deu, em grande parte, porque as forças sociais ligadas ao "antigo regime" encontraram condições de hegemonia na transição do trabalho escravo para o trabalho livre, ou, em termos políticos, da Monarquia para a República. Apesar de os instrumentos jurídicos preverem a revolução burguesa como algo universal, o grosso da sociedade brasileira continuou variavelmente mergulhado nas idades históricas anteriores, e o povo não se configurou plenamente como realidade histórica. Em consequência, a I República aparece como uma fase de transição com o "antigo regime" e não contribui, de fato, para a consolidação do estilo democrático de vida. Doutro lado, de 1875 a 1930 os interesses da revolução burguesa ficaram sob o mais completo controle social dos setores rurais e da dominação tradicionalista. Os dois grandes heróis dessa revolução, naquela fase, foram o fazendeiro de café e o imigrante – um, desdobrando suas atividades econômicas nas cidades, através dos ganhos acumulados com a exportação; outro, aproveitando as oportunidades para construir sua fortuna; ambos presos entre si por um pacto que impunha a tutela do primeiro e imergia o próprio *élan* da revolução burguesa no quadro de valores tradicionalistas. Tanto a chamada "revolução de 1930" quanto a "revolução constitucionalista", de 1932, respondem à necessidade de implantar novas formas de organização do poder na sociedade brasileira, capazes de expandir e de acelerar as transformações requeridas pela *revolução burguesa*.

Todavia, malgrado sua massa demográfica, a sociedade brasileira continuou presa ao "antigo regime", em algumas regiões de modo muito vigoroso, deixando de oferecer cenário apropriado para uma economia de mercado integrada, a diferenciação das classes sociais e as formas democráticas de organização do poder que ambas exigiam. Como produto dessa situação, tivemos um fraco desenvolvimento industrial (apesar do que se pensa em contrário) e tornou-se impossível romper a crosta secular do patriotismo. O Estado e a própria dinâmica das instituições jurídico-políticas permanecerem sob a tutela de grandes eleitores de mentalidade tradicionalista. Por sua vez, os elementos associados à expansão urbana e ao capitalismo sucumbiam a debilidades congeniais, que facilitavam e incentivavam o seu apego a técnicas de dominação tradicionalista. No conjunto, pois, influências histórico-sociais arcaicas (ou arcaizantes) corroeram e solaparam visceralmente os efeitos construtivos das influências histórico-sociais modernas (ou modernizadoras). Os processos econômicos, gerados através da "revolução burguesa", revelaram-se demasiado fracos para provocar a rápida desagregação dos resíduos do "antigo regime e, principalmente, para ordenar em novas bases as relações humanas em escala nacional. Não obstante, o "antigo regime" teve bastante força para garantir-se continuidade e, em particular, para manter os privilégios sociais, econômicos e políticos que lhe conferem o condão de interferir no curso da história e de deturpar os seus rumos. Se notarmos que esse quadro se impõe noventa anos depois do desencadeamento da nossa *revolução burguesa* e, apesar da intensificação do desenvolvimento industrial nas últimas três décadas, teremos de convir que avançamos muito pouco na senda da instauração de uma sociedade econômica, social e politicamente democrática.

Tais constatações, porém, não devem obscurecer outros dados da realidade. Nossa débil "revolução burguesa" constitui, por enquanto, o único processo dinâmico e irreversível que abre algumas alternativas históricas. Não só representa a única saída que encontramos para a modernização sociocultural. Contém em si novas dimensões de organização da economia, do Estado e da sociedade, que poderão engendrar a diferenciação das estruturas sociais, a difusão e o fortalecimento de técnicas democráticas de organização do poder e da vida social, novas bases da integração da sociedade nacional etc. Sem que nos identifiquemos ideologicamente com essa revolução e nos tornemos seus adeptos ou apologistas, é fácil reconhecer que ela possui um sentido histórico criador. Além disso, a sua concretização final permitirá a superação do dilema social que nos mantém presos a uma herança sociocultural indesejável. Enquanto não rompermos definitivamente com as cadeias invisíveis do passado, não conquistaremos o mínimo de autonomia, que é necessária, para governarmos o nosso "destino nacional" nos moldes da civilização moderna.

O segundo tema, que me proponho aflorar, concerne à posição do intelectual diante desse processo histórico-social. Pela própria natureza de seus papéis sociais, já na fase de gestação da "revolução burguesa", os intelectuais contaram entre os fatores humanos de dinamização do processo. Nas fases agudas de sua maturação e manifestação, de 1930 aos nossos dias, o alcance qualitativo da contribuição dos intelectuais não fez senão crescer e aumentar. Especialmente como técnicos, mas também graças a outros papéis sociais, os intelectuais assimilaram os interesses e os valores da "revolução burguesa" e forneceram, inclusive, um pugilo de ideólogos mais identificados com suas implicações nacionais.

Sem dúvida, existem outras alternativas de escolha para os intelectuais, entre elas a opção extrema da negação mesma dessa revolução. Mantendo o raciocínio no âmbito do que é dado historicamente, entretanto, uma coisa é patente. Onde os intelectuais vencem o imobilismo tradicionalista e se incorporam às tendências dinâmicas de diferenciação da sociedade brasileira, propendem a admitir que ela representa um avanço necessário, valioso e desejável. Nela veem o principal suporte para o salto histórico que poderá facilitar a modernização da tecnologia, do ensino, da pesquisa, do Estado, enfim de todas as esferas da vida. Até os que a repelem como *solução política* aceitam o seu conteúdo positivo mínimo e a defendem por causa disso, estimando que ela poderá livrar-se da sujeição ao passado e abrir novas vias às nossas experiências históricas.

Está claro que essas apreciações devem ser recebidas com boa dose de relativismo. A "revolução burguesa" não foi um *fiat lux* em nenhuma parte e não haveria razão para que isso ocorresse no Brasil. No entanto, a concepção tradicionalista do mundo tem aqui contribuído severamente para manter um clima de incompreensão da inteligência e do mau uso social do talento. Na medida em que a revolução burguesa representa uma alternativa historicamente possível, ela ganha também as dimensões de uma esperança. Se, na prática, uns ficam dentro dos seus limites e outros pretendem rompê-los, pouco importa. O que se impõe reconhecer e enfatizar é essa correlação, que integra os intelectuais no bojo dos processos desencadeados ou almejados por essa revolução.

Ora, tal reconhecimento pressupõe todo um conjunto de obrigações imperativas. Ao contrário dos outros agentes sociais, o intelectual deve lidar de modo consciente e inteligente com os elementos de racionalidade que são acessíveis à sua atuação social. Ele não é nem melhor nem pior que os outros seres humanos. Também não é mais livre que eles do influxo dos interesses e das ideologias. Contudo, pode discernir melhor as razões e as consequências de suas opções. Por isso, mesmo que não se sinta emocional e moralmente fascinado pela "revolução burguesa", possui condições para determinar, melhor que os outros, em que sentido ela é útil e necessária. Sem cair nas ingenuidades dos "amantes do progresso" dos séculos XVIII e XIX e sem resvalar para concepções utópicas, como se a "revolução burguesa" acarretasse o advento do "reino da justiça social", ele é, pelo menos potencialmente, capaz de saber onde estão e quais são as suas vantagens relativas. Desse prisma, se sua consciência não estiver adormecida, à sua posição é inerente um drama moral considerável. Pois vê-se na contingência de lutar, às vezes com denodo e determinação, por alvos que não correspondem totalmente aos seus sentimentos de equidade social. Nas proporções em que enxerga mais longe, nem sempre deseja as soluções viáveis com entusiasmo. Apesar disso, porque pode estabelecer a relação que existe entre as soluções possíveis e as necessidades do mundo humano em que vive, sente-se compelido a defendê-las com zelo, ardor e tenacidade. A nossa "revolução burguesa", tendo-se arrastado até nossa época, inspira limitada paixão como empreendimento histórico. Mas é uma saída, tanto a respeito da libertação dos grilhões do passado quanto no que se refere à conquista de algum domínio do futuro. Os intelectuais brasileiros não podem ser indiferentes ao que lhe suceda e, ainda menos, à faculdade que lograrmos, como povo, de aproveitar os seus frutos positivos.

O terceiro tema, que pretendia insinuar, relaciona-se, exatamente, com o principal fruto da "revolução burguesa". Estejamos contentes ou descontentes com nossa incapacidade histórica de mudança social rápida, uma verdade é inegável. Nos vaivéns dos últimos noventa anos, o único avanço realmente significativo e produtivo que demos se evidencia nas tendências à valorização progressiva das técnicas democráticas de organização do poder. Deixando de lado as múltiplas questões, que não poderiam ser debatidas agora, esse dado é crucial. Na verdade, é quase nula a diferença que separa o presente do passado em muitas comunidades humanas brasileiras, onde ainda imperam formas arcaicas de mandonismo. Também é pacífico que as três experiências republicanas falharam no plano elementar de garantir ao regime democrático viabilidade histórica e normalidade de funcionamento (para não dizer de crescimento). Por fim, que tudo tivesse corrido às mil maravilhas, à democracia liberal são inerentes limitações fundamentais, que redundam na sua incapacidade de eliminar iniquidades sociais que são incompatíveis com a própria democracia. Com todos esses argumentos à vista, não tenho dúvida em sustentar que o único elemento realmente positivo de nossa história recente diz respeito aos pequenos progressos que alcançamos na esfera da democratização do poder. E, indo mais longe, acredito que o dever maior do intelectual, em sua tentativa de ajustar-se criadoramente à sociedade brasileira, objetiva-se na obrigação permanente de contribuir, como puder, para estender e aprofundar o apego do homem médio ao estilo de vida.

Isso significa, em outras palavras, que os intelectuais brasileiros devem ser paladinos convictos e intransigentes da causa da democracia. A instauração da democracia deve não só ser compreendida como o requisito número um da "revolução burguesa". Ela também será o único freio possível a esta revolução. Sem que ela se dê, corremos o risco de ver o capitalismo industrial gerar no Brasil formas de espoliação e iniquidades sociais tão chocantes, desumanas e degradantes como outras que se elaboram em nosso passado agrário. Como tentei assinalar numa comunicação, feita em 1962 ao II Congresso Brasileiro de Sociologia:

> "A expansão da ordem social democrática constitui o requisito *sine qua non* de qualquer alteração estrutural ou organizatória da sociedade brasileira. Se não conseguirmos fortalecer a ordem social democrática, eliminando os principais fatores de suas inconsistências econômicas, morais e políticas, não conquistaremos nenhum êxito apreciável no crescimento econômico, no desenvolvimento social e no progresso cultural. Estaremos, como agora, camuflando uma realidade triste, que faz da insegurança social, da miséria material e da degradação moral o estado normal de existência de três quintos, aproximadamente, da população brasileira. Da democratização da riqueza, do poder e da cultura dependem, de modo literal: 1º) a desagregação final dos resíduos do *antigo regime*, que recobre, geográfica, demográfica e mentalmente, a maior extensão da sociedade brasileira, e a consolidação do regime de classes; 2º) a emergência de novos controles sociais, a que se subordinam a continuidade e o aperfeiçoamento do estilo de vida social democrático no país. Em consequência, lutar pela democracia vem a ser muito mais importante que aumentar o excedente econômico e aplicá-lo produtivamente. A própria economia continuará sufocada se não

nos revelarmos capazes de alterar o arcabouço social que a aprisiona, retendo ou comprimindo o impacto do crescimento econômico sobre o progresso social e cultural. Além disso, revela notar que haveria pouco interesse social em substituir o *antigo regime* por um simples sucedâneo, que apenas modificasse a categoria econômica dos entes privilegiados".

Perdoem-me a longa citação. Todavia, ouso supor que ela traduz adequadamente ideias que acalento há muito tempo. Em função dessas ideias é que penso que os intelectuais brasileiros devem fazer da instauração da democracia seu grande objetivo histórico. Para realizar esse objetivo, não devemos temer incompreensões, represálias ou o perigo de sermos silenciados. Adotar outra orientação seria o mesmo que aceitar o silêncio e acumpliciar-se com a neutralização da inteligência.

É difícil, porém ser um soldado da democracia numa terra como a nossa. Não bastam o destemor e a coragem cívica. É mister que se tenha uma visão clara do processo histórico, que condiciona e orienta o sentido de nossas ações. Foi por isso, aliás, que me empenhei no afã de sugerir o quadro de referências apontado anteriormente. Dentro em breve, vocês serão postos à prova. Então acredito que muito terão a ganhar se souberem colocar suas opções acima de razões imediatistas ou falaciosas. Acresce que, como professores, muitos de vocês irão moldar a imaginação dos jovens das novas gerações. Seria bom que vocês começassem a refletir sobre o lugar que os ideais democráticos devem ter em sua formação. Cada cidadão brasileiro precisa estar mentalmente preparado para repudiar convictamente a estranha doutrina, que para muitos parece natural, de que os golpes de Estado, dirigidos por minorias que se acreditam "esclarecidas", constituem um sucedâneo eficaz do processo democrático. Ora, a democracia não comporta sucedâneos. Existem, isto sim, regimes políticos que asseguram à democracia condições mais ou menos propícias ao seu funcionamento e aperfeiçoamento.

Nesse sentido, o intelectual deve ser o primeiro a compreender a natureza real das exigências do estilo democrático de vida. Ele também deve ser o primeiro a propagar essa verdade e o último a consentir em que ela seja traída ou pervertida. No momento que atravessamos, esse dever envolve riscos evidentes. Mas ninguém poderá contar como um soldado da democracia sem correr tais riscos. Os últimos acontecimentos mostram-nos, sem rebuços, o caráter das propensões políticas que animam as elites dirigentes de nossas classes dominantes. Para elas, a democracia reduz-se a uma questão semântica. É *democrata* quem sabe tomar o poder e dispõe, em consequência, de meios para proclamar-se e impor-se como tal. A democracia autêntica prescinde dessa linguagem e do aparato que a sustenta. Ela nasce, se manifesta e se mantém através de um estado de equidade social que confere a cada cidadão o dever de solidariedade para com os demais e o direito de exprimir essa solidariedade de acordo com as determinações de sua própria consciência cívica. O que se afasta disso, mesmo que os golpes de Estado se apregoem um mal necessário para "salvar a democracia", não passa de prepotência e de intolerância. E a prepotência e a intolerância não servem senão à prepotência e à intolerância. Elas não são meios para alcançar outros fins e, ainda menos, para resguardar ou aperfeiçoar a democracia. Na verdade, a democracia não nasce pronta e acabada. Ela carece de um longo e complexo cultivo. Todos os povos de tradição democrática demonstram muito bem, através de experiências seculares, que a única via para resguardá-la e aperfeiçoá-la consiste no respeito ao jogo democrático. Seria conveniente que os que falam em "mau uso da liberdade" e prescrevem, para remediá-lo, a supressão da própria liberdade, atentassem para o fato de que ele é menos nocivo para qualquer povo que o "uso esclarecido" da violência. Isso pela simples razão de que a violência nada pode ter ou produzir de "esclarecido".

Restaria, ainda, dizer-lhes por que escolhi esses três temas para o nosso diálogo. Os últimos acontecimentos, que abalaram a estrutura política da Nação, deixaram as gerações jovens desorientadas. Os jovens que apoiaram o golpe de Estado, e lutaram por ele, logo caíram na maior perplexidade e desencanto. Foram levados a usar a violência segundo inspirações totalitárias e acalentavam, por conseguinte, paixões políticas demasiado fortes para se contentarem com o que sobreveio, o puro saneamento da economia nacional com vistas à segurança das operações das grandes organizações internacionais. Os jovens que se opuseram ao golpe de Estado e lutaram contra ele – já que os jovens foram os únicos que se levantaram em defesa da III República – sofreram duas espécies de traumatismos. Um, provocado pelo comportamento dos colegas que se fizeram arautos da "Revolução" e seus prepostos no meio estudantil; outro, pela fúria das novas autoridades, que se esqueceram dos desdobramentos pedagógicos dos seus papéis políticos e se devotaram ao esmagamento da "irresponsabilidade da juventude". Ora, a juventude brasileira não era irresponsável, mas inquieta, insatisfeita e idealista, possuindo fundas razões para isso. Como caça encurralada e ferida, esses jovens sentiam-se tão somente acuados e perdidos. Sem saber para onde dirigir suas esperanças e anseios de renovação social, caíram na mais terrível frustração e apatia.

Nesta oração, quis levar em conta os dramas morais desses dois tipos de jovens, endereçando-lhes palavras que os auxiliem a reencontrar as tarefas construtivas da juventude e da inteligência numa sociedade democrática. Por isso é que restringi o nosso diálogo a temas relativos ao que é dado historicamente, deixando de lado o ideal ou o imprevisível. Pretendia que vocês projetassem sua imaginação além do caos aparente e do perturbador, e vissem que não entramos nem poderíamos entrar numa era de destruição da inteligência e de negação da juventude. Os acontecimentos que vivemos, além de epidérmicos, brotam de crises inevitáveis e normais, quando se atenta para a forma e as condições em que a revolução burguesa se está realizando no Brasil. A natureza histórica desta revolução social não se alterou nem se poderia alterar. Portanto, continuamos engolfados no mesmo processo histórico-social, que produziu ou tende a produzir a universalização do trabalho livre, a diferenciação das classes sociais, a implantação do regime republicano, a expansão do capitalismo industrial e a difusão dos ideais democráticos do mundo moderno.

Em face disso, os caminhos abertos à ação criadora da inteligência e da juventude permanecem os mesmos. Eles podem, momentaneamente, ser mais estreitos aqui e ali ou mais difíceis ali e acolá. O essencial é que eles não puderam ser bloqueados ou suprimidos. Podemos percorrê-los até o fim e com os propósitos que tínhamos de conferir ao Brasil autonomia econômica, política e cultural. O alcance do que vocês poderão realizar não foi nem será comprometido. Ao contrário, o sentido do processo histórico protege e fortalece os que estão com as verdadeiras causas de nossa época e de nossa civilização. Numa fase em que as definições começam a tornar-se mais claras, extremas e duras no cenário nacional, vocês poderão construir um destino histórico brilhante para a geração a que pertencem. Tudo dependerá da objetividade e da grandeza que vocês revelarem na escolha estratégica dos alvos a serem atingidos e do ânimo com que vocês se empenharem na concretização histórica de tais alvos. Se vocês souberem responder às exigências da situação, nada nem ninguém poderão impedi-los de fazer da sua a primeira geração a não ser empurrada, sob a pressão dos fatos, pela encosta da história. Ou seja, convertê-la na primeira geração brasileira que logrará um mínimo de historicidade na percepção e no domínio do real – condição para se prever os rumos da história e também para submetê-los, onde isso já é possível, à vontade humana.

Peço-lhes que meditem sobre essas palavras, que nascem no fundo da minha consciência. Elas contêm a única homenagem que está ao meu alcance prestar a uma turma de estudantes que se notabilizou por sua conduta valorosa. Desejo que o talento e as outras virtudes que demonstraram encontrem o mais cabal reconhecimento, aproveitamento e recompensa. Que o êxito seja suficientemente grande para encher de júbilo e de orgulho os seus parentes, os seus amigos e os seus professores, que jamais se esquecerão de vocês.

Capítulo VI

Anotações sobre Capitalismo Agrário e Mudança Social no Brasil*

Desde os fins do século XVIII até nossos dias, os estudiosos vêm tentando explicar o significado da economia agrária praticada no Brasil e suas relações com os outros ramos da economia e com a organização da sociedade brasileira. A importância da economia agrária para a acumulação originária de capital e a expansão de um polo econômico moderno, urbano-comercial, já foi exagerada, para em seguida ser subestimada. O "campo", como núcleo da vida social "civilizada", também já foi superestimado, para depois ser esquecido.

O presente capítulo não pretende retomar todos os problemas, esclarecidos ou apenas levantados ao longo de tão extenso debate. Ele possui um intento teórico limitado, propondo-se ventilar certas questões interpretativas de alcance mais geral, que podem lançar luz sobre a natureza do capitalismo agrário, que se constitui no Brasil, e suas influências mais profundas sobre a formação do capitalismo urbano-industrial e da sociedade de classes. Apesar das lacunas ainda existentes, as investigações realizadas nos últimos trinta anos permitem dar esse passo, realmente ousado, que não pretendemos senão sugerir, através das reflexões aqui resumidas.

---

* Trabalho escrito para *Vida rural e mudança social*, organizado por Tamás Szmrecsányi e Oriowaldo Queda e publicado pela Companhia Editora Nacional. O autor e Zahar Editores agradecem a autorização para a reprodução do trabalho neste volume.

Três questões foram selecionadas, para servir de fulcro do debate: natureza do capitalismo agrário brasileiro; capitalismo agrário e formação da sociedade de classes; causas e efeitos da resistência sociopática à mudança social. Nos últimos tempos, firmou-se, também entre nós, uma tendência a abstrair os fatores "rurais" ou "urbanos", considerados em si mesmos uma espécie de causa eficiente de tudo que se passa (ou que poderia acontecer) em nossa evolução histórico-social. No entanto, os processos através dos quais se organizam e se transformam as formações rurais e urbanas – com suas funções econômicas, socioculturais e políticas – são processos derivados e secundários. Eles contam com uma rede própria e específica de causas e efeitos. Mas nada explicam, se não forem observados e interpretados em termos de estruturas e dinamismos inclusivos, macrossociológicos, que condicionam e determinam, inclusive, os ritmos históricos do aparecimento dos processos comunitários ou societários especificamente rurais ou urbanos e os limites dentro dos quais eles chegam a desencadear os grandes processos histórico-sociais, a que se ligam. Não pretendemos ressuscitar a polêmica ultrapassada das relações lógicas entre as sociologias especiais e os modelos explicativos fundamentais da sociologia. Porém, antes que ocorra entre nós o que se verificou nos Estados Unidos, onde os sociólogos retalharam a sociedade nacional para explicá-la aos pedaços e depois não souberam buscar o caminho da síntese, de reconstrução e de explicação do todo como uma realidade complexa, mas concreta e específica, achamos de melhor aviso reafirmar a orientação que nos parece mais correta.

Outra tendência simplificadora logrou penetrar nesse campo de estudos. Usa-se o conceito de capitalismo de modo muito livre e impreciso, tomando-se por suposto que a economia colonial e a produção escravagista exprimem o "capitalismo moderno", sem se procurar saber em que sentido o antigo sistema colonial e o trabalho escravo se relacionam com o desenvolvimento do capitalismo, na Europa e no Brasil. Mesmo autores que se presumem marxistas adotam semelhante procedimento. Estamos longe da precisão dos pioneiros da investigação sociológica do capitalismo na Europa (especialmente de autores como Marx, M. Weber e Sombart) e ainda mais longe do modelo de descrição e de interpretação dialético dos caracteres, formas de persistência e influências construtivas do capitalismo agrário (a respeito do qual o livro de Lênin, sobre O *desenvolvimento do capitalismo na Rússia*, merece ser evocado como exemplar). Se convertermos a noção de capitalismo em uma categoria elástica, ela deixará de ser útil à explicação sociológica. Por mais que possamos desejar o contrário, o capitalismo como *modo* e *sistema* de produção constitui uma manifestação tardia da evolução econômica e histórico-social do Brasil. Ele não estava incubado no antigo sistema colonial, organizado de forma capitalista apenas no nível da mercantilização dos *produtos tropicais*; e ele só se expandiu, realmente, graças à desintegração do sistema de produção escravista. E, quando isso se deu, o capitalismo como modo e sistema de produção irradiou-se da cidade para o campo, através da expansão de uma economia de mercado moderna, que conduzia em seu bojo a transformação do trabalho em mercadoria e a universalização do trabalho livre (ou seja, de uma perspectiva marxista, a universalização da relação social pressuposta pela reprodução da mais-valia relativa).

O que releva destacar, na discussão que empreendemos, não é tanto a debilidade da economia agrária, como fonte de mudanças sociais progressistas ou revolucionárias. Pois a economia agrária, de maneiras diversas em diferentes momentos, sempre operou como matriz ou como suporte de dinamismos econômicos, sociais e políticos que alteraram, em sentido progressivo ou revolucionário, a organização da sociedade brasileira. Devido à posição heteronômica da sociedade brasileira, o que lhe tem faltado, tanto sob o regime de castas e estamentos quanto sob o regime de classes, é vitalidade para reter e reelaborar autonomamente tais dinamismos. As mesmas forças histórico-sociais que privilegiam os estratos possuidores e o desenvolvimento urbano fomentam o monopólio da mudança social (e de seus efeitos construtivos) pelos estratos possuidores e pelos núcleos urbanos dotados de maior viabilidade socioeconômica. Portanto, o desenvolvimento do capitalismo ainda se acha no estágio de satelitização permanente e de espoliação sistemática da economia agrária. Os estratos possuidores rurais se ressentem dessa situação, porque eles extraem de ambos os processos o privilegiamento relativo de sua própria condição econômica, sociocultural e política. O mesmo não sucede com as massas despossuídas rurais, que se veem irremediavelmente compelidas ao pauperismo e condenadas à marginalização, pela existência dessa situação. É nesse nível que se desvendam as iniquidades e a impotência da economia agrária brasileira, uma moenda que destrói, inexoravelmente, os agentes humanos de sua força de trabalho.

1 – O capitalismo agrário brasileiro

Os estudos sobre a economia agrária brasileira são, até hoje, muito lacunosos. Ainda está por fazer-se um levantamento crítico completo das fontes disponíveis para o seu estudo qualitativo e quantitativo. Doutro lado, malgrado os avanços em abordagens parciais, ainda estão por fazer-se estudos sistemáticos sobre a população brasileira, do século XVI aos nossos dias, as formas de trabalho e a evolução do mercado interno. Mesmo autores dos mais competentes trataram (ou tratam) a economia colonial como se ela operasse nas mesmas condições de uma economia de mercado capitalista moderna e caracterizaram (ou caracterizam) o sistema de produção escravista segundo os requisitos de uma economia capitalista avançada. Na verdade, a ideia que está por trás dessa orientação assemelha-se à confusão dos economistas clássicos, tão severamente criticada por Marx. Os processos econômicos são concebidos como se fossem parte de um sistema natural. Descoberto um princípio explicativo, ele teria valor para todos os sistemas econômicos. Acresce que, se tais princípios são válidos para as "economias centrais", entende-se que eles deveriam aplicar-se igualmente às economias periféricas, que absorvem os padrões, as instituições e as técnicas das economias centrais. Contudo, há uma diferença óbvia entre as economias centrais e hegemônicas e as economias periféricas e heteronômicas. Essa diferença consiste em que as segundas são caudatárias das primeiras e se organizam para beneficiar, de uma forma ou de outra, o seu desenvolvimento. Por isso, os vínculos colonial, neocolonial ou de dependência indireta traduzem-se, na prática, por uma inversão da realidade (como se a economia central se reproduzisse na economia periférica ao revés, para alimentar não o seu desenvolvimento, mas o desenvolvimento da economia dominante). Em consequência, a liberdade do agente econômico pode ser postulada e representada pelas mesmas categorias de ação e de pensamento, imperantes na economia central (já que a ideologia de uma sociedade colonial, neocolonial ou dependente, mantidas as condições de heteronomia *normais*, vem a ser a ideologia da sociedade metropolitana). Todavia, o que se concretiza como liberdade efetiva, no plano da ação e do pensamento reais, é a negação da própria liberdade do agente econômico (mesmo que ele seja um agente econômico privilegiado, como sucedeu com o *senhor*, na economia colonial e neocolonial, ou sucede no presente, com o *grande empresário*). A liberdade é contida dentro dos marcos estabelecidos pelos vínculos de heteronomia econômica, através da relação colonial, neocolonial ou de dependência. Ao afirmar-se e ao afirmar seus próprios interesses, o agente econômico realiza as condições que são necessárias à reprodução dos vínculos de heteronomia econômica e acaba tornando-se instrumental para a afirmação dos interesses e da vontade do agente econômico que detém o controle direto ou indireto da relação econômica colonial, neocolonial ou de dependência. Ele conta com uma margem de autorrealização, dentro da qual concretiza seus fins econômicos. Mas essa margem é limitada, porque se define como uma condição para que se reproduza a relação econômica colonial, neocolonial ou de dependência. Portanto, os mesmos princípios de ação e de pensamento econômicos provocam efeitos diversos, conforme se considere a posição e o contexto a partir dos quais atua o agente econômico focalizado. Apesar das diferenças que existem entre as situações de tipo colonial, neocolonial ou de dependência indireta, a liberdade do agente econômico só é idêntica ou análoga à que poderia prevalecer, simetricamente, nas economias centrais, em esferas nas quais a institucionalização das relações econômicas coloniais, neocoloniais ou de dependência tenha alcançado uma padronização tão eficiente do *curso normal* das atividades econômicas, que essas se acabem tornando *conditio sine qua non* do crescimento e do desenvolvimento de uma economia colonial, neocolonial ou dependente. Nesse extremo limite, a ação e o pensamento são neutros com referência à alteração do *status quo* e consumam o tipo de negação da afirmação, que converte o agente econômico privilegiado de uma economia colonial, neocolonial ou dependente em alguém que só pode lograr seus interesses ou fins econômicos em vinculação com outros interesses e fins econômicos, que o transcendem e submetem, de uma ou de outra maneira.

Embora a economia agrária brasileira nunca tenha sido uniforme e seja impossível descobrir uma fórmula válida universalmente para qualquer uma de suas evoluções, ela sempre foi a parte da economia brasileira estrutural e dinamicamente mais afetada pela condição apontada de heteronomia. Os vínculos variaram, ao se passar do estado colonial para o neocolonial, e desse para o de uma economia capitalista dependente. Contudo, no que toca à economia agrária, as transformações na natureza dos vínculos em relação às economias centrais foram menos acentuadas do que se poderia presumir tendo em vista a situação global da economia brasileira, nas diferentes "épocas econômicas". A razão disso repousa em um fato bem conhecido: foram o comércio, a indústria, as finanças e os serviços que mais aproveitaram as sucessivas transformações da natureza dos vínculos econômicos nas relações com as economias centrais. A economia agrária brasileira, mesmo onde ela alcançou especializações consistentes com a evolução interna do capitalismo, nos níveis comercial, industrial ou comercial-industrial, e atingiu tendências persistentes de modernização tecnológica, viu-se contida por um mercado interno que redefiniu "para dentro" o mesmo tipo de vinculação que ela experimentara "para fora". Muitos autores empregam o termo "colonialismo interno" para designar essa modalidade de transição. Pondo-se de lado o valor descritivo e heurístico do conceito, que não pretendemos colocar em discussão aqui, é evidente que ele circunscreve uma realidade inegável. A eclosão, consolidação e expansão de uma economia de mercado especificamente capitalista, nos marcos do desenvolvimento econômico brasileiro, não foi suficiente para imprimir à economia agrária brasileira maior autonomia. No período neocolonial, que vai *grosso modo* da abertura dos portos até a extinção do tráfico e às primeiras leis emancipacionistas, a eclosão de um mercado capitalista moderno não provocou efeitos que modificassem a relação da economia agrária com a ordem econômica interna e com as economias centrais. Porém as evoluções que se iniciaram com a desagregação da economia escravocrata associaram-se a tendências de formação de um mercado de trabalho e de dinamismos econômicos que impunham, a partir de dentro, modelos de relações econômicas que, anteriormente, só se estabeleciam a partir de fora. Aos poucos, surgiram vários tipos de vínculos heteronômicos, através dos quais a economia agrária evolui na direção do capitalismo moderno, mantendo os lados de dependência diante das economias centrais ou criando novos laços de dependência, em face dos focos internos de crescimento econômico urbano-comercial e urbano industrial. Esse processo não desaparece gradualmente, à medida que se obtém maior integração interna da economia de mercado capitalista em expansão. Ao contrário, ele se intensifica, pois a metropolização de algumas grandes cidades e a industrialização do eixo Rio de Janeiro–São Paulo exigiam uma vasta retaguarda econômica. Em termos comparativos, a persistência e a intensificação do processo pode parecer "normal", já que ele se deu na Europa, nos Estados Unidos e no Japão, no contexto da Revolução Industrial. No entanto, embora a tendência estrutural seja normal, as condições em que o processo se manifestou no Brasil são típicas de uma economia capitalista dependente. No conjunto, várias pressões simultâneas operaram no sentido de impedir que a economia agrária se alterasse substancialmente. É que o crescimento dos polos "modernos", urbano-comerciais ou urbano-industriais, passaram a depender, de forma permanente, da captação de excedentes econômicos da economia agrária, organizando-se uma verdadeira drenagem persistente das riquezas produzidas no "campo", em direção das cidades com funções metropolitanas. A revolução urbana condenou, portanto, a revolução agrícola, o que fez com que o capitalismo agrário fosse reduzido, de fato, a um subcapitalismo, destinado a funcionar como força de alimentação, de propulsão e de sustentação dos "polos dinâmicos" da economia interna. O pior é que o nível de desenvolvimento capitalista do sistema de produção urbano-comercial e urbano-industrial não era bastante forte para estabelecer efeitos circulares compensadores. A economia agrária viu-se convertida em bomba de sucção, que transferia para outros setores da economia e da sociedade a maior parte da riquezas que conseguia gerar, sem nunca dispor de meios ou de condições de pleno aproveitamento de suas próprias potencialidades de desenvolvimento econômico.

Esse padrão de articulação econômica não é, em si mesmo, desvantajoso para o setor empresarial e para as elites econômicas. Ao contrário, tal padrão existe, se perpetua e se refina, ao invés de definhar e de desaparecer, porque ele pressupõe o tipo de maximização das vantagens econômicas e o grau de racionalidade, que são procurados, de ponta a ponta do processo, pelos círculos empresariais e pelas elites econômicas (rurais ou urbanas). Na verdade, todos os agentes econômicos privilegiados, qualquer que seja sua posição no espaço econômico e a orientação rural ou urbana de seus negócios, encaram a empresa agrária em termos estreitamente mercantis e possuem interesses econômicos comuns (o que faz com que os empresários rurais tenham papéis econômicos da economia urbana que não nascem das empresas agrárias e, vice-versa, com que os empresários urbanos tenham papéis econômicos na economia agrária que não derivam das empresas urbano-comerciais ou urbano-industriais nem de sua rede de relações comerciais). Essa orientação, no que tange ao empresário rural – a qual muitos descrevem com "egoística" e "predatória" – motiva, no fundo, comportamentos econômicos autodefensivos e autocompensadores. Como a economia global não possui condições para atenuar os riscos ou corrigir os efeitos negativos da *dependência dentro da dependência*, o empresário rural usa as decisões a seu alcance e os papéis econômicos que pode desempenhar no seio da economia urbana (quando não nas economias centrais) graças ao excedente econômico de que dispunha, para converter a economia agrária em um meio para outros fins econômicos. Alternativamente, a empresa rural também preenche a função de ser um meio para outros fins sociais e políticos. Ela não está polarizada em torno do crescimento econômico e do desenvolvimento sociocultural do *campo*: montada para gerar crescimento econômico e desenvolvimento sociocultural *externo*, já é um progresso para a economia global quando essas funções são canalizadas para dentro do país, deixando de ser absorvidas por completo pelas nações hegemônicas.

Não nos cabe discutir e explicar essa situação, nos limites deste trabalho. Ela coloca problemas que merecem a atenção do economista, do historiador e do sociólogo. Não é só a composição do capital e o emprego do excedente econômico que entram em jogo. A própria concepção do *ethos* e do *logos* do capitalismo é posta em causa, de uma perspectiva dissociadora, pois o agente econômico privilegiado procura superar a dependência dentro da dependência. E o faz, seja através dos elementos pré ou subcapitalistas da empresa rural, seja mediante atividades econômicas paralelas, que se situam no âmbito das economias dominantes (o mercado urbano interno ou o mercado internacional). Ao definir-se nesse plano, ele se identifica com interesses, comportamentos e formas de consciência de classe que convertem a dependência em "mal necessário"... e compensador! As duas consequências imediatas das orientações de comportamento indicadas – a subcapitalização da economia agrária e a intensificação do desenvolvimento econômico urbano – são, por conseguinte, vistas por ele como "naturais" e "benéficas". A drenagem do excedente econômico para fora, na direção da "grande cidade" ou do "mercado externo", com a consequente atrofia do padrão de desenvolvimento capitalista da economia agrária, não o perturba. O que poderia perturbá-lo seria a interrupção do processo, que o exporia ao risco de perder as bases materiais de sua própria posição como agente econômico privilegiado, privando-os das "condições ótimas" de acumulação pessoal de excedente econômico.

Por paradoxal que pareça, motivações econômicas puramente capitalistas originam, assim, de modo recorrente, fortes obstáculos à expansão do capitalismo. A questão não é tão simples quanto o seria a de uma "fome maior que a barriga". Para resguardar e fortalecer sua posição, o empresário rural dirige a empresa agrária de tal maneira que a aceleração do crescimento da economia agrária não faz outra coisa senão agravar e intensificar a dependência dentro da dependência. As saídas que parecem ser "mais racionais", "seguras" e as "únicas economicamente viáveis" convertem a economia agrária no mais sólido bastião interno do capitalismo dependente. Não é só a revolução que acaba irremediavelmente condenada. O esvaziamento do capitalismo agrário inclui-se entre os principais fatores da neutralização da revolução burguesa e do impasse da revolução nacional, nos países de capitalismo dependente. Dentro de seus quadros "normais", a autonomização do desenvolvimento econômico, sociocultural e político torna-se impraticável. Doutro lado, à mesma situação se prende a um padrão de crescimento da economia agrária que engendra políticas econômicas estreitas, em todos os níveis possíveis (no da ação direta dos empresários e de suas associações de "classe" ou no da intervenção estatal, induzida pelos interesses empresariais), sistematicamente voltadas para a mercantilização dos produtos (e não para as condições de aceleração da produção capitalista na economia agrária e de sua rápida absorção pelo mercado interno).

Tais políticas econômicas, implícitas ou explícitas, se associam a três tendências persistentes de solapamento dos dinamismos capitalistas da economia agrária. Primeiro, a tendência a bloquear a transformação cultural da própria economia agrária. Essa tendência se relaciona com dois processos concomitantes. De um lado, ainda prevalece, apesar do constante progresso da penetração do capitalismo no campo, a dissociação entre as formas de produção e as formas de comercialização dos produtos agrários. Enquanto as primeiras são variavelmente capitalistas, pré-capitalistas ou subcapitalistas, as últimas são, em regra, capitalistas. Daí resulta que os agentes econômicos privilegiados, que detêm o controle dos processos econômicos no campo, identificam-se com o capitalismo comercial e se interessam, realmente, pela mercantilização dos produtos. De outro lado, a hegemonia do polo econômico urbano-comercial ou urbano-industrial traduz-se pela persistente intensificação do desenvolvimento capitalista nas cidades. Isso se dá somente a expensas da economia agrária. Mas em condições reflexas que restringem seriamente o interesse das elites econômicas pela relação entre o desenvolvimento econômico global e a infra-estrutura de uma economia capitalista, integrada em escala nacional. O volume e as potencialidades do mercado interno são tão negligenciadas quanto as formas genuinamente capitalistas de produção agrária. Segundo, a tendência da economia agrária de reproduzir formas pré-capitalistas ou subcapitalistas de exploração do trabalho, projetando as relações de trabalho para fora do mercado interno ou deprimindo severamente o valor do trabalho assalariado, frequentemente tratado como "trabalho semilivre". Os diferentes mecanismos ou artifícios, através dos quais esse objetivo é atingido, são mal conhecidos. O que se sabe, porém, é suficiente para se afirmar que a referida tendência é parte de uma defesa sistemática e consciente da ênfase na mercantilização dos produtos, à qual corresponde uma resistência sistemática, também consciente, à extensão do mercado interno sequer às principais relações de trabalho da economia agrária (o que se converteria em um fator irresistível de transformação estrutural da economia agrária, dentro de padrões puramente capitalistas). A terceira tendência aparece como um processo derivado das outras duas, já descritas. É claro que a ênfase deliberada, direta e indireta, na mercantilização dos produtos agrários e a preferência por formas pré-capitalistas de exploração do trabalho na economia agrária redundam em atrofiamento crônico da intensidade do desenvolvimento capitalista no campo. Dados a abundância relativa de terras mais ou menos férteis, a facilidade de usos econômicos alternativos dos recursos naturais, a pressão de populações volumosas em busca de mera subsistência através do trabalho etc., e o padrão de articulação dos dois polos internos de uma economia capitalista dependente, é natural que o subdesenvolvimento restrinja o interesse dos agentes econômicos privilegiados e das elites econômicas por formas de produção agrária puramente capitalistas. Se procedessem de outro modo, estariam concorrendo para financiar a revolução da economia agrária, através de algum modelo de desenvolvimento capitalista programado (e não apenas intensificando suas probabilidades de acumulação originária de capital à custa dos setores despossuídos e assalariados).

2 – Capitalismo agrário e formação da sociedade de classes

Esse tipo de economia agrária, que retira seu teor capitalista mais dos mecanismos de mercantilização dos produtos que das formas de organização da produção e da mercantilização do trabalho, tem sido, não obstante, um dos eixos estruturais e dinâmicos da formação da sociedade de classes no Brasil. Incapaz de gerar um padrão de desenvolvimento capitalista mais complexo no campo, a referida economia contribuiu para expandir tal padrão de desenvolvimento no meio urbano. É preciso que se entenda que não há nada de contraditório em tal afirmação. A transição neocolonial fixou certos polos urbano-comerciais como verdadeiros núcleos de mediação interna entre a economia brasileira e as economias centrais. A expansão posterior da economia de mercado capitalista consolidou essas funções mediadoras dos centros urbanos, ao mesmo tempo que deu origem a uma nova relação hegemônica da cidade com o campo. Os efeitos de ambos os processos foram convergentes: as cidades dotadas de maior vitalidade de crescimento econômico associaram-se às nações hegemônicas na apropriação do excedente econômico, gerado pela economia agrária.

Na descrição desse processo é costume praticarem-se vários erros interpretativos. Um deles consiste em datar as ocorrências com atraso considerável. O predomínio urbano latente inicia-se, irreversivelmente, já no período da transição neocolonial (quando ainda parecia que a predominância do campo sobre a cidade não fora afetada pela emancipação política e pela constituição de um Estado nacional. O que prevalecia, nesse novo contexto histórico-social, não era a economia agrária propriamente dita, mas os interesses econômicos, sociais e políticos da aristocracia agrária, o que era coisa bem diferente). Outro erro é antes uma limitação de óptica. O processo apontado é reduzido a uma relação polar, de sentido único, entre "campo" e "cidade". Por isso, tende a ser avaliado quantitativamente, pelo volume de riquezas que a última absorvera do primeiro (como se diz comumente: o café alimentou o crescimento urbano). Esse efeito existe, mas o processo é muito mais complexo, amplo e contínuo. A cidade se transformou em contexto da economia agrária, impondo assim ao campo seus interesses econômicos, juntamente com os seus ritmos histórico-sociais e o seu estilo de vida. Por fim, há um terceiro erro, que é mais de negligência. O valor estrutural e dinâmico da economia agrária se altera em função das transformações da cidade. À medida que esta se reorganiza, pela eclosão e expansão de um mercado capitalista moderno e das implicações de suas funções sobre a divisão social do trabalho, se ela não contribui para modificar as formas de produção agrária, pelo menos amplia e intensifica a retenção interna de parcelas crescentes de excedente econômico. O caráter dependente da economia brasileira impediu que essa evolução engendrasse um padrão autossustentado e autopropelido de desenvolvimento econômico. Não obstante, malgrado a influência que a concentração urbana da renda e do crescimento econômico tiveram sobre a persistência dos nexos de dependência em relação ao exterior e, em consequência, do subdesenvolvimento, a retenção de parcelas crescentes do excedente econômico é fundamental para a explicação da emergência de uma economia nacional capitalista, embora dependente. À medida que a cidade se consolida como um contexto econômico mais consistente para o desenvolvimento capitalista, mudam as funções econômicas, socioculturais e políticas da economia agrária, em relação ao desenvolvimento capitalista interno. Para se entender isso, basta comparar-se o destino do excedente econômico gerado pelos engenhos de açúcar e pelas fazendas de café. É verdade que a cidade se beneficiou desse processo, vitimizando o campo. Todavia, o desequilíbrio não nasceu de uma imposição da economia urbana *contra* a economia agrária. Ele frutificou como subproduto da hegemonia econômica externa: desaparecido o antigo sistema colonial, as economias centrais dependiam da ingerência mediadora do setor urbano-comercial. Sem esse desequilíbrio, portanto, a economia brasileira estaria condenada não ao capitalismo dependente, mas à regressão ao colonialismo puro e simples. Potencializando em novas bases as funções da economia agrária para o crescimento do setor urbano-comercial (e urbano-industrial, logo a seguir), as cidades estabeleceram um novo tipo de relação entre aquela economia e o desenvolvimento capitalista interno.

À luz de tais considerações, cumpriria destacar pelo menos três influências socioeconômicas mais decisivas da economia agrária. Essas influências são estruturais; por isso, elas se repetem ao longo da história e do desdobramento das situações socioeconômicas. Elas transparecem fracamente no primeiro impacto modernizador, ligado à eclosão do mercado capitalista moderno, no período de transição neocolonial. Evidenciam-se com maior força e clareza na evolução posterior, que fez do Rio de Janeiro a primeira cidade francamente moderna do Brasil. E atingem o clímax graças à conjugação da produção e exportação de café com a expansão urbano-industrial de São Paulo. Por fim, generalizam-se, vinculando toda cidade brasileira de algum porte ao seu *hinterland*.

A primeira influência é direta. Privado de outras fontes de expropriação de riquezas, o Brasil dependeu e ainda depende da economia agrária como recurso ou técnica de acumulação originária de capital. Assim, as parcelas de excedente econômico, que se transferem do campo para a cidade e são nela retidas, servem de base material para a reprodução de sociedades urbanas em mudança, com seu mercado capitalista moderno, com suas tendências à intensificação da divisão do trabalho, de diferenciação e de integração do trabalho assalariado etc. Portanto, quer a expansão se dê em sentido urbano-comercial, quer ela se opere em sentido urbano-comercial, o resultado é uma evolução econômica mais complexa, que refine constantemente as bases do desenvolvimento interno do capitalismo. Embora não tenha causado por si mesma tal evolução nem possa suportar as dimensões que assumiu recentemente, sob a grande empresa industrial, a economia agrária inclui-se entre os fatores que a tornaram possível e lhe imprimiram continuidade. Dessa perspectiva, para que o capital possa reproduzir na economia urbana o trabalhador assalariado, é necessário que exista na economia agrária o capital que reproduz o trabalhador semilivre. Do mesmo modo, o despossuído, que não logra sequer a proletarização na economia agrária, está na raiz das possibilidades de trabalho assalariado do operário urbano.

A segunda influência é indireta. O horizonte cultural requerido pelo capitalismo exige uma certa orientação da mentalidade e do comportamento econômico. O senhor de engenho, por exemplo, podia praticar o entesouramento, mas tinha escassas possibilidades de convertê-lo em um dinamismo econômico criador, durável e institucionalizável. No entanto, no contexto da eclosão de uma economia de mercado capitalista moderna e sob crescente engolfamento do mesmo senhor de engenho em papéis econômicos, sociais e políticos polarizados no setor urbano, o entesouramento converteu-se em trampolim para o aparecimento do homem de negócios. Esse processo é ainda mais nítido quando se considera o fazendeiro de café e como ele usava suas fortunas no Rio de Janeiro ou em São Paulo (e em outras cidades do interior paulista). Da mesma maneira, diferentes tipos de homens livres pobres praticaram a poupança com alvos econômicos mais ou menos ambiciosos, percebidos com certa clareza, mas difíceis de concretizar. Todavia, os imigrantes que "tentaram a sorte no Brasil", como semiassalariados ou como assalariados, puderam fazer da poupança um meio de ajustamento econômico ativo e encontraram oportunidades mais consistentes de conduzi-las aos fins econômicos que tinham em mira. Nos dois exemplos, o que cumpre levar em conta é o aparecimento de uma conexão específica, que convertia o entesouramento ou a poupança em elemento de acumulação capitalista. A base material dessa conexão repousava nas probabilidades que os mencionados agentes econômicos tinham de participar do excedente econômico apropriado diretamente na economia agrária; sua base psicossocial procedia das oportunidades abertas pelo crescimento econômico, graças à reorganização do mercado interno e à expansão da economia urbano-comercial (e, em algumas circunstâncias, urbano-industrial). A ação econômica tornava-se especificamente capitalista, orientando-se para "ganhar mais e mais dinheiro" e para a "aquisição como o último fim desta vida". Poder-se-ia dizer que, sem o novo contexto econômico, institucional e psicossocial, criado pela eclosão do mercado capitalista moderno e a expansão da economia urbana, essa conexão não aparecia. Porém, não é menos verdadeiro que, sem que ela aparecesse e se cristalizasse, repetindo-se inúmeras vezes, o capitalismo também não se converteria em uma realidade histórica. Essa conexão constitui, de fato, a principal mola da "passagem da economia mercantil dos produtos à força de trabalho" e o patamar mais precoce do desencadeamento da *revolução burguesa*, como um processo estrutural. Sob esse aspecto, a economia agrária serviu de suporte tanto para a diferenciação dos papéis econômicos dos seus agentes em condições de praticar, de algum modo, a apropriação do excedente econômico que ela gerava, quanto para a diferenciação das funções do capital comercial e do mercado interno. Por isso, os principais representantes desse momento da revolução burguesa no Brasil ou tinham uma posição destacada na economia agrária ou possuíam fortunas de origem rural mais ou menos recente. Ao assumir novos papéis e funções na economia urbana, evidenciavam a contribuição da economia agrária para a diferenciação e a reorganização do sistema econômico como um todo.

A terceira influência relaciona-se com a própria estratificação do meio rural. É sabido que a expansão de formas de produção capitalista processa-se com maior lentidão no campo que na cidade. Em consequência, na economia agrária coexistem, durante maiores períodos de tempo, formas capitalistas de mercantilização com formas pré ou subcapitalistas e formas capitalistas de produção. Essa coexistência não é ocasional mas necessária na situação descrita. A drenagem de grandes partes do excedente econômico pela economia agrária "para fora" – para o exterior e para os polos urbano-industriais da economia interna – combinada à dinamização das potencialidades mais criadoras da economia agrária, a partir dos centros urbanos, redundam no empobrecimento do impacto estrutural e dinâmico dessa economia sobre a organização e a diferenciação do seu próprio meio social. Somente os agentes econômicos em condições de participar, de um modo ou de outro, do excedente econômico gerado pela economia agrária, e de vender o trabalho como mercadoria (portanto, em condições de participar de formas semicapitalistas ou capitalistas de produção agrária) são afetados no meio rural, pelas funções classificadoras do mercado interno e pelas funções estratificadoras dos modos vigentes.

Nessa ordem de cogitações, três categorias de indivíduos ou de grupos de indivíduos viam-se inseridas no processo de formação de classes sociais através das estruturas e dinamismos da economia agrária. Primeiro, os agentes econômicos privilegiados, que realizavam diretamente a expropriação capitalista (através da combinação das relações de mercado com as relações de produção, capitalistas ou não). Segundo, os agentes econômicos semilivres ou livres, assalariados ou não, mas que podiam comercializar o excedente da produção doméstica e empregar a poupança como técnica de competição puramente econômica e como mecanismo de mobilidade socioeconômica. Terceiro, os semiassalariados que, mesmo reduzidos à pobreza como condição permanente, conseguiam transformar o trabalho em mercadoria, através das relações de mercado. Dadas a diferenciação do sistema ocupacional na empresa agrária e, principalmente, as vinculações e sobreposições da economia agrária, em vários níveis, com as formações urbanas no meio rural, esta última fonte de classificação social tornou-se deveras importante. A ela se prende a emergência e o crescimento de estratos sociais do meio rural que se classificam em várias posições da "classe baixa" e de uma "classe intermediária" mais ou menos ambígua. No entanto, a maior massa da população, ligada pelo trabalho à economia agrária, ficava (e ainda fica) parcial ou totalmente excluída das probabilidades de classificação e de participação, abertas pela mercantilização do trabalho. Somente nas poucas zonas nas quais a interpenetração dos polos urbano-comerciais e urbano-industriais com os polos agrários, agrário-comerciais e agrário-industriais foi (ou é) mais intensa e consistente, o mercado interno e os modos de produção integram os agentes de trabalho das empresas agrárias à ordem econômica, social e política forjada através do desenvolvimento do capitalismo. Portanto, a dependência dentro da dependência dá origem a uma estratificação social típica no meio imediato da economia agrária, da qual as maiores vítimas são os despossuídos e os agentes da força de trabalho, que vivem dentro das fronteiras do capitalismo, mas fora de sua rede de compensações e de garantias sociais. Esses setores, no caso brasileiro, atingem por vezes de 50 a 70 por cento ou mais das populações rurais, formando maiorias que continuam destituídas sob o regime capitalista, que não lhes oferece condições econômicas, socioculturais, psicológicas e políticas de uma classe social. Constituem o vasto contingente dos *condenados do sistema*, os segmentos da população brasileira que suportam os maiores sacrifícios, decorrentes dos custos diretos ou indiretos da existência de uma sociedade de classes e da prosperidade urbana, mas que são ignorados na partilha dos benefícios da "civilização" e do "progresso".

3 – Causas e efeitos da resistência sociopática à mudança

A existência, a continuidade e mesmo o agravamento (em algumas regiões) desse padrão de estratificação representam o mais grave dilema social brasileiro. Ele não possui o mesmo significado em todas as partes ou localidades, mas é suficientemente geral para cobrir todo o território nacional e para existir mesmo nas zonas ou áreas rurais "mais prósperas". Vastas proporções da população brasileira, vinculadas à economia agrária, veem-se permanentemente dissociadas da ordem social competitiva ou dela participam de forma esporádica, segmentária e superficial. Tudo se passa como se o desenvolvimento capitalista apenas tivesse vigência em algumas partes da sociedade nacional, precisando excluir e sacrificar as demais, para ter viabilidade e expandir-se. Não há a menor dúvida de que essa situação acarreta a existência de tensões latentes e abertas nos setores mais sacrificados do mundo agrário; também não há a menor dúvida de que essas tensões não podem ser enfrentadas e resolvidas socialmente "dentro da ordem", porque o desenvolvimento capitalista não é suficientemente extenso e profundo para universalizar as funções classificadoras do mercado interno e as funções estratificadoras do sistema vigente de produção capitalista. Estamos, por conseguinte, diante de uma situação na qual o capitalismo revela-se estrutural e historicamente incapaz de superar as contradições que são criadas pela maneira através da qual ele se manifesta e se expande concretamente. Os setores socialmente privilegiados ou apenas integrados (ainda que de forma parcial ou marginal) podem mobilizar todos ou alguns interesses de classes e também podem usar, de um modo ou de outro, a ordem social competitiva, para se protegerem ou para melhorarem suas posições de classe. Isso é verdadeiro com referência aos setores de classe alta e média; e apenas em um sentido muito relativo com referência aos assalariados que se encontram na fímbria dos entrosamentos das economias agrárias com as economias urbano-comerciais e urbano-industriais. Os demais setores, que constituem a grande maioria das populações rurais, incorporadas direta ou indiretamente às economias agrárias, não possuem qualquer probabilidade de utilizar a ordem social competitiva para resguardarem seus interesses, lograrem situações de classe definidas e aumentarem as condições favoráveis de participação no mercado interno e na sociedade nacional. A ordem social competitiva está praticamente "morta" para esses setores, no que tange a processos de suas relações positivas com as funções classificadoras do mercado interno e com as funções estratificadoras do sistema de produção capitalista. O mesmo não ocorre, porém, com os processos de suas relações negativas com as mesmas funções através dos quais eles são permanentemente esbulhados e excluídos ou marginalizados socialmente. Sob este aspecto, para tais setores não existe nenhuma probabilidade nem de "justiça social" nem de "revolução social" *dentro da ordem*. O único caminho, que se abre na direção da integração, é um caminho penoso, que passa pela crise da economia agrária, sua desagregação e lenta reorganização, e se concretiza através das migrações internas. Estas estabelecem, de fato, novas pontes com os polos "modernos" ou "prósperos", convertendo a mobilidade espacial e socioeconômica em uma técnica de redefinição das posições e das situações de classe, ao alcance dos condenados do sistema. Unem-se, assim, a fuga do meio rural, a desagregação de formas mais ou menos arcaicas de economia agrária e os dramas coletivos nas áreas de concentração demográfica com as reais ou falsas esperanças de conquista de um lugar dignificante na torrente histórica.

Isso significa que as populações rurais despossuídas e pobres sofrem o desenvolvimento capitalista como uma espécie de hecatombe social. Ele não lhes dá, como ponto de partida, vias normais de combate à marginalização, ao desemprego e à miséria, através de técnicas de classificação social, de competição ou de conflito que são inerentes ao regime capitalista e reconhecidamente legítimas dentro da ordem legal e política, que ele institucionaliza. Ao contrário, os setores privilegiados ou participantes (em algum grau) do meio rural e do meio urbano empregam tais técnicas: 1º) para proteger (de forma particularista) seus interesses socioeconômicos, culturais e políticos, e para aumentar (também de forma particularista) suas vantagens relativas dentro da ordem social competitiva; 2º) para impedir (de forma deliberada) que as populações marginais ou excluídas melhorem sua participação relativa, através das economias agrárias, ou desencadeiem pressões que imponham, por vias pacíficas ou violentas, mudanças sociais do tipo "revolução dentro da ordem" (já que, em tais condições, não existe espaço político para a solução alternativa, da "revolução contra ordem"). No fundo, porém, a inércia política é mais aparente que real. Existe apatia e acomodação passiva, produtos da desmoralização coletiva e de uma ordem de transição ultrarrepressiva, entre os condenados do sistema. Os que manejam esta ordem de transição, a partir do meio rural, do meio urbano e das posições de controle policial-militar e legal do aparato estatal, encontram-se em atividade política constante, de modo efervescente e eficaz, empregando suas probabilidades de poder e de dominação nas duas direções apontadas. Essa atividade, tanto nos níveis socioeconômico e cultural quanto no nível político, é dissimulada e quase invisível, especialmente no que se refere aos setores urbanos e aos que atuam através do aparato estatal. Ela se esconde atrás de propósitos tidos como de "preservação da paz social" ou de "aceleração do desenvolvimento econômico". O mesmo não sucede (nem poderia suceder) com os setores mais ou menos privilegiados das economias agrárias (e de seus desdobramentos agrário-comerciais e agrário-industriais). A "defesa da ordem", para esses setores, envolve o desmascaramento aberto e o uso indissimulável da violência (mesmo quando ela é apontada como tendo em mira "beneficiar" os que não entendem o que estão fazendo). Isso se dá porque os referidos setores não podem manipular seus meios de controle social indireto ou de repressão mantendo-se dentro dos limites de proteção pura e simples das fontes de seu privilegiamento socioeconômico, cultural e político. Eles precisam ir além, pois têm que impedir que as infraestruturas pré ou subcapitalista se esboroem, arruinando assim as bases materiais do tipo de comunicação capitalista que realizam. Para eles, portanto, a situação é de permanente conflito e de luta política, embora o sentido desse conflito e dessa luta seja negativo (impedir que as populações despossuídas e pobres do meio rural ganhem condições para impor formas genuinamente capitalistas de mercantilização do trabalho e de produção nas economias agrárias).

Esse é o aspecto crucial do dilema rural brasileiro. A revolução do mundo agrário – mesmo em sentido puramente capitalista e "dentro da ordem" – não esbarra só na chamada "inação das elites econômicas, culturais e políticas". Ela é bloqueada por uma verdadeira muralha que nasce dos interesses dessas elites em manter o *status quo* e dos interesses mais específicos dos setores privilegiados do meio rural, efetivamente empenhados na reprodução social do trabalho que de todo não chega a transformar-se em mercadoria ou que somente chega a transformar-se numa mercadoria extremamente depreciada. Nessas condições, torna-se impossível qualquer modalidade de revolução agrícola ou de "reforma agrária" e, o que é pior, são os estratos "mais modernos", "ativos" e "influentes" da economia agrária que encabeçam a cruzada contra qualquer mudança, que possa alterar a "estrutura da situação" ou simplesmente ameaçar o seu poder de decisão e de dominação. Daí resultam modalidades seletivas e refinadas de resistência à mudança, que são "racionais" e "inteligentes" em um sentido puramente egoístico e particularista, mas que são sociopáticas do ponto de vista das camadas sociais prejudicadas, da eficácia e universalidade de um padrão capitalista dinâmico de desenvolvimento econômico e do equilíbrio de crescimento da sociedade nacional como um todo. No plano imediatista em que se colocam, os setores privilegiados do mundo rural negligenciam essas consequências, com suas implicações mais ou menos complexas. O que lhes interessa, exclusivamente, é anular ou restringir ritmos rápidos e incontroláveis de absorção das economias agrárias por formas de crescimento ou de desenvolvimento especificamente capitalistas, que tolham ou anulem sua faculdade de sobrepor-se às funções "normais" do mercado interno e dos modos de produção. Por paradoxal que pareça, as "forças da ordem" e de "defesa da paz social" identificam-se, na realidade, com a sobrevivência indefinida de iniquidades econômicas, sociais e políticas que são incompatíveis com o "capitalismo maduro".

À luz dessas considerações, dois pontos merecem ser postos em relevo. De um lado, a modernização da economia agrária não é, em si e por si mesma, um fator de mudança estrutural da situação ou de superação efetiva das iniquidades socioeconômicas, culturais e políticas. Com frequência, ela se opera sem afetar profundamente a concentração social da renda e do poder. Em países como o Brasil, nos quais não há nenhuma *tradição democrática*, ela pode ser manipulada de maneira a incrementar as desigualdades existentes e a aumentar a eficácia dos controles sociais diretos ou indiretos, manejados pelos setores privilegiados do meio rural. O medo pânico desses setores diante da mudança social "estrutural", "rápida" ou supostamente "incontrolável", levou-os a neutralizar socialmente os tipos de modernização a que precisam recorrer e que podem ser compatibilizados com o grau de "racionalidade capitalista", que estão dispostos a fomentar. Em consequência, as massas rurais despossuídas estão entre dois fogos: sofrem por perderem as poucas garantias sociais inerentes aos padrões de relações tradicionalistas e paternalistas, em crise; e sofrem por não saberem como impor o respeito às garantias sociais inerentes aos padrões de relações seculares e racionais, em emergência. Doutro lado, a espécie de mudança social, que encontra a oposição mais obstinada dos círculos sociais privilegiados do meio rural, é a que poderia afetar a estrutura da economia, da sociedade e do poder. Na verdade, as formas extremas de desigualdade socioeconômica, cultural e política, imperantes no mundo agrário brasileiro, constituem requisitos *sine qua non* para a reprodução social do trabalho não pago, semipago ou pago de modo ultradepreciado. Tocar nas condições que dão continuidade inexorável a desigualdades tão extremas e chocantes seria o mesmo que destruir a viabilidade de economias agrárias que não conseguem mercantilizar a força de trabalho, incorporando-se totalmente ao mercado interno. Dessa perspectiva, o dilema rural brasileiro não se reduz apenas, como muitos pensam, a questões de ordem econômica e técnica. Ele implica e impõe um desafio social em termos especificamente políticos. As economias agrárias se defrontam com um círculo vicioso, do qual só poderão sair superando esse dilema: ou mediante soluções capitalistas, através da absorção do padrão de desenvolvimento imperante no polo urbano-industrial (alternativa da "revolução dentro da ordem"), ou mediante soluções socialistas, absorvendo um novo padrão de desenvolvimento capaz de quebrar o impasse levantado pelas funções desempenhadas pela desigualdade socioeconômica na perpetuação do *status quo* (alternativa da "revolução contra a ordem"). Essas duas vias se opõem frontalmente entre si, de uma forma bem conhecida. Em um sentido pleno, só a segunda é propriamente revolucionária, já que a primeira acarretaria, no plano da sociedade nacional, a consolidação e a universalização da ordem socioeconômica existente. Não obstante, mesmo ela exige a "revolução agrícola", como ponto de partida; e pressupõe a ruptura, não só com a dependência dentro da dependência, mas com o próprio capitalismo dependente. Parece que, enquanto este persistir, a mera modernização das economias agrárias não provocará nem a completa integração do mercado interno nem a homogeneização relativa do desenvolvimento capitalista da economia brasileira como um todo. Pois, no fundo, é ele que gera o caráter subcapitalista das empresas agrárias, condenando-as a ser a maior reserva de injustiças, de tensões e de contradições da sociedade brasileira.

Bibliografia de referência selecionada

ACIOLI BORGES, T. P. "A estrutura agrária do estado de São Paulo", *Anais do I Congresso Brasileiro de Sociologia*, São Paulo, Sociedade Brasileira de Sociologia, 1955.

ALBERSHEIM, U. *Uma comunidade teuto-brasileira (Jarim)*. Rio de Janeiro, Centro Brasileiro de Pesquisas Educacionais, 1962.

ALTENFELDER SILVA, F. *Análise comparativa de alguns aspectos da estrutura social de duas comunidades do Vale do São Francisco*. Curitiba, publicações dos Arquivos do Museu Paranaense, 1955.

AMARAL, L. *História geral da agricultura brasileira no tríplice aspecto político, social e econômico*. São Paulo, Companhia Editora Nacional, 1940, 3 vols.

ANDRADE, M. CORRÊA de. *A terra e o homem no Nordeste*. São Paulo, Brasiliense, 1963.

AZEVEDO, F. de. *Um trem corre para o Oeste*. São Paulo, Livraria Martins Editora, 1950; *Canaviais e engenhos na vida política do Brasil*. Rio de Janeiro, Instituto do Açúcar e do Álcool, 1948; *A cultura brasileira*. 2ª ed., São Paulo, Companhia Editora Nacional, 1944 (I Parte).

BASTIDE, R. e FERNANDES, F. *Brancos e negros em São Paulo*. 2ª ed., São Paulo, Companhia Editora Nacional, 1959 (caps. I e II).

BERNARDES, N. "Características gerais da agricultura brasileira em meados do século XX", *Revista Brasileira de Geografia e Estatística*, Rio de Janeiro, ano XXIII, nº 2, abr.-jun. 1961, p. 363-419.

BORGES SCHMIDT, C. *Lavoura caiçara*. Rio de Janeiro, Ministério da Agricultura, 1959; *O meio rural*. 2ª ed., São Paulo, Secretaria da Agricultura, 1946.

BUARQUE DE HOLANDA, S. et al. *História geral da civilização brasileira*. São Paulo, Difusão Europeia do Livro, 1960-1964 (publicados: 5 vols.).

CAMARGO, J. F. de *Êxodo rural no Brasil*. São Paulo, Faculdade de Ciências Econômicas da USP, 1957; *Crescimento da população de São Paulo e seus aspectos econômicos*. São Paulo, Faculdade de Filosofia, Ciências e Letras da Universidade de São Paulo, 1952, 3 vols.

CANDIDO, Antonio. *Os parceiros do rio Bonito*. Rio de Janeiro, Livraria José Olympio Editora, 1964.

CARDOSO, F. H. *Capitalismo e escravidão no Brasil meridional*. São Paulo, Difusão Europeia do Livro, 1962; "Tensões sociais no campo e reforma agrária", *Revista Brasileira de Estudos Políticos*, nº 12, 1961, p. 214-24.

CARVALHO FRANCO, M. S. *Homens livres na ordem escravocrata*. São Paulo, Instituto de Estudos Brasileiros da Universidade de São Paulo, 1969.

CEPAL. Boletín Económico de America Latina, XII-2, p. 152-75, 1962. "La distribuición del ingreso en América Latina".

CONFEDERAÇÃO NACIONAL DE INDÚSTRIAS: *Anais do Seminário para o Desenvolvimento do Nordeste*, Rio de Janeiro, 1959, 2 vols.

COSTA EDUARDO, O. da. *The negro in the northen Brazil: a study in acculturation*. Seattle, University of Washington Press, 1948.

COSTA PINTO, L. A. *Sociologia e desenvolvimento*. Rio de Janeiro, Civilização Brasileira, 1963.

COUTY, L. *Le Brésil en 1884*. Rio de Janeiro, Faro & Lino Editeurs, 1884; *L'Esclavage au Brésil*. Paris, Librairie de Guillaumin et Cie., 1881.

CRUZ, L. *As migrações para o Recife: caracterização social*. Recife, Instituto Joaquim Nabuco de Pesquisa Social, 1961.

DELFIM NETTO, A. *O problema do café no Brasil*. São Paulo, Faculdade de Ciências Econômicas e Administrativas, Universidade de São Paulo, 1959.

DIEGUES JR., M. *Imigração, urbanização, industrialização*. Rio de Janeiro, Centro Brasileiro de Pesquisas Educacionais, 1964; *Regiões culturais do Brasil*. Rio de Janeiro, Centro Brasileiro de Pesquisas Educacionais, 1960.

DUARTE, N. *A ordem privada e a organização política nacional*. 2ª ed., São Paulo, Companhia Editora Nacional, 1966.

DURHAN, E. RIBEIRO. *Migração, trabalho e família, aspectos do processo de integração do trabalhador de origem rural à sociedade urbano-industrial*. São Paulo, Faculdade de Filosofia, Ciências e Letras da Universidade de São Paulo, 1966 (ed. mimeo.); *Assimilação e mobilidade: a história do imigrante italiano num município paulista*. São Paulo, Instituto de Estudos Brasileiros da Universidade de São Paulo, 1966.

FAORO, R. *Os donos do poder, formação do patronato político brasileiro*. Porto Alegre, Globo, 1958.

FERNANDES, F. "Patterns of external domination in Latin America", em F. Fernandes, *The Latin American in residence lectures*, Toronto, University of Toronto, 1969-1970, p. 3-23; *A integração do negro na sociedade de classes*. São Paulo, Dominus/Edusp, 1965, vol. 1, cap. 1; *Sociedade de classes e subdesenvolvimento*. Rio de Janeiro, Zahar Editores, 1968; *Ensaio sobre a revolução burguesa no Brasil* (em Ms. 1964).

FRANK, A. GUNDER. *Capitalism and underdevelopment in Latin America: historical studies of Chile and Brazil*. Nova York, Monthly Review Press, 1967; "Agricultura brasileira: capitalismo e o mito do feudalismo", *Revista Brasiliense*, São Paulo, nº 51, 1964, p. 45-70.

FREYRE, G. *Casa-grande & senzala*. 9ª ed., Rio de Janeiro, Livraria José Olympio Editora, 1958. 2 vols.; *Sobrados e mucambos*. 2ª ed., Rio de Janeiro, Livraria José Olympio Editora, 1951, 3 vols.

Fundação-Escola de Sociologia e Política de São Paulo, *Sociologia*, vol. XXIV, nº 4, dez. 1962.

FURTADO, C. *Formação econômica do Brasil*. Rio de Janeiro, Fundo de Cultura, 1959; *A pré-revolução brasileira*. Rio de Janeiro, Fundo de Cultura, 1962; "Obstáculos políticos ao crescimento econômico no Brasil", *Revista Civilização Brasileira*, Rio de Janeiro, nº 1, 1965, p. 129-45.

GNACCARINI, J. S. APRILANTI. *Formação da empresa e relações de trabalho no Brasil rural*. Faculdade de Filosofia, Ciências e Letras da Universidade de São Paulo, 1966 (Ms.); "A empresa capitalista no campo", *Revista Brasiliense*, São Paulo, nº 44, 1962, p. 68-75.

GONÇALVES, J. CAROLINO. *As migrações para o Recife: aspectos do crescimento urbano*. Recife, Instituto Joaquim Nabuco de Pesquisa Social, 1961.

HADDAD, P. R. "A economia mineira", *Revista Brasileira de Ciências Sociais*, Belo Horizonte, IV-2, 1966, p. 117-53.

HARRIS, M. *Town and country in Brazil*. Nova York, Columbia University Press, 1956.

HERRMANN, L. "Evolução da estrutura social de Guaratinguetá num período de trezentos anos". São Paulo, Edição da *Revista de Administração* da Universidade de São Paulo, 1948.

HIRSCHMAN, A. O. *Política econômica na América Latina*. Trad. de C. W. de Aguiar e J. A. Fortes. Rio de Janeiro, Fundo de Cultura, 1965.

HUTCHINSON, H. W. *Village and plantation life in Northeastern Brazil*. Seattle, University of Washington Press, 1957; "Comunidades e fazendas", *Sociologia*, São Paulo, XX-2, 1958, p. 204-21.

IANNI, O. *O colapso do populismo*. Rio de Janeiro, Civilização Brasileira; *Raça e classes sociais no Brasil*. Rio de Janeiro, Civilização Brasileira, 1966; *Industrialização e desenvolvimento econômico no Brasil*. Rio de Janeiro, Civilização Brasileira, 1963; *As metamorfoses do escravo*. São Paulo, Difusão Europeia do Livro, 1962.

Instituto de Economia da "Fundação Mauá". *Migração internas*, 1952 (ed. mimeo.)

JAGUARIBE, H. *Desenvolvimento econômico e desenvolvimento político*. Rio de Janeiro, Fundo de Cultura, 1962.

LAGENEST, H. D. Barruel de. *Marabá: cidade do diamante e da castanha*. São Paulo, Anhembi, 1958.

LAMBERT, J. *Le Brésil: structure sociale et institutions politiques*. Paris, Librairie Armand Colin, 1953.

LEAL, V. Nunes. *Coronelismo, enxada e voto*. Rio de Janeiro, Revista Forense, 1948.

LOPES, J. Brandão. *Desenvolvimento e mudança social. Formação da sociedade urbano-industrial no Brasil*. São Paulo, Companhia Editora Nacional/Edusp, 1968; *Crise do Brasil arcaico*. São Paulo, Difusão Europeia do Livro, 1964.

LYNN SMITH, T. *Brazil: people and institutions*. Baton Rouge, Louisiana State University Press, 1954.

LYNN SMITH T. e MARCHANT A. (orgs.). *Brazil portrait of half a continent*. Nova York, The Dryden Press, 1951.

MACIEL, P. F. *As migrações para o Recife: aspectos econômicos*. Recife, Instituto Joaquim Nabuco de Pesquisa Social, 1961.

MARCONDES, J. V. Freitas. *First Brazilian legislation relating to rural labor unions*. Gainesville, University of Florida Press, 1962; *Revisão e reforma agrária*. São Paulo, edição do autor, 1962; "A agricultura em tempo parcial no estado de São Paulo", *Sociologia*, XXIV-1, 1962, p. 29-40.

MARTINS, J. de Souza. *Empresário e empresa na biografia do conde Matarazzo*. Rio de Janeiro, Instituto de Ciências Sociais da Universidade Federal do Rio de Janeiro, 1967; *A comunidade na sociedade de classes: estudo sociológico sobre o imigrante italiano e seus descendentes no subúrbio de São Paulo* (Núcleo Colonial de São Caetano). São Paulo, Faculdade de Filosofia, Ciências e Letras da Universidade de São Paulo, 1970 (ed. mimeo.).

MATOS, D. Lino de. *Vinhedos e viticultores de São Roque e Jundiaí*. São Paulo, Faculdade de Filosofia, Ciências e Letras da Universidade de São Paulo, 1951.

MELO, M. Lacerda de. *As migrações para o Recife: estudo geográfico*. Recife, Instituto Joaquim Nabuco de Pesquisa Social, 1961.

MERCADANTE, P. *A consciência conservadora no Brasil*. Rio de Janeiro, Saga, 1965.

MILLIET, S. *Roteiro do café e outros ensaios*. São Paulo, Departamento de Cultura da Municipalidade, 1941.

MONBEIG, P. *Pioniers et planteurs de São Paulo*. Paris, A. Collin, 1952; D. Teixeira Monteiro, "Estrutura social e vida econômica em uma área de pequena propriedade e monocultura", *Revista Brasileira de Estudos Políticos*, Belo Horizonte, nº 12, p. 47-63.

MORAIS, P. de. *A sociologia da revolução brasileira*. Rio de Janeiro, Leitura, 1965.

MORSE, R. *De comunidade a metrópole: biografia de São Paulo*. Trad. de A. M. Kerberg. São Paulo, Comissão do IV Centenário da Cidade de São Paulo, 1954.

MOTA, D. Guilherme et al. *Brasil em perspectiva*. São Paulo, Difusão Europeia do Livro, 1968.

MOURÃO, E. A. Albuquerque. *A pesca no litoral sul do estado de São Paulo e o pescador da região lagunar de Iguape-Cananeia*. São Paulo, Faculdade de Filosofia, Ciências e Letras da Universidade de São Paulo, 1967 (ed. mimeo.).

MULLER, N. Lecocq. "Contribuição ao estudo do norte do Paraná", *Boletim Paulista de Geografia*, nº 22, 1956 (separata); *Sítios e sitiantes no Estado de São Paulo*. São Paulo, Faculdade de Filosofia, Ciências e Letras da Universidade de São Paulo, 1951.

MUSSOLINI, F. "Persistência e mudança em sociedades de *folk* no Brasil", *Anais do XXXI Congresso de Americanistas*, São Paulo, Anhembi, vol. 1, 1955, p. 333-55.

NOGUEIRA, O. *Família e comunidade: um estudo sociológico de Itapetininga*. Rio de Janeiro, Centro Brasileiro de Pesquisas Educacionais, 1962.

OLIVEIRA, F. de. *Que é a revolução brasileira?* Rio de Janeiro, Civilização Brasileira, 1963.

OLIVEIRA VIANA, F. J. *Introdução à história da economia pré-capitalista do Brasil*. Rio de Janeiro, Livraria José Olympio Editora, 1958; *Evolução do povo brasileiro*. 4ª ed., Rio de Janeiro, Livraria José Olympio Editora, 1956; *Populações meridionais do Brasil*. 5ª ed., Rio de Janeiro, Livraria José Olympio Editora, 1952, 2 vols.

PAIM, G. *Industrialização e economia natural*. Rio de Janeiro, Instituto Superior de Estudos Brasileiros, 1957.

PAIXÃO. M. "Elementos da questão agrária", *Revista Brasiliense*, São Paulo, nº 24, 1959, p. 25-48, e nº 25, 1959, p. 51-73.

PEREIRA, J. B. Borges. *A aculturação de italianos em São Paulo*. São Paulo, Faculdade de Filosofia, Ciências e Letras da Universidade de São Paulo, 1962.

PEREIRA, L. *Estudos sobre o Brasil contemporâneo*. São Paulo, Livraria Pioneira Editora, 1971.

PETRONE, M. T. Schorer. *A lavoura canavieira em São Paulo*. São Paulo, Difusão Europeia do Livro, 1968.

PIERSON, D. *Cruz das Almas: a brazilian village*. Nova York, Smithsonian Institute, 1951.

PINHO, D. Benevides: *Cooperativas e desenvolvimento econômico: o cooperativismo na produção do desenvolvimento econômico no Brasil*. São Paulo, Faculdade de Filosofia, Ciências e Letras da Universidade de São Paulo, 1963.

PRADO JR., B. *História econômica do Brasil*. 2ª ed., São Paulo, Brasiliense, 1949; *Formação do Brasil contemporâneo, colônia*. São Paulo, Livraria Martins Editora, 1942; *Evolução política do Brasil e outros ensaios*. São Paulo, Brasiliense, 1966; "Contribuição para a análise da questão agrária no Brasil", *Revista Brasiliense*, São Paulo, nº 28, 1960, p. 165--238; "Nova contribuição para a análise da questão agrária no Brasil", *Revista Brasiliense*, nº 43, 1962, p. 11-52.

QUEIROZ, M. I. Pereira de. *O messianismo no Brasil e no mundo*, São Paulo, Dominus Editora, 1965, 2ª parte, caps. II e III; "Les classes sociales dans le Brésil actuel", *Cahiers Internationaux de Sociologie*, XXXIX, 1965, p. 137-69; "O mandonismo local na vida política brasileira", *Estudos de Sociologia e História*. São Paulo, Anhembi, 1957, p. 194--301.

QUEIROZ, M. Vinhas de. *Messianismo e conflito social*. Rio de Janeiro, Civilização Brasileira, 1966.

RANGEL, I. *Introdução ao estudo do desenvolvimento econômico brasileiro*. Salvador, Livraria Progresso Editora, 1957; "A questão agrária brasileira", em F. Santiago (org.). *Textos básicos*. Belo Horizonte, Departamento de Ciências Econômicas, Faculdade de Filosofia, Ciências e Letras da Universidade Federal de Minas Gerais, 1961, p. 55-157; "A dinâmica da dualidade brasileira", *Revista Brasileira de Ciências Sociais*, Belo Horizonte, II-2, 1962, p. 215-35.

RATTNER, H. "Contrastes regionais no desenvolvimento econômico brasileiro", separata da *Revista de Administração de Empresas*, nº 11, p. 133-60.

ROBOCK, S. H. *Brazil's developing northeast: a study of regional planning and foreign aid*. Washington, The Brookings Institution, 1963.

ROCHE, J. *La Colonisation allemande et le Rio Grande do Sul*. Paris, Institut des Hautes Études de l'Amérique Latine, 1959; *A colonização alemã no Espírito Santo.* Trad. de J. R. dos Santos. São Paulo, Difusão Europeia do Livro/Edusp, 1968.

RODRIGUES, J. Honório. *Conciliação e reforma no Brasil.* Rio de Janeiro, Civilização Brasileira, 1965.

SANTOS, E. Távora dos. "Mercado interno e desenvolvimento", *Revista Brasileira de Ciências Sociais*, Belo Horizonte, II-1, 1962, p. 57-84.

SANTOS, M. *Zona do cacau: introdução ao estudo geográfico.* Salvador, Artes Gráficas, 1955.

SCHATTAN, S. "Estrutura econômica na agricultura paulista", *Revista Brasileira de Estudos Políticos*, Belo Horizonte, nº 12, 1961, p. 85-119; "Reforma agrária", *Revista Brasileira*, São Paulo, nº 1, 1955, p. 88-100.

SIMONSEN, R. C. *História econômica do Brasil.* São Paulo, Companhia Editora Nacional, 1937, 2 vols.; "Aspectos da história econômica do café", separata da *Revista do Arquivo Municipal*, São Paulo, nº LXV, 1940.

SINGER, H. W. *Estudo sobre o desenvolvimento econômico do Nordeste.* Recife, Comissão de Desenvolvimento Econômico de Pernambuco, 1962.

SINGER, P. *Desenvolvimento econômico e evolução urbana.* São Paulo, Companhia Editora Nacional/Edusp, 1968; "Agricultura e desenvolvimento econômico", *Revista Brasileira de Estudos Políticos*, Belo Horizonte, nº 12, 1961, p. 64-84.

STEIN, S. J. *Grandeza e decadência do café no Vale do Paraíba.* Trad. de E. Magalhães. São Paulo, Brasiliense, 1961; *The brazilian cotton manufacture: textile enterprise in an underdeveloped area, 1850-1950.* Cambridge, Harvard University Press, 1957.

SUDENE. *Primeiro Plano Diretor de Desenvolvimento do Nordeste.* Superintendência do Desenvolvimento do Nordeste, 1960; *Plano Diretor em Execução.* Recife, Superintendência do Desenvolvimento do Nordeste, 1962.

UNZER DE ALMEIDA, V. *Agricultura e desenvolvimento econômico em São Paulo.* São Paulo, Escola de Sociologia e Política, 1961; *Condições de vida do pequeno agricultor no município de Registro.* São Paulo, Escola de Sociologia e Política, 1957.

UNZER DE ALMEIDA, V. com a colaboração de O. T. Mendes Sobrinho. *Migração rural-urbana*. São Paulo, Secretaria da Agricultura, 1951. O. Valverde, *Geografia agrária do Brasil*. Rio de Janeiro, Centro Brasileiro de Pesquisas Educacionais, 1964.

VIOTTI DA COSTA, E. *Da senzala à colônia*. São Paulo, Difusão Europeia do Livro, 1966.

WAGLEY, Ch. *Uma comunidade amazônica*. Trad. de C. da Silva Costa. São Paulo, Companhia Editora Nacional, 1957.

WEFFORT, F. C. *Classes populares e política*: contribuição ao estudo do "populismo". São Paulo, Faculdade de Filosofia, Ciências e Letras da Universidade de São Paulo, 1968 (ed. mimeo.).

WERNECK SODRÉ, N. *História da burguesia brasileira*. Rio de Janeiro, Civilização Brasileira, 1964; *Formação da sociedade brasileira*. Rio de Janeiro, Livraria José Olympio Editora, 1944.

WILLEMS, E. *Cunha: tradição e transição em uma cultura rural do Brasil*. São Paulo, Secretaria da Agricultura, 1947; *O problema rural do ponto de vista antropológico*. São Paulo, Secretaria de Agricultura, 1944; *Aculturação dos alemães no Brasil*. São Paulo, Companhia Editora Nacional, 1946.

WIILEMS E. e MUSSOLINI, G. *Buzios Island: a caiçara community in Southern Brazil*. Nova York, J. J. Augustin Publisher, 1952.

Bibliografia sobre a modernização do Brasil principalmente depois de 1930[1]

1) *Economia e história econômica*

ABLAS, Luiz Augusto de Queiroz. *Relações básicas homem terra no estado de São Paulo*. São Paulo, Faculdade de Filosofia, Letras e Ciências Humanas da Universidade de São Paulo, 1970 (ed. mimeo.).

AHUMADA, Jorge. *En vez de la miseria*. Santiago, Editorial del Pacífico, 1958; "El desarrollo económico y los problemas del cambio social en América Latina", *Revista Brasileira de Ciências Sociais*, Belo Horizonte, II-2, 1962, p. 53-101.

ALEXANDER, Robert J. *Organized labor in Latin America*. Glencoe, Illinois, The Free Press, 1965; *Labor relations in Argentina, Brazil and Chile*. Nova York, McGraw-Hill Book Co., 1962.

BAER, Werner. *Industrialization and economic development in Brazil*, Homewood, Richard D. Irwin, 1965; "Inflation and economic growth: an interpretation of the Brazilian case", *Economic Development and Cultural Change*, out. 1962; "A inflação e a eficiência econômica no Brasil", *Revista Brasileira de Ciências Sociais*, II-1, 1963, p. 178-94.

BAER, Werner e KERSTENETZKY, Isaac (orgs.). *Inflation and economic growth in Latin America*, Homewood, Richard D. Irwin, 1964.

---

[1] Esta bibliografia foi construída para o trabalho *Crescimento econômico e instabilidade política no Brasil*, capítulo 3 desta coletânea de ensaios. Elaborada em inícios de 1966, pela natureza mesma do tema, a atenção se focalizava principalmente no período posterior a 1960, embora devesse levar em conta obras fundamentais para a compreensão da formação e do desenvolvimento da sociedade brasileira. Na construção da bibliografia, feita para servir como uma espécie de fonte de referência didática, para construir um mero ponto de partida, o autor tomou em conta especialmente os estudantes dos cursos de Ciências Sociais, que se iniciam no estudo dos "problemas sociais brasileiros", e o leitor estrangeiro, que ainda não está plenamente familiarizado com nossa bibliografia. No entanto, a bibliografia pode ser facilmente completada, usando-se complementarmente as referências bibliográficas contidas nas principais obras indicadas. Na preparação da presente edição, ela foi ligeiramente suplementada.

BAILÃO, Jamil Munhoz. "As possibilidades industriais do Brasil", *O Estado de S. Paulo*, n.ºs 10 e 15 set. 1961; *Panorama da Receita Pública da União*. São Paulo, Escola de Sociologia e Política de São Paulo, 1955.

BALTAR, Antonio Bezerra. "Desenvolvimento econômico e subdesenvolvimento da Região Nordeste", *Sociologia*, São Paulo, XXII-2, 1960, p. 155-78.

BARAN, Paul A. *A economia política do desenvolvimento econômico*. Trad. de S. Ferreira da Cunha. Rio de Janeiro, Zahar Editores, 1964.

BARAN, Paul A. e SWEEZY, Paul M. *Capitalismo monopolista: ensaio sobre a ordem econômica e social americana*. Trad. de W. Dutra. Rio de Janeiro, Zahar Editores, 1966.

BARBOSA, Júlio. "Contribuições à crítica da ciência econômica nos países subdesenvolvidos", *Revista Brasileira de Ciências Sociais*, Belo Horizonte, I-1, 1961, p. 85-119.

BASTOS, Humberto. *A economia brasileira e o mundo moderno*. São Paulo, Livraria Martins Editora, 1949; *A marcha do capitalismo no Brasil*. São Paulo, Livraria Martins Editora, 1944.

BATISTA FILHO, Olavo; FERREIRA LIMA, Heitor; MARTINS RODRIGUES, Jorge; DI PIERO, Jorge; e IANNI, Constantino. *Capítulos da história da indústria brasileira*. São Paulo, Forum Roberto Simonsen, 1959.

BERLINK, E. L. "Produtividade: problema de âmbito nacional", *Revista Brasiliense*, n.º 1, 1955, p. 101-17.

BIANCHI, Andrés. *América Latina: ensayos de interpretación económica*. Santiago de Chile, Editorial Universitaria, 1969.

BORGES, Tomás Pompeu Acioli. "A estrutura agrária do estado de São Paulo", *Anais do I Congresso Brasileiro de Sociologia*, São Paulo, Sociedade Brasileira de Sociologia, 1955.

BROZEN, Yale. *Causes and consequences of inflation in Brazil*. São Paulo, Escola de Sociologia e Política, 1954, (ed. mimeo.).

BULHÕES, Octavio Gouvêa de. *À margem de um relatório*. Rio de Janeiro, Edições Financeiras, 1950.

CAMARGO, José Francisco de. *A cidade e o campo*. São Paulo, Edusp, 1968; *Êxodo rural no Brasil*. São Paulo, Faculdade de Ciências da Universidade de São Paulo, 1957; *Crescimento da população no estado de São Paulo e seus aspectos econômicos*. São Paulo, Faculdade de Filosofia, Ciências e Letras da Universidade de São Paulo, 1952, 3 vols.

CAMPOS, Roberto de Oliveira. *Política, planejamento e nacionalismo*. Rio de Janeiro, APEC Editora, 1963.

CARMONA, Fernando; MONTAÑE, Guilherme; CARRION, Jorge e Aguilar, Alonso. *El milagre mexicano*. México, Editorial Nuestro Tiempo, 1970.

CARVALHO, Zacarias. "Capitais estrangeiros no Brasil", *Revista Brasiliense*, São Paulo, nº 12, 1957, p. 6-32.

CASASANTA, Simão Pedro. *Desenvolvimento e subdesenvolvimento econômico*, Belo Horizonte, Faculdade de Ciências Econômicas, Universidade de Minas Gerais, 1959.

CEPAL. *El segundo decenio de las Naciones Unidas para el desarrollo; El cambio social y la política de desarrollo en América Latina*. Santiago de Chile, Naciones Unidas, 1969; *El desarrollo económico y la distribución del ingreso en la Argentina*. Nova York, United Nations, 1968; "La distribución del ingreso en América Latina", *Boletin Económico de América Latina*, XII-2, p. 152-75, 1967; *El proceso de industrialización en América Latina; External financing in Latin America*. Nova York, United Nations, 1965.

Conjuntura Econômica. Rio de Janeiro, Fundação Getulio Vargas.

Conselho Nacional de Economia, especialmente: 1) *Exposição geral da situação econômica do Brasil* (1955), Rio de Janeiro, 1956; 2) *Exposição geral sobre a situação econômica do Brasil* (1958), Rio de Janeiro, 1959.

Confederação Nacional de Indústria. *Anais do Seminário para o Desenvolvimento do Nordeste*, Rio de Janeiro, 1959, 2 vols.

CORRÊA, P. de Lima. *Problemas de nossa economia rural*. São Paulo, Empresa Gráfica da Revista dos Tribunais, 1932.

COUTY, Louis. *Le Brésil en 1884*. Rio de Janeiro, Faro & Lino Éditeurs, 1884; *L'Esclavage au Brésil*. Paris, Librairie de Guillaumin et Cie., 1881.

DELFIM NETTO, Antônio. *Alguns problemas do planejamento para o desenvolvimento*. São Paulo, Faculdade de Ciências Econômicas e Administrativas da Universidade de São Paulo, 1962; *O problema do café no Brasil*. São Paulo, Faculdade de Ciências Econômicas e Administrativas da Universidade de São Paulo, 1959.

DELFIM NETTO, Antônio; PASTORE, Afonso Celso; CIPOLLARI, Pedro e CARVALHO, Eduardo Pereira de. "Alguns aspectos da inflação brasileira", *Estudos ANPES*, nº 1, 1965.

Desenvolvimento e Conjuntura. Rio de Janeiro, Confederação Nacional da Indústria.

FIGUEIREDO, Nuno Fidelino. *Mecanismos de transferencia de la tecnologia industrial en favor de los paises en desarrollo*. Santiago, Cepal, 1967; *Sobre o comportamento de alguns fatores na determinação dos salários numa economia subdesenvolvida*. São Paulo, Faculdade de Filosofia, Ciências e Letras da Universidade de São Paulo, 1955; "Regulamentação do investimento estrangeiro no Brasil", *Economia brasileira*, vol. 1, nº 3, 1955, p. 144-54; *Dimensão e produtividade na indústria de São Paulo*. São Paulo, Escola de Sociologia e Política, 1953.

FRANK, Andre Gunder. *Capitalism and underdevelopment in Latin America*: *historical studies of Chile and Brazil*. Nova York, Monthly Review Press, 1967; "Sociology of development and underdevelopment of Sociology", *Catalyst*, University of Buffalo, nº 3, 1967, p. 20-73; "The development of underdevelopment", *Monthly Review*, vol. 18, nº 4, set. 1966; "A agricultura brasileira: capitalismo e o mito do feudalismo", *Revista Brasiliense*, São Paulo, nº 51, 1964, p. 45-70.

FURTADO, Celso. *Formação econômica da América Latina*. 2ª ed., Rio de Janeiro, Lia Editora, 1970; *Subdesenvolvimento e estagnação na América Latina*. 2ª ed., Rio de Janeiro, Civilização Brasileira, 1968 (coord.) *Brasil: tempos modernos*. Rio de Janeiro, Paz e Terra, 1968; *Teoria e política do desenvolvimento econômico*. São Paulo, Companhia Editora Nacional, 1967; *A hegemonia dos Estados Unidos e o futuro da América Latina*. Rio de Janeiro, Associação Brasileira de Independência e Desenvolvimento, 1966; "Obstáculos políticos ao crescimento econômico no Brasil", *Revista Civilização Brasileira*, Rio de Janeiro, nº 1, 1965, p. 120-45; *Dialética do desenvolvimento*. Rio de Janeiro, Fundo de Cultura, 1964; *Subdesenvolvimento e o Estado democrático*. Recife, Comissão do Desenvolvimento Econômico de Pernambuco, 1962; *A pré-revolução brasileira*. Rio de Janeiro, Editora Fundo de Cultura, 1961; *Formação econômica do Brasil*. Rio de Janeiro, Fundo de Cultura, 1959; *Perspectivas da Economia Brasileira*. Rio de Janeiro, Instituto Superior de Estudos Brasileiros, 1958; *Economia brasileira*. Rio de Janeiro, A Noite, 1954.

GORDON, Lincoln e GROMMERS, Englebert L. *United States manufacturing investment in Brazil: impact of brazilian government policies 1946--1960*. Boston, Harvard University, 1962.

GUDIN, Eugênio. *Inflação*. Rio de Janeiro, Livraria Agir Editora, 1959.

GUIMARÃES, Alberto Passos. *Inflação e monopólio estatal no Brasil*. Rio de Janeiro, Civilização Brasileira, 1963.

HADDAD, Paulo Roberto. "A economia mineira", *Revista Brasileira de Ciências Sociais*, Belo Horizonte, IV-2, 1966, p. 117-53.

HAGEN, Everett E. *On the theory of social change*. Homewood, The Dorsey Press, 1962.

HIRSCHMAN, Albert O. *Política econômica na América Latina*. Trad. de C. Werneck de Aguiar e J. Arnaldo Fortes. Rio de Janeiro, Fundo de Cultura, 1965; *Estratégia do desenvolvimento econômico*. Trad. de Laura Schlaepfer. Rio de Janeiro, Fundo de Cultura, 1961.

IBGE. *Produção industrial brasileira* (1958). Rio de Janeiro, Conselho Nacional de Estatística, 1961.

IGLÉSIAS, Francisco. *Introdução à história econômica*. Belo Horizonte, Faculdade de Ciências Econômicas da Universidade de Minas Gerais, 1959, cap. VI.

Instituto de Economia da "Fundação Mauá". *Migrações internas*, Rio de Janeiro, 1952 (ed. mimeo).

Instituto Latinoamericano de Planificácion Económica y Social – Naciones Unidas. *La brecha comercial y la integración latinoamericana*, Mexico, Siglo Veintiune Editores, 1967.

JOBIM, J. *Brazil in the making*. Nova York, The MacMillan, 1943.

KUZNETS, Simon, et al. *Economic growth: Brazil, India, Japan*. Durnham, Duke University Press, 1955.

LEITE, Antônio Dias. *Produtividade*: *aspecto econômico*. Rio de Janeiro, Instituto de Ciências Sociais da Universidade do Brasil, 1961; *Caminhos do desenvolvimento*. Rio de Janeiro, Zahar Editores, 1966.

LEME, Ruy Aguiar da Silva e ALMEIDA, Henrique Silveira de. *Salário mínimo no Estado de São Paulo*. São Paulo, Escola de Sociologia e Política de São Paulo, 1960.

LEVY, Herbert V. *A batalha da produção e outros problemas nacionais*. São Paulo, Livraria Martins Editora, 1948.

LIMA, Heitor Ferreira. "Amparo à pequena e média indústria", *Revista Brasiliense*, São Paulo, nº 32, 1960, p. 19-33; "Instrução 113, e Royalties", *Revista Brasiliense*, nº 16, 1958, p. 8-21; "Indústria automobilística no Brasil", *Revista Brasiliense*, nº 13, 1957, p. 56-77; "Notas sobre a estrutura bancária brasileira", *Revista Brasiliense*, nº 8, 1956, p. 141-52; "Capitais nacionais e investimentos estrangeiros", *Revista Brasiliense*, nº 1, 1955, p. 129-49.

LOEB, G. F. *Industrialization and balanced growth: with special referencial to Brazil*. Groningen, 1957.

LUCAS, Fábio. *Introdução ao estudo da repartição da renda*. Belo Horizonte, Faculdade de Ciências Econômicas da Universidade de Minas Gerais, 1959.

MAGALHÃES, J. P. de Almeida. *A teoria do crescimento econômico e o problema do desenvolvimento econômico*. Rio de Janeiro, Faculdade de Direito da Universidade de São Paulo, 1954.

MAGALHÃES, Sergio. "A empresa privada brasileira como figura central do processo econômico e político", *Revista Brasiliense*, São Paulo, nº 24, 1959, p. 16-24; "Investimentos estrangeiros", *Revista Brasiliense*, nº 23, 1959, p. 11-25.

MANCHESTER, Allan. *Britsh preeminence in Brazil, its rice and decline: a study on european expansion*. Chapel Hill, The University of North Caroline Press, 1939.

MARINI, Ruy Mauro. "Brazil 'interdependence' and Imperialist integration", *Monthly Review*, Nova York, vol. 17, 1965, p. 10-29.

MEIREN, Pierre van der. *Alguns aspectos do desenvolvimento econômico do Brasil*. São Paulo, Escola de Sociologia e Política, 1953.

Ministério do Planejamento e Coordenação Econômica. *O problema de ação e as reformas de base*, Rio de Janeiro, Documentos EPEA, nº 3, 1965, 2 vols.

MORGNER, Aurelius. "Implicações sociais e econômicas da atual inflação no Brasil", *Sociologia*, vol. XXI, nº 2, 1959, p. 125-33.

MOURA, Aristóteles. *Capitais estrangeiras no Brasil*. São Paulo, Brasiliense, 1959.

MYINT, H. *A economia do desenvolvimento*. Trad. de W. Dutra. Rio de Janeiro, Zahar Editores, 1966.

MYRDAL, Gunnar. *Teoria econômica e regiões subdesenvolvidas*. Trad. de E. Correia Lima. Rio de Janeiro, Instituto Superior de Estudos Brasileiros. 1960; *An international economy*. Londres, Routledge & Kegan Paul, 1965; *The political element in the development of economic theory*. Londres, Routledge & Kegan Paul, 1953.

NAVARRETO, I. M. "La distribuición del ingreso en México", *El perfil de México en 1980*, México. Siglo Veintiune Editores, 1970, vol. I.

NORMANO, J. F. *Evolução econômica do Brasil*. Trad. de T. Quartin Barbosa, R. P. Rodrigues e L. B. Teixeira. 2ª ed., São Paulo, Companhia Editora Nacional, 1945.

NURKSE, Ragnar. *Problems of capital formation in underdeveloped countries*. Oxford, Basil Blackwell, 1953.

ONODY, Oliver. *A inflação brasileira (1820-1958)*. Rio de Janeiro, 1960.

PACHECO, Mário Victor de Assis. "Desnacionalização da indústria farmacêutica", *Revista Brasiliense*, São Paulo, nº 41, 1962, p. 12-49.

PAIM, Gilberto. *Industrialização e economia natural*. Rio de Janeiro, Instituto Superior de Estudos Brasileiros, 1957.

PAIXÃO, Moacyr. "Elementos da questão agrária", *Revista Brasiliense*, São Paulo, nº 24, 1959, p. 25-48, e nº 25, 1959, p. 51-73.

PINHO, Carlos Marques. *Economia da educação e desenvolvimento econômico*. São Paulo, Pioneira, 1969; *Educação e Desenvolvimento*. São Paulo, Faculdade de Filosofia, Ciências e Letras da Universidade de São Paulo, 1968 (ed. mimeo.).

PINHO, Diva Benevides. *A doutrina cooperativa nos regimes capitalista e socialista: suas modificações e sua utilidade*. São Paulo, Pioneira, 1966; *Cooperativas e problemas de desenvolvimento regional*. São Paulo, Faculdade de Filosofia, Ciências e Letras da Universidade de São Paulo, 1964 (ed. mimeo.); *Atuação das cooperativas em alguns países desenvolvidos e subdesenvolvidos*. São Paulo, ISPECO, 1964; *Cooperativas e desenvolvimento econômico: o cooperativismo na promoção do desenvolvimento econômico no Brasil*. São Paulo, Faculdade de Filosofia, Ciências e Letras da Universidade de São Paulo, 1963.

PINTO, Paulo Alves. "Relações comerciais, colonialismo e café", *Revista Brasiliense*, São Paulo, nº 34, 1961, p. 23-41; "O confisco cambial e a cafeicultura", *Revista Brasiliense*, nº 20, 1958, p. 25-42; "O vigente mecanismo cambial, eixo da dominação imperialista no Brasil", *Revista Brasiliense*, nº 13, 1957, p. 36-55; "O café e a atualidade brasileira", *Revista Brasiliense*, nº 12, 1957, p. 71-87.

PRADO Jr., Caio. "Nova contribuição para a análise da questão agrária no Brasil", *Revista Brasiliense*, nº 43, 1962, p. 11-52; "Contribuição para a análise da questão agrária no Brasil", *Revista Brasiliense*, nº 28, 1960, p. 165-238; *História econômica do Brasil*. 2ª ed., São Paulo, Brasiliense, 1949.

PREBISCH, Raul. *Hacia una dinámica del desarrollo latinoamericano*. Mar del Prata, Argentina, Cepal, 1963; "O falso dilema entre o desenvolvimento econômico e a estabilidade monetária", *Revista de Ciências Econômicas*, São Paulo, 1961.

Presidência da República. *Plano Trienal de Desenvolvimento Econômico e Social, 1963-1965*. Rio de Janeiro, Departamento de Imprensa Nacional, 1962.

Problemas brasileiros. São Paulo, publicado pelo Conselho Regional do Serviço do Comércio.

RANGEL, Ignacio. *A inflação brasileira*. Rio de Janeiro, Edições Tempo Brasileiro, 1963; "A dinâmica da dualidade brasileira", *Revista Brasileira de Ciências Sociais*, Belo Horizonte, II-2, 1962, p. 215-35; "A questão agrária brasileira", em Santiago, F. (org.). *Textos básicos*. Belo Horizonte, Departamento de Ciências Econômicas da Faculdade de Filosofia, Ciências e Letras de Minas Gerais, 1961, p. 55-157; *Recursos ociosos na economia brasileira*. Rio de Janeiro, Instituto Superior de Estudos Brasileiros, 1960; *Introdução ao estudo do desenvolvimento econômico brasileiro*. Salvador, Livraria Progresso Editora, 1957.

Revista Brasileira de Economia. Rio de Janeiro.

RICHERS, Raimar; BOUZAN, Ary; MACHLINE, Claude; CARVALHO, Ary Ribeiro de e BARIANI, Haroldo. *O impacto da ação do governo sobre as empresas brasileiras*. Rio de Janeiro, Fundação Getulio Vargas, 1963.

ROBOCK, Stefan H. *Brazil's developing Northeast: a study of regional planning and foreign aid*. Washington, The Brookings Institution, 1963.

RODRIGUES, Paulo de Almeida, "As empresas industriais de economia mista", *Revista Brasiliense*, São Paulo, nº 13, 1967, p. 10-35.

ROSTOW, W. W. *Etapas do desenvolvimento econômico*. Trad. de O. Alves Velho. Rio de Janeiro, Zahar Editores, 1971.

SANTA CRUZ, Anibal Pinto. *Chile: un caso de desarrollo frustrado*. Santiago Editorial Universitaria, 1959.

SANTOS, Ézio Távora dos. "Mercado interno e desenvolvimento", *Revista Brasileira de Ciências Sociais*, Belo Horizonte, II-1, 1962, p. 57-84.

SCHATTAN, Salomão. "Estrutura econômica na agricultura paulista", *Revista Brasileira de Estudos Políticos*, Belo Horizonte, nº 12, 1961, p. 85-119; "Reforma agrária", *Revista Brasilense*, São Paulo, nº 1, 1955, p. 88-100.

SCHLITTLER SILVA, Hélio. "Comércio exterior do Brasil e desenvolvimento econômico", *Revista Brasileira de Ciências Sociais*, Belo Horizonte, II-1, 1962, p. 107-74; "Índices de preços no comércio exterior do Brasil", *Revista Brasileira de Economia*, Rio de Janeiro, ano 6, nº 2, 1952, p. 71-103.

SIMONSEN, Mário Henrique. *A experiência inflacionária no Brasil*. Rio de Janeiro, Instituto de Pesquisas e Estudos Sociais, 1954.

SIMONSEN, Roberto C. *Aspectos da história econômica do café*, separata da *Revista do Arquivo Municipal*, São Paulo, nº LXV, 1940; *Brazil's industrial evolution*. São Paulo, Escola Livre de Sociologia e Política, 1939; *História econômica do Brasil, 1500-1820*. São Paulo, Companhia Editora Nacional, 1937, 2 vols.

SINGER, H. W. *Estudo sobre o desenvolvimento econômico do Nordeste*. Recife, Comissão de Desenvolvimento Econômico de Pernambuco, 1962.

SINGER, Paul. *Desenvolvimento econômico e evolução urbana.* São Paulo, Companhia Editora Nacional/Edusp, 1968; "Ciclos de conjuntura em economias subdesenvolvidas", *Revista Civilização Brasileira,* Rio de Janeiro, n⁰ 2, 1965, p. 93-112; "Conjunturas e desenvolvimento", *Revista de Administração,* São Paulo, n⁰ 30, 1963, p. 141-79; "Agricultura e desenvolvimento econômico", *Revista Brasileira de Estudos Políticos,* Belo Horizonte, n⁰ 12, 1961, p. 64-84.

SPIEGL, Henry W. *The Brazilian economy.* Filadélfia, Blakiston, 1949.

STEIN, Stanley J. *The brazilian cotton manufacture: textile enterprise in an underdeveloped area, 1850-1950.* Cambridge, Harvard University Press, 1957; *Grandeza e decadência do café no Vale do Paraíba.* Trad. de E. Magalhães. São Paulo, Brasiliense, 1961.

STEIN, Stanley J. e Stein, B. H. *The colonial heritage of Latin America, essays on economic dependence in perspective.* Nova York, Oxford University Press, 1970.

SUDENE. *Primeiro Plano Diretor de Desenvolvimento do Nordeste,* Recife, Superintendência do Desenvolvimento do Nordeste, 1960; *Plano Diretor em Execução,* Recife, Superintendência do Desenvolvimento do Nordeste, 1962.

TAVARES, Maria Conceição. "Auge y declinación del proceso de sustitución de importaciones en el Brasil", *Boletín Económico de América Latina,* Santiago, IX-1, 1964, p. 1-62.

URQUIDI, Victor I. *Viabilidad económica de América Latina.* México, Fondo de Cultura Económica, 1962.

VEIGA FILHO, João Pedro da. *Estudos econômicos e financeiros sobre o estado de São Paulo.* São Paulo, Tipografia do Diário Oficial, 1896.

VIEIRA, Dorival Teixeira. *Evolução do sistema monetário brasileiro.* São Paulo, Faculdade de Ciências Econômicas e Administrativas da Universidade de São Paulo, 1962; *O desenvolvimento econômico do Brasil e a inflação.* São Paulo, Faculdade de Ciências Econômicas e Administrativas da Universidade de São Paulo, 1962; *A futura política econômica e financeira do Brasil.* São Paulo, Faculdade de Ciências Econômicas e Administrativas da Universidade de São Paulo, 1961; *Problemas econômicos do Brasil.* São Paulo, Faculdade de Ciências Econômicas e Administrativas da Universidade de São Paulo, 1955 (ed. mimeo.); *O problema monetário brasileiro.* São Paulo, Instituto de Economia "Gastão Vidal", 1952.

WYTHE, G.; WYGHT, R. A.; e Midkiff, H. M. *Brazil: an expanding economy*. Nova York, Twentieth Century Fund, 1949.

2) *Sociologia*

ADAMS, R. N. et al. *The second sowing, power and secondary development in Latin America*. San Francisco, Chandler Publishing Co., 1967; *Social change in Latin America today: its implications for United States policy*. Nova York, Vintage Books, 1960.

ARAÚJO, Oscar Egídio de. "Pesquisa entre motoristas, operários, contínuos e serventes da Prefeitura de São Paulo", *Revista do Arquivo Municipal*, São Paulo, XIII-CXIV, 1947, p. 7-135.

AZEVEDO, Fernando de, *Um trem corre para o Oeste*. São Paulo, Livraria Martins Editora, 1950; *Canaviais e engenhos na vida política do Brasil*. Rio de Janeiro, Instituto do Açúcar e do Álcool, 1948; *A cultura brasileira*. 2ª ed., São Paulo, Companhia Editora Nacional, 1944.

BAPTISTA FILHO, Olavo; MOURÃO, Fernando Augusto Albuquerque e BOSCO, Santa Helena. *Atitudes masculinas em relação à fecundidade e tamanho da família*. São Paulo, Escola de Sociologia e Política, 1967, 2 vols. (ed. mimeo.).

BARBOSA, Júlio. "Análise sociológica das eleições de 1962 em Minas Gerais", *Revista Brasileira de Ciências Sociais*, Belo Horizonte, III-2, 1963, p. 280-323.

BASTIDE, Roger. *Le prochain et le leintain*. Paris, Editions Cujas, 1970, *Brésil, terre des contrastes*. Paris, Librairie Hachette, 1957; *Les réligions africaines au Brésil*. Paris, Presses Universitaires de France, 1960; *Sociologie du Brésil*. Centre de Documentation Universitaire, s. d.; *Sociologia do folclore brasileiro*. São Paulo, Anhembi, 1959; *Imagens do Nordeste místico em branco e preto*. Rio de Janeiro, Empresa Gráfica O Cruzeiro, 1945.

BASTIDE, Roger; e FERNANDES, Florestan. *Brancos e negros em São Paulo*. 2ª ed., São Paulo, Companhia Editora Nacional, 1959.

BAZZANELLA, Waldemiro. "Industrialização e urbanização no Brasil", *América Latina*, Rio de Janeiro, ano 6, nº 1, 1963, p. 3-28.

BEISEGEL, Celso de Rui. "Uma campanha de alfabetização de adultos no Brasil", *Pesquisa e planejamento*, São Paulo, nº 9, 1965, p. 29-40; "Ação política e expansão da rede escolar", *Pesquisa e planejamento*, nº 8, 1964, p. 99-198.

BOER, Nicolau. "Classes sociais e prática religiosa numa paróquia operária de São Paulo", *Anuário da Faculdade de Filosofia "Sedes Sapientiae" da Universidade Católica de São Paulo*, São Paulo, 1953, p. 53-78.

BOLAFFI, Gabriel. "Socialização e ressocialização num grupo juvenil formal sionista", *Revista de Antropologia*, São Paulo, 11-1 e 2, 1963, p. 61-78.

BONILHA, José Fernando Martins. *Organização social e educação escolarizada numa comunidade de imigrantes italianos e seus descendentes.* São Paulo, Faculdade de Filosofia, Ciências e Letras de Presidente Prudente, 1967 (ed. mimeo.).

BONILLA, Frank, "Elites culturais na América Latina", *Revista Brasileira de Ciências Sociais*, Belo Horizonte, IV-1, 1966, p. 214-44; "Brazil: a national ideology of development". In: SILVERT, Kalman H. (org.). *Expectant peoples*. Nova York, Random House, 1962.

CABEZAS, Betty de Gonzales. *América Latina una y múltipla.* Santiago de Chile, Desal, 1968.

CAMARGO, Cândido Procópio Ferreira de. *Kardecismo e umbanda: uma interpretação sociológica.* São Paulo, Livraria Pioneira Editora, 1961.

CANDIDO, Antonio, *Os parceiros do rio Bonito.* Rio de Janeiro, Livraria José Olympio Editora, 1964.

CARDOSO, Fernando Henrique. *Mudanças sociais na América Latina.* São Paulo, Difusão Europeia do Livro, 1969; *Cuestiones de sociología del desarrollo de América Latina.* Santiago, Chile, Editorial Universitaria, 1968; *El proceso de desarrollo en América Latina.* Santiago, Instituto Latinoamericano de Planificación Económica y Social, 1965; *Empresário industrial e desenvolvimento econômico no Brasil.* São Paulo, Difusão Europeia do Livro, 1964; *Capitalismo e escravidão no Brasil meridional.* São Paulo, Difusão Europeia do Livro, 1962; "Proletariado no Brasil: situação e comportamento", *Revista Brasiliense*, São Paulo, nº 41, 1962, p. 98-122 (edição francesa: "Le Proletariat brésilien: situation et comportement social", *Sociologie du*

Travail, nº 4, 1961, p. 50-65); "Tensões sociais no campo e reforma agrária", *Revista Brasileira de Estudos Políticos*, nº 12, 1961, p. 214-44; "Brazil: a national ideology of development", *Brasiliense*, nº 12, 1957, p. 88-98.

CARDOSO, Fernando Henrique e FALETTO, Enzo. *Dependência e desenvolvimento na América Latina*. Rio de Janeiro, Zahar Editores, 1970.

CARDOSO, Fernando Henrique e IANNI, Octavio (orgs.). *Homem e sociedade*, 2ª ed., São Paulo, Companhia Editora Nacional, 1965; *Cor e mobilidade social em Florianópolis*. São Paulo, Companhia Editora Nacional, 1960.

CARVALHO, Delgado de. *Le Brésil meridional*. Paris, Societé Anonyme des Publications Périodiques, 1910.

CASANOVA, Pablo Gonzáles. *Sociología de la explotación*. México, Siglo Veintiune Editores, 1969; *Las categorias del desarrollo económico y la investigación en ciencias sociales*. México, Instituto de Investigaciones Sociales, Universidad Nacional Autónoma de México, 1967.

CASTRO, José (com a colaboração de Nelson de Mello e Souza e de Gilberto Paim). "A revolução social brasileira", *Revista Brasileira de Ciências Sociais*, Belo Horizonte, II-2, 1962, p. 197-214.

CECEÑA, José Luiz. *México en la orbita imperial*. México, Ediciones "El Caballitto", 1970.

CECHI, Camilo. "O fluxo migratório e o problema do retorno", *Sociologia*, São Paulo, XXII-3, 1960, p. 262-77; "Determinantes e características da imigração italiana", *Sociologia*, XXI-1, 1959, p. 68-97.

CENTRO LATINO-AMERICANO DE PESQUISAS EM CIÊNCIAS SOCIAIS. *Situação social da América Latina*, Rio de Janeiro, 1965.

COHN, Gabriel (org.). *Comunicação e indústria cultural*. São Paulo, Companhia Editora Nacional, 1971; *Petróleo e nacionalismo*. São Paulo, Difusão Europeia do Livro, 1968; "Problemas da industrialização no século XX", In: Meta, C. G. (org.). *Brasil em perspectiva*. São Paulo, Difusão Europeia do Livro, 1968.

COSTA, Neusa Meirelles. "Tecnocracia e subdesenvolvimento", *Sociologia*, São Paulo, XXVII-3, p. 183-92.

COSTA PINTO, L. A. *Desenvolvimento econômico e transição social*. Rio de Janeiro, Instituto de Ciências Sociais, 1967; *Sociologia e desenvolvimento*. Rio de Janeiro, Civilização Brasileira, 1963; "A metrópole Rio de Janeiro", *Educação e Ciências Sociais*, 2-4, 1957, p. 197-226; *O negro no Rio de Janeiro: relações de raça numa sociedade em mudança*. São Paulo, Companhia Editora Nacional, 1953; *Lutas de famílias no Brasil*. São Paulo, Companhia Editora Nacional, 1949.

COSTA PINTO, L. A. BAZZANELLA, W. (orgs.). *Processos e implicações do desenvolvimento*. Rio de Janeiro, Zahar Editores, 1969; *Teoria do desenvolvimento*. Rio de Janeiro, Zahar Editores, 1967.

CRUZ, Levy. *As migrações para o Recife (Caracterização social)*. Recife. Instituto Joaquim Nabuco de Pesquisa Social, 1961; "Funções do comportamento político numa comunidade do São Francisco", *Revista Brasileira de Estudos Políticos*, Belo Horizonte, nº 5, 1959, p. 129-60.

DAVIS, Horace B. "Padrão de vida dos operários da cidade de São Paulo", *Revista do Arquivo Municipal*, São Paulo, II-XIII, 1935, p. 113-66.

DELGADO, Oscar. "Revolución, y conservantismo: tipos de políticas agrarias en Latinoamérica", *Revista Brasileira de Ciências Sociais*, Belo Horizonte, III-2, 1963, p. 172-251.

DESAL. Centro para el desarrollo económico y social de América Latina. *América Latina y Desarrollo Social*, Santiago, 2 vols., nº 22-23, 1965.

DURAND, José Carlos Garcia (org.). *Sociologia do desenvolvimento*. Rio de Janeiro, Zahar Editores, 1967.

ECHAVARRÍA, José Medina. *Filosofía del desarrollo*. Santiago, Instituto Latinoamericano de Planificación Económica y Social, 1965; *El desarrollo económico de América Latina*. Santiago, Cepal, 1961.

ECHAVARRÍA, José Medina e DE VRIES, Egbert (orgs.). *Aspectos sociales del desarrollo económico en América Latina*. Paris, Unesco, 1962, 2 vols.

FALS BORDA, Orlando. *El Brasil: campesinos y vivienda*. Bogotá, Imprenta Nacional, 1963; *La subversión en Colombia: el cambio social en la historia*. Bogotá, Ediciones Tercer Mundo, 1967.

FAORO, Raymundo. *Os donos do poder: formação do patronato político brasileiro*. Porto Alegre, Globo, 1958.

FARIA, Vilmar Evangelista. "O comportamento político dos estratos médios", *Revista Brasileira de Ciências Sociais*, Belo Horizonte, IV-1, 1966, p. 183-213.

FERNANDES, Florestan, *Elementos de sociologia teórica*. São Paulo, Companhia Editora Nacional/Edusp, 1970; *The Latin America in residence lectures*. Toronto, University of Toronto, 1969-1970; *Educação e sociedade no Brasil*. São Paulo, Dominus Editora/Edusp, 1966; *A integração do negro à sociedade de classes*, São Paulo, Dominus Editora/Edusp, 1965, 2 vols.; *A sociologia numa era de revolução social*. São Paulo, Companhia Editora Nacional, 1963; *Mudanças sociais no Brasil*. São Paulo, Difusão Europeia do Livro, 1960; *Ensaios de sociologia geral e aplicada*. São Paulo, Pioneira, 1960, cap. 4, especialmente p. 192-219, sobre o dilema educacional brasileiro; *La persistence du passé*. Copenhague, Conference on Race and Color 1965, (ed. mimeo.); "The social sciences in Latin America". In: WOOD, Bryce e DIEGUES JUNIOR, M. (orgs.). *Social science in Latin America*. Nova York/Londres, Columbia University Press, 1967, p. 19-54; "Aspectos da questão racial", *O Tempo e o Modo*, Lisboa, nº 50, 1967, p. 36-49; *Folclore e mudança social na cidade de São Paulo*. São Paulo, Anhembi, 1961; *A etnologia e a sociologia no Brasil*. São Paulo, Anhembi, 1958.

FORACCHI, Marialice Mencarini. *A juventude na sociedade moderna*, São Paulo, Faculdade de Filosofia, Letras e Ciências Humanas da Universidade de São Paulo, 1970 (ed. mimeo.); "Ideologia estudantil e comportamento efetivo", comunicação apresentada ao IX Congresso Latino-Americano de Sociologia, nov. 1969; "Ideologia estudantil e sociedade dependente", *Revista Mexicana de Sociologia*, vol. XXXI, nº 3, 1969; "Aspectos da vida universitária na sociedade brasileira", *Revista Civilização Brasileira*, nos 21-22, 1968; "Estudante e política no Brasil", *Apartes*, nº 8, 1968; "Der Student in der brasilianischen Gesellschaft", *Staden Jahrbuch*, 1966; vol. 14, *O estudante e a transformação da sociedade brasileira*. São Paulo, Companhia Editora Nacional, 1965; "A juventude e a realidade nacional", *Revista Civilização Brasileira*, Rio de Janeiro, nos 5-6, 1966, p. 9-18; "A valorização do trabalho na ascensão social dos imigrantes", *Revista do Museu Paulista*, N.S. São Paulo, XIV, 1963, p. 311-20.

FRANK, Andre Gunder, *Lumpen-bourgeoisie et lumpen-dévelopment*. Paris, François Maspero, 1971.

FREYRE, Gilberto. *Ordem e progresso*. Rio de Janeiro, Livraria José Olympio Editora, 1959, 2 vols.; *Sobrados e mocambos*. 2ª ed., Rio de Janeiro, Livraria José Olympio Editora, 1951, 3 vols.; *Casa-grande e senzala*. 9ª ed., Rio de Janeiro, Livraria José Olympio Editora, 1958, 2 vols.; *Interpretação do Brasil*. Rio de Janeiro, Livraria José Olympio Editora, 1947; *O mundo que o português criou*. Rio de Janeiro, Livraria José Olympio Editora, 1940.

GALJART, Benno. "Turnover of famers in a land settlement scheme in Brazil", *América Latina*, Rio de Janeiro, 8-2, 1965, p. 48-65; "Class and 'following' in rural Brazil", *América Latina*, 7-3, 1964, p. 3-24.

GARCIA, A. *La estructura del atraso en América Latina*. Buenos Aires, Editorial Pleamar, 1969.

GERMANI, Gino. *Sociología de la modernización*. Buenos Aires, Editorial Paidos, 1969; *Política y sociedad en una época de transición*. Buenos Aires, Editorial Paidos, 1962; em colaboração com K. H. Silvert: "Politics, social structure and military intervention in Latin America", *Archives Européennes de Sociologie*, II-1, 1961, p. 62-81.

GNACCARINI, José Cesar A. *Formação da empresa e relações de trabalho no Brasil rural*. São Paulo, Faculdade de Filosofia, Ciências e Letras da Universidade de São Paulo, 1966 (Ms.); "A empresa capitalista no campo", *Revista Brasiliense*, São Paulo, nº 44, 1962, p. 68-75.

GOLDBERG, Kuba. *Obstáculos socioculturais ao desenvolvimento da aviação comercial no Brasil*. São José dos Campos, Instituto Tecnológico de Aeronáutica, 1963.

GOLDMAN, Frank e SIMÃO, Aziz. *Itanhaém, estudo do desenvolvimento econômico e social de uma comunidade litorânea*. São Paulo, Faculdade de Filosofia, Ciências e Letras da Universidade de São Paulo, 1958.

GONÇALVES, José Carolino. *As migrações para o Recife: aspectos do crescimento urbano*. Recife, Instituto Joaquim Nabuco de Pesquisa Social, 1961.

GONÇALVES, Antônio (coord.); FERNANDES, Gonçalves; ANDRADE, Manuel Correia de; OLIVEIRA, Arnaldo Peixoto de; e ROSA E SILVA NETO, J. Marcelino da. *Problemas do abastecimento alimentar no Recife*. Recife, Instituto Joaquim Nabuco de Pesquisa Social, 1962.

GOUVEIA, Aparecida Joly. "Preference for different types of secondary schools among various ethinic groups in São Paulo, Brazil", *Sociology of Education*, vol. 39, nº 2, 1966; *Professores de amanhã: um estudo de escolha ocupacional*. Rio de Janeiro, Centro Brasileiro de Pesquisas Educacionais, 1965; "Desenvolvimento econômico e mudanças na composição do magistério de nível médio no Brasil", *Sociologia*, São Paulo, XXVI-4, 1964, p. 465-80; "Aspirações em relação ao futuro dos filhos", *Educação e Ciências Sociais*, Rio de Janeiro, 2-6, 1957, p. 279-92.

GRACIARENA, Jorge. *Poder y clases sociales en el desarrollo de América Latina*. Buenos Aires, Editorial Paidos, 1967.

GUZMAN, German; FALS BORDA, Orlando e UMAÑA LUNA, Eduardo. *La violencia en Colombia, estudio de un proceso social*. Facultad de Sociología, Universidad Nacional, 1962, 1º vol., e Ediciones Tercer Mundo, 1964, 2º vol.

HAMUY, Eduardo. *Consideraciones sociológicas en torno a la reforma agraria en Latinoamérica*. Santiago, Facultad de Ciencias Económicas, 1965 (ed. mimeo.).

HAUSER, Philip M. (org.). *L'Urbanization en Amérique Latine*. Paris, Unesco, 1962.

HEINTIZ, Peter. *Sociologie der Entwicklungländer*. Colônia/Berlim, Kiepenheuer & Witsch, 1962.

HERRMANN, Lucilla. *Evolução da estrutura social de Guaratinguetá num período de trezentos anos*. São Paulo, Edição da Revista de Administração, 1948; *Flutuação e mobilidade da mão de obra fabril em São Paulo*. São Paulo, Instituto de Administração, 1948.

HOFFMAN, Helga. *Como planejar o desenvolvimento?* Rio de Janeiro, Civilização Brasileira, 1963.

HOROWITZ, Irving Louis. *Urban politics in Latin America*. Louisiana, Washington University, 1965 (ed. mimeo.); "Carisma del partido político": un análisis comparativo de las prácticas y principios políticos en las naciones del tercer mundo", *América Latina*, Rio de Janeiro, 8-1, 1965, p. 77-100; como organizador e colaborador: *Revolution in Brazil: politics and society in a developing nation*. Nova York, E. P. Dutton, 1964.

HOROWITZ, Irving Louis; CASTRO, J. e GERASSI, J. (orgs.). *Latin American radicalism*. Nova York, Vintage Books, 1969.

HOSELITZ, Bert F. *Sociological aspects of economic growth*. The Free Press of Glencoe, 1960.

HUTCHINSON, Bertram. "Urban social mobility rates in Brazil related to migration and changing occupational structure", *América Latina*, Rio de Janeiro, 6-3, 1963, p. 47-62; "The migrant population of urban Brazil", *América Latina*, 6-2, 1963, p. 41-72; "Social mobility rates in Buenos Aires, Montevideo and São Paulo: a preliminary comparison", *América Latina*, v. 4, 1962, p. 3-20; "Structure and exchange mobility in the assimilation of immigrants to Brazil", *Population Studies*, XII-2, 1958, p. 111-20; "The social grading of occupations in Brazil", *The British Journal of Sociology*, III-2, 1957, p. 176-89; "Aspectos da educação universitária e status social em São Paulo, *Educação e Ciências Sociais*, Rio de Janeiro, 2-4, 1957, p. 39-76; "Mobilidade de estrutura e de intercâmbio na assimilação de imigrantes no Brasil, *Educação e Ciências Sociais*, 4-10, 1959, p. 37-52; "Origem socioeconômica dos estudantes universitários de São Paulo", *Educação e Ciências Sociais*, 1-3, 1956, p. 91-108; "Hierarquia de prestígio nas ocupações, segundo os estudantes universitários", *Educação e Ciências Sociais*, 1-2, 1965, p. 29-42.

HUTCHINSON, Bertram, com a colaboração de Carolina, Martuscelli Bori; LOPES, Juarez Brandão e CASTALDI, Carlo: *Mobilidade e trabalho: um estudo na cidade de São Paulo*. Rio de Janeiro, Centro Brasileiro de Pesquisas Educacionais, 1960.

IANNI, Octavio. *Imperialismo y cultura de la violencia en América Latina*. México, Siglo Veintiune Editores, 1970; *Raças e classes sociais no Brasil*. Rio de Janeiro, Civilização Brasileira, 1966; "Sociologia da sociologia na América Latina", *Revista Brasileira de Ciências Sociais*, Belo Horizonte, IV-1, 1966, p. 154-82; *Estado e capitalismo: estrutura social e industrialização no Brasil*. Rio de Janeiro, Civilização Brasileira, 1965; "Democracia e progresso", *Revista Civilização Brasileira*, Rio de Janeiro, nº 2, p. 5-13; *Industrialização e desenvolvimento social no Brasil*. Rio de Janeiro, Civilização Brasileira, 1963; *As metamorfoses do escravo*. São Paulo, Difusão Europeia do Livro, 1962.

IANNI, Octavio; SINGER, Paul; COHN, Gabriel e WEFFORT, Francisco C. *Política e revolução no Brasil*. Rio de Janeiro, Civilização Brasileira, 1966.

JOHNSON, John J. *The military and society in Latin America.* Stanford, Stanford University Press, 1964; *Political change in Latin América: the emergence of the middles sectors.* Stanford, Stanford University Press, 1958.

KAHL, Joseph A. *The measurement of modernism, a study of values in Brazil and Mexico.* Austin/Londres, The University of Texas Press, 1968; "Social stratification and values in metropolis and provinces: Brazil, Mexico", *América Latina,* Rio de Janeiro, 8-1, 1965, p. 23-36; "Urbanização e mudanças ocupacionais no Brasil", *América Latina,* v-4, 1962, p. 21-30; como organizador: *La industrialización en América Latina.* México, Fondo de Cultura Económica, 1965.

KNOWLTON, Clark S. *Sírios e libaneses, mobilidade social e espacial.* São Paulo, Anhembi, 1961.

LAMBERT, Jacques. *América Latina, estruturas sociais e instituições políticas.* Trad. de L. Lourenço de Oliveira. São Paulo, Companhia Editora Nacional/Edusp, 1969; *Le Brésil: structure sociale et institutions politiques.* Paris, Librairie Armand Colin, 1953; edição brasileira: *Os dois Brasis.* Rio de Janeiro, Inep, 1959.

LAPALOMBARA, Joseph (org.). *Bureaucracy and political development.* Princeton, Princeton University Press, 1963.

LASSWELL, Harold D. e LERNER, Daniel. *As elites revolucionárias.* Trad. de Waltensir Dutra. Rio de Janeiro, Zahar Editores, 1965.

LENHARD, Rudolf. *A escola rural e o desenvolvimento socioeconômico.* São Paulo, Faculdade de Filosofia, Ciências e Letras de São José do Rio Preto, 1967 (ed. mimeo.).

LIEUWEN, Edwin. *Generals vs. Presidents.* Nova York, Frederick A. Praeger, 1965; *Arms and politics in Latin America.* Nova York, Frederick A. Praeger, 1960.

LIEUWEN, Edwin; JOHNSON, John J.; ALBA, Victor e PYE, Lucien W. *Militarismo e política na América Latina.* Trad. de Waltensir Dutra. Rio de Janeiro, Zahar Editores, 1964.

LIPSET, Seymour Martin. *O homem político.* Trad. de Álvaro Cabral. Rio de Janeiro, Zahar Editores, 1967; *A sociedade americana: uma análise histórica e comparada.* Trad. de Mário Salviano. Rio de Janeiro, Zahar

Editores, 1966; *Elites, education and entrepreneurship in Latin America*. Cambridge, Harvard University, 1965 (ed. mimeo.); "Alguns requisitos sociais da democracia: desenvolvimento econômico e legitimidade política", *Revista Brasileira de Estudos Políticos*, Belo Horizonte, nº 13, p. 27-68.

LIPSET, S. M. e SOLARI, A. E. (orgs.). *Elites y desarrollo en América Latina*. Buenos Aires, Editorial Paidos, 1967.

LOPES, Juarez Brandão. *Desenvolvimento e mudança social, formação da sociedade urbano-industrial no Brasil*. São Paulo, Companhia Editora Nacional/Edusp, 1968; *Crise do Brasil arcaico*. São Paulo, Difusão Europeia do Livro, 1967; *Sociedade industrial no Brasil*. São Paulo, Difusão Europeia do Livro, 1964.

LOWRIE, Samuel H. "Pesquisa do padrão de vida dos operários da limpeza pública da cidade de São Paulo", *Revista do Arquivo Municipal*, São Paulo, IV-XLV, 1938, p. 336-44; "Pesquisa do padrão de vida dos operários da limpeza pública da municipalidade de São Paulo", *Revista do Arquivo Municipal*, V-LI, 1938, p. 183-304; "Origem da população da cidade de São Paulo e diferenciação das classes sociais", *Revista do Arquivo Municipal*, IV-XLII, 1938, p. 195-212; *Imigração e crescimento da população no estado de São Paulo*. São Paulo, Escola Livre de Sociologia e Política, 1938; "Ascendência das crianças dos parques infantis", *Revista do Arquivo Municipal*, XXXIX, 1937, p. 261-74, e XLI, 1937, p. 267-78.

LOWY, Michael e CHUCID, Sarah. "Opiniões e atitudes de líderes sindicais metalúrgicos", *Revista Brasileira de Estudos Políticos*, nº 13, 1962, p. 132-69.

LYNN SMITH, T. *Brazil: people and institutions*. Baton Rouge, Louisiana State University Press, 1954.

LYNN SMITH, T. e MARCHANT, A. (orgs.). *Brazil: portrait of half a continent*. Nova York, The Dryden Press, 1951.

MACHADO NETO, A. L. *Sociologia do desenvolvimento*. Rio de Janeiro, Edições Tempo Brasileiro, 1963; *A ordem jurídica e o desenvolvimento econômico*. Salvador, Faculdade de Ciências Econômicas da Universidade da Bahia, 1960; *Educação para o desenvolvimento*. Salvador, Estudos e Problemas da Bahia, 1960.

MACIEL, Paulo Frederico. *As migrações para o Recife: aspectos econômicos.* Recife, Instituto Joaquim Nabuco de Pesquisa Social, 1961; *Um informe sobre alguns problemas do Nordeste.* Recife, Instituto Joaquim Nabuco de Pesquisa Social, 1956.

MANNHEIM, Karl, "Conservative thought", em *Essays in Sociology and Social Psychology.* Londres, Routledge & Kegan Paul, 1953, cap. II; "Perspectivas de una política científica: relación entre la teoría social y la práctica política", em *Ideologia y utopia.* Trad. de S. Echavarría. México, Fondo de Cultura Económica, 1941, cap. III.

MARCONDES, J. V. Freitas. *First Brazilian legislation relating to rural labor unions.* Gainesville, University of Florida Press, 1962; *Revisão e Reforma agrária,* São Paulo, edição do autor, 1962, "Reforma agrária à luz das Ciências Sociais", *Sociologia,* São Paulo, XXIV-4, 1962, p. 273-90; "A agricultura em tempo parcial no estado de São Paulo", *Sociologia,* XXI, nº 1, 1962, p. 29-40; "As missões rurais e a sindicalização rural", *Arquivos de Direito Social,* 10-1, 1952, p. 5-16.

MARGULIUS, Mario. *Migración y marginalidad en la sociedad Argentina.* Buenos Aires, Editorial Paidos, 1968.

MARTINS, José de Souza. *A comunidade na sociedade de classes, estudo sociológico sobre o imigrante italiano e seus descendentes no subúrbio de São Paulo* (Núcleo Colonial de São Caetano). Faculdade de Filosofia, Letras e Ciências Humanas da Universidade de São Paulo, 1970 (ed. mimeo.); "Modernização e problema agrário no Estado de São Paulo", *Revista do Instituto de Estudos Brasileiros,* nº 6, 1969; "Modernização agrária e industrialização no Brasil", *América Latina,* Centro Latino-americano de Pesquisas em Ciências Sociais, ano 12, nº 2, abr.-jun. de 1969; *Empresário e empresa na biografia do conde Matarazzo.* Rio de Janeiro, Instituto de Ciências Sociais da Universidade Federal do Rio de Janeiro, 1967.

MARTINS, Luciano. *Industrialização, burguesia nacional e desenvolvimento.* Rio de Janeiro, Saga, 1968; "Aspectos políticos da revolução brasileira", *Revista Civilização Brasileira,* Rio de Janeiro, nº 12, 1965, p. 15-38; "Formação do empresariado industrial no Brasil", *Revista Civilização Brasileira,* ano III, nº 13, 1967, p. 91-131.

MEDEIROS, Laudelino T. *O processo de urbanização no Rio Grande do Sul.* Porto Alegre, Universidade do Rio Grande do Sul, 1959.

MENEZES, Djacir. *O outro Nordeste*. Rio de Janeiro, Livraria José Olympio Editora, 1937.

MÉTRAUX, A. et al. *Resistências à mudança*. Rio de Janeiro, Centro Latino-Americano de Pesquisas em Ciências Sociais, 1960.

MONTEIRO, Duglas Teixeira. "Estrutura social e vida econômica em uma área de pequena propriedade e de monocultura", *Revista Brasileira de Estudos Políticos*, Belo Horizonte, nº 12, 1961, p. 47-63.

MORAIS, Pessoa de. *Sociologia da revolução brasileira*. Rio de Janeiro, Leitura, 1965.

MORAIS FILHO, Evaristo de. "A regulamentação das relações de trabalho no Brasil", *Revista de Ciências Sociais*, Belo Horizonte, III-2, 1963, p. 3-30; "Aspirações atuais do Brasil: análise sociológica", *Revista do Instituto de Ciências Sociais da Universidade do Brasil*, Rio de Janeiro, 1-1, 1962, p. 19-66; *O problema do sindicato único no Brasil, seus fundamentos sociológicos*. Rio de Janeiro, "A Noite", 1952.

MOREIRA, Maria Sylvia de Carvalho Franco. *Homens livres na ordem escravocrata*. São Paulo, Instituto de Estudos Brasileiros da Universidade de São Paulo, 1969; *Os homens livres na velha civilização do café*. São Paulo, Faculdade de Filosofia, Ciências e Letras da Universidade de São Paulo, 1964 (Ms.); *Os alunos do interior na vida escolar e social da cidade de São Paulo*. São Paulo, Faculdade de Filosofia, Ciências e Letras da Universidade de São Paulo, 1962.

MOURÃO, Fernando Augusto Albuquerque. *A pesca no litoral sul do Estado de São Paulo e o pescador da região lagunar de Iguape-Cananeia*. São Paulo, Faculdade de Filosofia, Ciências e Letras da Universidade de São Paulo, 1967 (ed. mimeo.).

NOGUEIRA, Oracy. "O desenvolvimento de São Paulo através de índices demográfico-sanitários ('vitais') e educacionais", *Revista de Administração*, São Paulo, nº 30, 1963, p. 1-140; *Família e comunidade: um estudo sociológico de Itapetininga*, São Paulo/Rio de Janeiro, Centro Brasileiro de Pesquisas Educacionais, 1962; "Relações raciais no município de Itapetininga", em Unesco-Anhembi, *Relações raciais entre negros e brancos em São Paulo*. São Paulo, Anhembi, 1955, p. 362-554; "Preconceito racial de marca e preconceito racial de origem", *Anais do XXXI Congresso Internacional de Americanistas*, São

Paulo, Anhembi, 1955, vol. I, p. 409-34; *Vozes de Campos de Jordão*. São Paulo, edição da *Revista Sociologia*, 1950.

NUN, José (org.). "La marginalidad en América Latina". *Revista Latinoamericana de Sociología*, Buenos Aires, vol. V, nº 2, 1969; *América Latina: la crisis hegemónica y el golpe militar*, separata de *Desarrollo Económico*, vol. 6, nº 22-23, jul.-dez. 1966.

OBREGÓN, A. Quijane. "El movimiento campesino del Peru y sus líderes", *América Latina*, VIII-4, out.-dez. 1966.

OLIVEIRA VIANNA, F. J. de: *Introdução à história da economia pré-capitalista no Brasil*. Rio de Janeiro, Livraria José Olympio Editora, 1958; *Evolução do povo brasileiro*. 4ª edição, Rio de Janeiro, Livraria José Olympio Editora, 1956; *As instituições políticas brasileiras*. 2ª ed., Rio de Janeiro, Livraria José Olympio Editora, 1949, 2 vols.; *Pequenos estudos de psicologia Social*. 3ª ed., São Paulo, Companhia Editora Nacional, 1942; *O idealismo da constituição*. 3ª ed., São Paulo, Companhia Editora Nacional, 1939; *O ocaso do império*. São Paulo, Companhia Melhoramentos, s. d.

PASTORE, José. *Brasília: a cidade e o homem*. São Paulo, Companhia Editora Nacional, 1969; "Conflito e mudança social no Brasil", *Sociologia*, São Paulo, XXIV-4, 1962, p. 259-72; *Rendimento escolar em São Paulo, uma interpretação sociológica*. São Paulo, Escola de Sociologia e Política de São Paulo, 1963 (ed. mimeo.).

PEARSE, Andrew. "A formação de atitudes para com a escola em migrantes do interior", *Educação e Ciências Sociais*, Rio de Janeiro, 3-8, 1958, p. 9-54; "Notas sobre a organização social de uma favela do Rio de Janeiro", *Educação e Ciências Sociais*, 3-7, 1958, p. 9-32; "Integração social das famílias das favelas", *Educação e Ciências Sociais*, 2-6, 1957, p. 245-78.

PEREIRA, João Baptista Borges. *A escola secundária numa sociedade em mudança*. São Paulo, Pioneira, 1969; *Cor, profissão e mobilidade: o negro na rádio de São Paulo*. São Paulo, Pioneira, 1967.

PEREIRA, José Carlos. *Empresa industrial e desenvolvimento econômico no Brasil de pós-guerra*. São Paulo, Faculdade de Filosofia, Letras e Ciências Humanas da Universidade de São Paulo, 1970 (ed. mimeo.); "A estrutura do sistema industrial de São Paulo", *Revista Brasileira de*

Ciências Sociais, Belo Horizonte, IV-1, 1966, p. 7-116; *Expansão e evolução da indústria em São Paulo*. São Paulo, Companhia Editora Nacional, 1967; "Considerações sobre a formação da grande empresa industrial em São Paulo", *Revista Brasiliense*, São Paulo, nº 47, 1963, p. 42-60.

PEREIRA, Luiz (org.). *Perspectivas do capitalismo moderno*. Rio de Janeiro, Zahar Editores, 1971; *Estudos sobre o Brasil contemporâneo*. São Paulo, Pioneira, 1971; *Ensaios de sociologia do desenvolvimento*. São Paulo, Pioneira, 1972. (org.). *Urbanização e subdesenvolvimento*. Rio de Janeiro, Zahar Editores, 1969; (org.). *Subdesenvolvimento e desenvolvimento*. Rio de Janeiro, Zahar Editores, 1969; (org.). *Desenvolvimento, trabalho e educação*. Rio de Janeiro, Zahar Editores, 1968; *Trabalho e desenvolvimento no Brasil*. São Paulo, Difusão Europeia do Livro, 1965; *O magistério primário na sociedade de classes*. São Paulo, Faculdade de Filosofia, Ciências e Letras da Universidade de São Paulo, 1963; *A escola numa área metropolitana*. São Paulo, Faculdade de Filosofia, Ciências e Letras da Universidade de São Paulo, 1960.

PEREIRA, Luiz e FORACCHI, Marialice Mencarini (orgs.). *Educação e sociedade*. São Paulo, Companhia Editora Nacional, 1964.

PETRA, James e ZEITLIN, Maurice (orgs.). *Latin America: reform or revolution?* Nova York, Fawcett Publications, 1968.

PIERSON, Donald. *Cruz das almas: a Brazilian village*. Nova York, Smithsonian Institution; Washington, United States Government; Printing Office, 1951; *Brancos e pretos na Bahia*. São Paulo, Companhia Editora Nacional, 1945; "Hábitos alimentares em São Paulo", *Revista do Arquivo Municipal*, São Paulo, nº XCVIII, 1944, p. 45-79.

PINTO, Álvaro Vieira. "Indicações metodológicas para a definição do subdesenvolvimento", *Revista Brasileira de Ciências Sociais*, Belo Horizonte, III-2, 1963, p. 252-79; *Consciência e realidade nacional*. Rio de Janeiro, Instituto Superior de Estudos Brasileiros, 1960, 2 vols.; *Ideologia e desenvolvimento nacional*. Rio de Janeiro, Instituto Superior de Estudos Brasileiros, 1960.

PRADO Jr., Caio. *A revolução brasileira*. São Paulo, Brasiliense, 1966; *Evolução política do Brasil e outros estudos*. 3ª ed., São Paulo, Brasiliense, 1953; *Formação do Brasil contemporâneo*. São Paulo, Livraria Martins Editora, 1942.

PYE, Lucien W. (org.). *Comunicações e desenvolvimento político*. Trad. de Luciano Miral. Rio de Janeiro, Zahar Editores, 1967.

QUEIROZ, Maria Isaura Pereira de. *Os cangaceiros, les Bandits d'Honneur brésiliens*. Paris, Julliard, 1968; *O messianismo no Brasil e no mundo*. São Paulo, Dominus Editora, 1965 (esp. segunda parte, caps. II e III); "Les classes sociales dans le Brésil actuel", *Cahiers Internationaux de Sociologie*, XXXIX, 1965, p. 137-69; "Uma categoria rural esquecida", *Revista Brasiliense*, n° 45, 1963, p. 85-97; *La "Guerre Sainte" au Brésil: le mouvement messianique du "Contestado"*, São Paulo, Faculdade de Filosofia, Ciências e Letras da Universidade de São Paulo, 1957; "O mandonismo local na vida política brasileira", em *Estudos de Sociologia e História*. São Paulo, Anhembi, 1957, p. 194-301.

QUEIROZ, Maurício Vinhas de. *Problemas agrário-camponeses no Brasil*. Rio de Janeiro, Civilização Brasileira, 1968; "Os grupos multibilionários", *Revista do Instituto de Ciências Sociais*, Rio de Janeiro, 2-1, 1965.

RAMOS, A. Guerreiro. *Mito e verdade na revolução brasileira*. Rio de Janeiro, Zahar Editores, 1963; *A crise do poder no Brasil*. Rio de Janeiro, Zahar Editores, 1961; "A dinâmica da sociedade política no Brasil", *Revista Brasileira de Estudos Políticos*, Belo Horizonte, I-1, 1956, p. 23-38.

RATTNER, Heinrich. *Tradição e mudança: a comunidade judaica em São Paulo*. São Paulo, Faculdade de Filosofia, Letras e Ciências Humanas da Universidade de São Paulo, 1970 (ed. mimeo.); *Localização da indústria e concentração econômica em São Paulo*. São Paulo, Faculdade de Filosofia, Letras e Ciências Humanas da Universidade de São Paulo, 1969 (ed. mimeo.); "A persistência de padrões tradicionais e problemas de integração na sociedade brasileira entre estudantes universitários judeus de São Paulo, *Sociologia*, São Paulo. XXVII-2, 1965, p. 121-52; "Contrastes regionais do desenvolvimento econômico brasileiro", separata da *Revista de Administração de Empresas*, n° 11, 133-60.

RELAÇÕES HUMANAS. São Paulo (especialmente a enumeração dos estudos de comunidade publicados por essa revista, ano 8, n° 22-23, 1965).

RIOS, José Arthur. *Aspectos políticos da assimilação de italianos no Brasil*. São Paulo, Fundação da Escola de Sociologia e Política de São Paulo, 1959.

RIOS, José Arthur. com a colaboração de Carlos Alberto Medina, e Hélio; Modesto. *Aspectos humanos da favela carioca*, dois suplementos especiais de O *Estado de S. Paulo*, 13 e 15 abr. 1960.

RIVARELA, Domingo M. e HEISECKE, G. (orgs.). *Población, urbanización y recursos humanos en el Paraguay*. Assunción, Centro Paraguayo de Estudios Sociológicos, 1969.

RODRIGUES, José Albertino. *Sindicato e desenvolvimento no Brasil*. São Paulo, Difusão Europeia do Livro, 1966; "II Congresso Sindical dos Trabalhadores do Estado de São Paulo", *Revista Brasiliense*, São Paulo, nº 29, 1960, p. 73-78.

RODRIGUES NETTO, Leôncio Martins. *Industrialização e atitudes operárias*. São Paulo, Brasiliense, 1970; *La clase obrera en el Brasil*. Buenos Aires, Centro Editor de América Latina, 1969; (org.). *Sindicalismo e sociedade*. São Paulo, Difusão Europeia do Livro, 1968; *Conflito industrial e sindicalismo no Brasil*. São Paulo, Difusão Europeia do Livro, 1966; "Sindicalismo y desarrollo en el Brasil", *Revista Latinoamericana de Sociologia*, nº 1, 1966, p. 27-42; "Considerações preliminares sobre greves operárias em São Paulo", *Sociologia*, XXVII-3, 1965, p. 209-18.

ROSEN, Bernard C. "Personalidade e crescimento econômico no Brasil", *Sociologia*, São Paulo, XXVI-3, 1964, p. 357-78.

SAFFIOTI, Heleieth Yara Bongiovani. *A mulher na sociedade de classes*. São Paulo, Faculdade de Filosofia, Ciências e Letras de Araraquara, 1967, 3 vols. (ed. mimeo.).

SAITO, Hiroshi. O *japonês no Brasil*. São Paulo, Sociologia e Política, 1961; O *cooperativismo e a comunidade: caso da cooperativa agrícola de Cotia*. São Paulo, Sociologia e Política, s. d.; O *cooperativismo na região de Cotia: estudo de transplantação cultural*. Escola de Sociologia e Política de São Paulo, 1956; *Contenda: assimilação dos poloneses no Paraná*. São Paulo, Sociologia e Política, 1963; "Mobilidade de ocupação e de status de um grupo de imigrantes", *Sociologia*, São Paulo, XXII-3, 1960, p. 241-53.

SILVA, Fábio Barbosa da. "Organização social de Juazeiro e tensões entre o litoral e o interior", *Sociologia*, São Paulo, XXIV-3, 1962, p. 181-94.

SIMÃO, Aziz. "Industrialization, planning and occupational organization in Brazil", *International Labor Review*, Genebra, vol. 98, nº 2, LLO, 1968; *Sindicato e Estado*. São Paulo, Dominus Editora/Edusp, 1966; "Funções do sindicato na sociedade moderna brasileira", *Revista de Estudos Socioeconômicos*, São Paulo, ano I, nº 1, 1961; "Industrialisation et sindicalisme au Brésil", *Sociologie du Travail*, Paris, nº 4, 1961, p. 66-76; "O voto operário em São Paulo", separata dos *Anais do Congresso Brasileiro de Sociologia*, São Paulo, 1955.

SIMÃO, Aziz e COURRICAUD, F. *Sindicalismo en Latinoamérica: los casos de Peru y Brasil*. Barcelona, Nova Terra, 1965.

SOARES, Glaucio Ary Dilon. "Desenvolvimento econômico e radicalismo político: o teste de uma hipótese", *América Latina*, Rio de Janeiro, jul.-set. 1962, p. 65-83; "Desenvolvimento econômico e radicalismo político", *Boletim do Centro Latino-americano de Pesquisas em Ciências Sociais*, Rio de Janeiro, 2-IV, 1961, p. 117-57; "Interesse político, conflito de pressões e indecisão eleitoral nas eleições de 1960 na Guanabara", *Síntese Política, Econômica e Social*, IX; "Classes sociais, *strata* sociais e as eleições presidenciais de 1960", *Sociologia*, São Paulo, XXIII-3, 1961, p. 217-38.

STAVENHAGEN, Rodolfo. *Essai comparatif sur les classes sociales rurales et la stratification des quelques pays sous-developés*. Paris, École Pratique des Hautes Études, 1964.

SZMRECSÁNYI, T. *Mudança social e mudança educacional*. São Paulo, Faculdade de Filosofia, Ciências e Letras da Universidade de São Paulo, 1969.

TAVARES, Luiz Henrique Dias. "Origem social e aspirações ocupacionais de ginasianos e colegiais da cidade de Salvador", *Educação e Ciências Sociais*, Rio de Janeiro, 3-8, 1958, p. 75-92.

THEOTONIO JÚNIOR. "O movimento operário no Brasil", *Revista Brasiliense*, São Paulo, nº 39, 1962, p. 100-18.

TORRES, Alberto. *O problema nacional brasileiro*. São Paulo, Companhia Editora Nacional, 1938; *A organização nacional*. Rio de Janeiro, Imprensa Nacional, 1914.

TOSTA BERLINCK, Manoel. *Algumas percepções sobre a mudança do papel ocupacional da mulher, na cidade de São Paulo*. São Paulo, Escola de Sociologia e Política, 1964 (ed. mimeo.).

TOURAINE, Alain. "Mobilidade social, relações de classe e nacionalismo na América Latina", *Difusão*, São Paulo, nº 4, 1971; "Sociologie du développement", *Sociologie du Travail*, abr.-jun. 1963; "Industrialisation et conscience ouvrière à São Paulo", *Sociologie du Travail*, Paris, nº 4, 1961, p. 77-95.

UNESCO, *Aspectos sociales del desarrollo económico en América Latina*, Paris, 1962, 2 vols. *Aportaciones positivas de los inmigrantes*, Paris, 1955, (especialmente capítulo IV, sobre o Brasil, de autoria de Emilio Willems).

UNIÃO PAN-AMERICANA, *Materiales para el estudio de la clase media en América Latina*, Washington, 1950-1951, 6 vols.

UNZER DE ALMEIDA, Vicente. *Agricultura e desenvolvimento econômico em São Paulo*. São Paulo, Escola de Sociologia e Política, 1961; *Condições de vida do pequeno agricultor no município de Registro*. São Paulo, Escola de Sociologia e Política, 1957.

UNZER DE ALMEIDA, Vicente em colaboração com Octavio Teixeira, Mendes Sobrinho. *Migração rural-urbana*. São Paulo, Secretaria da Agricultura, 1951.

VEKEMANS, R.; FUENZALIDA, I. et al. *Marginalidad en América Latina*. Santiago, Chile, Desal-Herder, 1968.

VELIZ, C. (org.). *Obstacles to change in Latin America*. Nova York, Oxford University Press, 1968.

VILAÇA, Marcos Vinicius e ALBUQUERQUE, Roberto C. de. *Coronel, coronéis*. Rio de Janeiro, Edições Tempo Brasileiro, 1965.

VINHAS, Moysés. "Contribuição para o estudo da estrutura e da organização do proletariado paulista", *Revista Brasiliense*, nº 36, p. 100-25.

VIOLICH, Francis. "Urban growth and planning in Brazil", *Sociologia*, São Paulo, XXI-4, 1959, p. 337-49.

WATANABE, Hiroshi e Braga, Weber da Silva. *Morro do Querosene: alguns aspectos da formação de uma favela*. Belo Horizonte, Cadernos de Cultura, 1961.

WILLEMS, Emílio. *Cunha: tradição e transição em uma cultura rural no Brasil*. São Paulo, Secretaria da Agricultura, 1947; *A aculturação dos alemães no Brasil*. São Paulo, Companhia Editora Nacional, 1946; O *problema rural do ponto de vista antropológico*. Secretaria da Agricultura, 1944; *Assimilação e populações marginais no Brasil*. São Paulo, Companhia Editora Nacional, 1940; "A estrutura da família brasileira", *Sociologia*, São Paulo, XVI-4, 1952.

WOLF, M. *Recent changes urban and rural settlement patterns in Latin America: some implications for social organization and development*. Santiago, Chile, Cepal, 1966; *Las clases medias en centro América: características que presentan en la actualidad y requisitos para su desarrollo*. Santiago, Chile. Cepal, 1960.

WOORTMANN, Klass A. A. "A mulher em situação de classe", *América Latina*. Rio de Janeiro, 8-3, 1965, p. 62-83; "Implicações sociais do desenvolvimento e da urbanização", *Educação e Ciências Sociais*, Rio de Janeiro, 10-20, p. 110-24.

XIDIEH, Oswaldo Elias. "Subúrbio", *Revista do Arquivo Municipal*, São Paulo, nº CXIV, 1947, p. 173-84.

3) *Política*

ALEXANDER, Robert J. *Aspectos políticos da América Latina*. Trad. de V. L. Schilling. Rio de Janeiro/São Paulo, Record, 1966.

ALMEIDA, Rômulo. *Clientelismo contra desenvolvimento: dilema dos nossos dias*. Salvador, Edições da Comissão de Planejamento Econômico, 1958.

AMARAL, Azevedo. O *estado autoritário e a realidade nacional*. Rio de Janeiro, Livraria José Olympio Editora, 1938.

ARRAIS, Monte. O *estado novo e suas diretrizes*. Rio de Janeiro, Livraria José Olympio Editora, 1938.

BEIGUELMAN, Paula. *A formação do povo no complexo cafeeiro: aspectos políticos*. São Paulo, Faculdade de Filosofia, Ciências e Letras da Universidade de São Paulo, 1968; *Pequenos estudos de ciência política*. São Paulo, Centro Universitário, 1967; "Aspectos da organização político-partidária no império brasileiro", *Revista de História*, São Paulo, XXV-51, 1962, p. 3-12; *Teoria e ação no pensamento abolicionista*. São Paulo, Faculdade de Filosofia, Ciências e Letras, 1961 (ed. mimeo.).

BONAVIDES, Paulo. "Fatores econômicos na crise político-partidária, depois da Revolução de 1930", *Revista Brasileira de Estudos Políticos*, III-6, 1959, p. 87-101.

CARDOSO, Fernando Henrique. *Política e desenvolvimento em sociedades dependentes*. Rio de Janeiro, Zahar Editores, 1961.

CARVALHO, Orlando. *Ensaios de sociologia eleitoral*. Belo Horizonte, edição da Revista Brasileira de Estudos Políticos, 1958; *A crise dos partidos políticos nacionais*. Belo Horizonte, Kriterion, 1950; *Problemas fundamentais do município*. São Paulo, Companhia Editora Nacional, 1937.

CASANOVA, Pablo González. *La democracia en México*. México Ediciones Era, 1965.

CHACON, Vamireh. *História das ideias socialistas no Brasil*. Rio de Janeiro, Civilização Brasileira, 1965.

DEBRAY, Regis. *Revolution in the revolution?*, Armed Struggle and Political Struggle in Latin America, Nova York, Grove Press, 1967.

DEBRUN, Michel. *Nationalisme et politique du dévelopement au Brésil*, separata de *Sociologie du Travail*, Paris, 1965; "O problema da ideologia do desenvolvimento", *Revista Brasileira de Ciências Sociais*, Belo Horizonte, II-2, 1962, p. 236-79.

DI TELLA, Torquato S. *El sistema político argentino y la clase obrera*. Buenos Aires, Eudeba, 1964.

DUARTE, Nestor. *A ordem privada e a organização política nacional*. 2ª ed., São Paulo, Companhia Editora Nacional, 1966.

FERREIRA FILHO, Manoel Gonçalves. "Aspectos políticos do confronto presidencialismo *versus* parlamentarismo", *Sociologia*, XXIV-3, 1962, p. 203-08.

FRANK, Andre Gunder. "The underdevelopment policy of the United Nations in Latin America", *Nacla Newsletter*, III-8, dez. 1969.

HORTA, Raul Machado; BOSON, Gerson de Brito Mello; CARVALHO, Orlando; MENDES JÚNIOR, Onofre e ALBINO DE SOUZA, Washington Peluso. *Perspectivas do federalismo brasileiro*. Belo Horizonte, *Revista Brasileira de Estudos Políticos*, 1958.

IANNI, Octavio. *O colapso do populismo no Brasil*. Rio de Janeiro, Civilização Brasileira, 1968.

IMAZ, José Luiz. *Los que mandan*. Buenos Aires, Eudeba, 1964.

INSTITUTO DE SOCIOLOGIA E POLÍTICA. *Estudo sociopolítico da vida nacional*. São Paulo, Federação do Comércio do Estado de São Paulo, 1958.

JAGUARIBE, Hélio. *Desenvolvimento econômico e desenvolvimento político*. Rio de Janeiro, Fundo de Cultura, 1962; "A renúncia do presidente Quadros e a crise política brasileira", *Revista Brasileira de Ciências Sociais*, Belo Horizonte, I-1, 1961, p. 272-311; *Condições institucionais do desenvolvimento*. Rio de Janeiro, Instituto Superior de Estudos Brasileiros, 1958; *O nacionalismo na atualidade brasileira*. Rio de Janeiro, Instituto Superior de Estudos Brasileiros, 1958.

KELLY, Prado. "As transformações do presidencialismo brasileiro", *Revista Brasileira de Estudos Políticos*, Belo Horizonte, nº 7, 1959, p. 93-130.

KLING, Merle. "Contribuição para uma teoria da instabilidade do poder e da política na América Latina", *Revista Brasileira de Estudos Políticos*, Belo Horizonte, III-5, 1959, p. 7-29.

LADOSKI, Waldemar. "Evolução das instituições políticas em Minas Gerais", *Revista Brasileira de Estudos Políticos*, Belo Horizonte, nº 14, 1962, p. 85-110.

LEAL, Victor Nunes. *Coronelismo, enxada e voto*. Rio de Janeiro, Revista Forense, 1948.

LIMA, Hermes. "Federalismo e presidencialismo", *Revista Brasileira de Estudos Políticos*, Belo Horizonte, nº 7, 1949, p. 75-92.

LIPSON, Leslie. "O governo no Brasil contemporâneo", *Revista Brasileira de Estudos Políticos*, Belo Horizonte, I-1, 1956, p. 49-69.

LUCAS, Fábio. *Conteúdo social das constituições brasileiras*. Belo Horizonte, Faculdade de Ciências Econômicas da Universidade de Minas Gerais.

MAIER, Joseph e WEATHERHEAD, Richard W. *Politics of change in Latin America*. Nova York, Frederik A. Praeger, 1964.

MELO FRANCO, Afonso Arinos. *Evolução da crise brasileira*. São Paulo, Companhia Editora Nacional, 1965; *História e teoria do partido políti-*

co no Direito Constitucional brasileiro. Rio de Janeiro, 1948; *Introdução à realidade brasileira*. Rio de Janeiro, Schmidt Editor, 1933.

MENDES DE ALMEIDA, Cândido Antônio. *Nacionalismo e desenvolvimento*. Rio de Janeiro, Instituto Brasileiro de Estudos Afro-asiáticos, 1963; "Política externa e nação em processo", *Tempo Brasileiro*, Rio de Janeiro, n° 1, 1962, p. 40-64; *Perspectiva atual da América Latina*. Rio de Janeiro, Instituto Superior de Estudos Brasileiros, 1960.

MOTTA, Albérico. *Classes sociais e poder político*. Salvador, Instituto de Ciências, Universidade Federal da Bahia, 1966.

O'CONNOR, J. *The origins of socialism in Cuba*. Ithaca/Londres, Cornell University Press, 1970.

PINTO, Ferreira. "Os partidos políticos no Brasil e seu desenvolvimento histórico", *Revista Brasiliense*. São Paulo, n° 36, 1961, p. 132-50.

POPPINO, Rollie E. "O processo político no Brasil: 1929-1945", *Revista Brasileira de Estudos Políticos*, Belo Horizonte, n° 17, 1964, p. 83-94.

REALE, Miguel. *Pluralismo e liberdade*. São Paulo, Edição Saraiva, 1963; *Parlamentarismo brasileiro*. 2ª ed., São Paulo, Edição Saraiva, 1962; "O sistema de representação proporcional e o regime presidencial brasileiro", *Revista Brasileira de Estudos Políticos*, Belo Horizonte, n° 7, 1959, p. 9-44.

REVISTA BRASILEIRA DE ESTUDOS POLÍTICOS (especialmente n° 8, 1960, dedicado às eleições de 1958; e n° 16, 1964, dedicado às eleições de 1962.)

RODRIGUES, Miguel Urbano. *Opções da revolução na América Latina*. Rio de Janeiro, Paz e Terra, 1968.

SANTOS, Teotonio dos. *Socialismo e fascismo, dilema latinoamericano*. Santiago, Chile, Ediciones Prensa Latinoamericana, 1969; *El nuevo carácter de la dependencia*. Santiago, Chile, Centro de Estudios Socio Económicos, Facultad de Ciencias Económicas, Universidad de Chile, 1968.

SCHNEIDER, Ronald. *Brazil election factbook*, n° 2, set. 1965, Washington, Institute for Comparative Study of Political Systems, 1965.

SCHWARTZMAN, Simon. "Desenvolvimento econômico e desenvolvimento político", *Revista Brasileira de Ciências Sociais*, Belo Horizonte, III-1, 1963, p. 271-82.

SILVA, Odon Pereira. "Notas de uma campanha eleitoral", *Revista Brasiliense*, São Paulo, nº 51, 1964, p. 19-44.

SILVERT, Kalman H. (org.). *Expectant people*. Nova York/Toronto, Vintage Books, 1963; *The conflict society: reaction and revolution in Latin America*. New Orleans, The Houser Press, 1961; *La sociedad problema: reacción y revolution en América Latina*. Trad. de Noemi Rosenblat. Buenos Aires, Editorial Paidos, 1962; em colaboração com Gino Germani: "Politics, social structure and military intervention in Latin America", *Archives Européennes de Sociologie*, I-1, 1961, p. 62-81.

TRIGUEIRO, Oswaldo. "A crise do sistema eleitoral brasileiro", *Revista Brasileira de Estudos Políticos*, Belo Horizonte, III-6, 1959, p. 102-10.

WEFFORT, Francisco C. *Classes populares e política: contribuição ao estudo do populismo*. São Paulo, Faculdade de Filosofia, Ciências e Letras da Universidade de São Paulo, 1968 (ed. mimeo.); "Le populisme dans la politique brésilienne", *Les Temps Modernes*, Paris, nº 257, out. 1967; "Aspectos de la crisis de las elites políticas en América Latina", em Medina Echevarría e outros, *Las Elites Urbanas en América Latina*, ILPES, 1966; "Participación económica y participatión social", ILPES, 1966; "Raízes sociais do populismo em São Paulo", *Revista Civilização Brasileira*, nº 2, 1965, p. 5-14; *Estado y masas en el Brasil*, Santiago, Chile, Instituto Latinoamericano de Planificación Económica y Social, 1964.

4) *História social, cultural e política*

ALBA, Victor, *Historia del movimiento obrero en América Latina*. México, Libreros Mexicanos Unidos, 1964.

AMARAL, Luís. *História geral da agricultura brasileira no tríplice aspecto político, social e econômico*. São Paulo, Companhia Editora Nacional, 1940, 3 vols.

ATHAYDE, Tristão de. *Contribuição à história do modernismo*. Rio de Janeiro, Livraria José Olympio Editora, 1939.

BAGÚ, Sergio. *Estructura social de la colonia: ensayo de Historia Comparada de América Latina*. Buenos Aires, Libreria El Ateneo Editorial, 1952.

BASBAUM, Leôncio. *História sincera da República*. São Paulo, Editora Edaglit, 1960, 3 vols.

BELLO, José Maria. *História da República (1889-1954)*. 5ª ed, São Paulo, Companhia Editora Nacional, 1954.

BONFIM, Manoel. *O Brasil nação*. Rio de Janeiro, Livraria Francisco Alves, 1928.

BRANDENBURG, Frank R. *The making of modern Mexico*. Englewood Cliffs, Prentice Hall, 1965.

BUARQUE DE HOLANDA, Sérgio. *Raízes do Brasil*. Rio de Janeiro, Livraria José Olympio Editora, 1936.

BUARQUE DE HOLANDA, Sérgio (org.). *História geral da civilização brasileira*. São Paulo, Difusão Europeia do Livro, 1960-1964 (já publicados: 5 vols.).

CALMON, Pedro. *História social do Brasil*. São Paulo, Companhia Editora Nacional, s. d. (3º tomo), 3 vols.

CALÓGERAS, Pandiá. *A política monetária do Brasil*. Trad. de T. Newlands Neto. São Paulo, Companhia Editora Nacional, 1960; *Formação histórica do Brasil*. 4ª ed., São Paulo, Companhia Editora Nacional, 1945 (caps. XIII-XIV).

CARONE, Edgar. *A República Velha*: instituições e classes sociais. São Paulo, Difusão Europeia do Livro, 1970; *A Primeira República* (1889-1930). São Paulo, Difusão Europeia do Livro, 1969; *Revoluções do Brasil contemporâneo*. São Paulo, Desa, 1965.

COUTINHO, Afrânio (org.). *A literatura no Brasil*. Rio de Janeiro, Livraria São José, 1959, vol. III, tomo 1.

CRUZ COSTA, João. *Panorama da história da filosofia no Brasil*. São Paulo, Cultrix, 1960; *Contribuição à história das ideias no Brasil*. Rio de Janeiro, Livraria José Olympio Editora, 1956; *A filosofia no Brasil*. Porto Alegre, Edição da Livraria do Globo, 1945.

DIAS, Everardo. *Histórias das lutas sociais no Brasil*. São Paulo, Edaglit, 1962.

DONGHI, Tulio Halpering. *Historia contemporanea de América Latina.* Madri, Alianza Editorial, 1969.

FIGUEROA, Frederico Brito. *Ensayos de historia social venzolana.* Caracas, Publicaciones de la Dirección de Cultura de la Universidad Central, 1960.

IANNI, Constantino. *Homens sem paz: os conflitos e os bastidores da imigração italiana.* São Paulo, Difusão Europeia do Livro, 1963.

IGLÉSIAS, Francisco. "Estudo sobre o pensamento reacionário: Jackson de Figueiredo", *Revista Brasileira de Ciências Sociais*, Belo Horizonte, II-2, 1962, p. 3-52.

LIMA, Rui Cirne. *Pequena história territorial do Brasil.* 2ª ed., Porto Alegre, Livraria Sulina, 1954.

LINS, Ivan. *História do positivismo no Brasil.* São Paulo, Companhia Editora Nacional, 1964.

LOWENSTEIN, Karl. *Brazil under Vargas.* Nova York, MacMillan, 1942.

LUZ, Nícia Vilela. *A luta pela industrialização do Brasil.* São Paulo, Difusão Europeia do Livro, 1961.

LYRA, Heitor. *História da queda do Império.* São Paulo, Companhia Editora Nacional, 1964, 2 vols.

MALTA, Octavio. *Os tenentes na revolução brasileira.* Rio de Janeiro, Civilização Brasileira, 1969.

MARTINS, Wilson. *O Modernismo* (vol. IV de *A literatura no Brasil*). São Paulo, Cultrix, 1965.

MILLIET, Sergio. *Roteiro do café e outros ensaios.* São Paulo, Departamento da Cultura da Municipalidade, 1941.

MORAZÉ, Charles. *Les trois ages du Brésil.* Paris, A. Colin, 1954.

MORSE, Richard. "Urbanization in Latin America", *Latin America Research Review*, Austin, I-1, 1965, p. 35-74; *De comunidade a metrópole*, Biografia de São Paulo. Trad. de A. Madeira Kerberg. São Paulo, Comissão do IV Centenário da Cidade de São Paulo, 1954; "São Paulo in the nineteenth century: economic roots of the metropolis", *Inter-American Economic Affairs*, 5-3, 1951, p. 3-39; "São Paulo in the twentieth century: social and economic aspects", *Inter-American Economic Affairs*, 8-1, 1954, p. 3-60.

MOTA, Carlos Guilherme. *Atitudes de inovação no Brasil*. Lisboa, Livros Horizonte, LDA, 1971; (org.). (*1789-1801*). *Brasil em Perspectiva*. São Paulo, Difusão Europeia do Livro, 1968; "Europeus no Brasil na época da independência", *Anais do Museu Paulista*, São Paulo, 1965, p. 11-25, tomo XIX.

MURICY, Andrade. *A nova literatura brasileira*. Porto Alegre, Livraria Globo Editora, 1936.

OLIVEIRA LIMA, Manoel de. *O movimento da independência, o império brasileiro*. 4ª ed., São Paulo, Companhia Melhoramentos, 1962.

OLIVEIRA TORRES, João Camilo de. "As Forças Armadas como força política", *Revista Brasileira de Estudos Políticos*, Belo Horizonte, nº 20, 1966, p. 39-48; *Estratificação social no Brasil*. São Paulo, Difusão Europeia do Livro, 1965; *A formação do federalismo no Brasil*. São Paulo, Companhia Editora Nacional, 1961; *O presidencialismo no Brasil*. Rio de Janeiro, Edições "O Cruzeiro", 1961; *O positivismo no Brasil*. Petrópolis, Vozes, 1943.

SANTOS, José Maria dos. *Os republicanos paulistas e a abolição*. São Paulo, Livraria Martins, 1942; *A política geral do Brasil*. São Paulo, J. Magalhães, 1930.

SILVA, Hélio. *1932: a guerra paulista*. Rio de Janeiro, Civilização Brasileira, 1967; *1931: os tenentes no poder*. Rio de Janeiro, Civilização Brasileira, 1966; *1930: a revolução traída*. Rio de Janeiro, Civilização Brasileira, 1966; *1926: a grande marcha*. Rio de Janeiro, Civilização Brasileira, 1965; *Sangue na areia de Copacabana*. Rio de Janeiro, Civilização Brasileira, 1964.

SKIDMORE, Thomas E. *Politics in Brazil, 1930-1964*. Nova York, Oxford University Press, 1967.

TANNENBAUM, Frank. *Mexico: the struggle for peace and bread*. Nova York, Alfred Knopf, 1962; *Slave and citizen*. Nova York, Vintage Books, 1946; *Ten keys to Latin America*. Nova York, Vintage Books, 1966.

TAPAJÓS, Vicente. *História do Brasil*. 2ª ed., São Paulo, Companhia Editora Nacional, 1946 (caps. VI-IX).

VICTOR, Mário. *Cinco anos que abalaram o Brasil: de Jânio Quadros ao Marechal Castelo Branco*. Rio de Janeiro, Civilização Brasileira, 1965.

VIOTTI DA COSTA, Emília. *Da senzala à colônia*. São Paulo, Difusão Europeia do Livro, 1966.

WERNECK SODRÉ, Nelson. *História militar do Brasil*. Rio de Janeiro, Civilização Brasileira, 1965; *História da burguesia brasileira*. Rio de Janeiro, Civilização Brasileira, 1964; *Raízes históricas do nascimento brasileiro*. Rio de Janeiro, Instituto Superior de Estudos Brasileiros, 1960; *Introdução à revolução brasileira*. Rio de Janeiro, Livraria José Olympio Editora, 1958; *Formação da sociedade brasileira*. Rio de Janeiro, Livraria José Olympio Editora, 1944; *História da literatura brasileira*. Rio de Janeiro, Livraria José Olympio Editora, 1940; *Oeste: ensaio sobre a grande propriedade pastoril*. Rio de Janeiro, Livraria José Olympio Editora, 1941.

5) *Alguns ensaios histórico-sociográficos ou depoimentos relevantes para o estudo do período Posterior a 1930:*[1]

AMOROSO LIMA, Alceu. *Revolução, reação ou reforma?* Rio de Janeiro, Edições Tempo Brasileiro, 1964.

ARRAIS, Miguel. *Palavras de Arrais*. Textos publicados com depoimentos de Antonio Callado, Marcio Moreira Alves, Mario Martins e Tristão de Ataíde. Rio de Janeiro, Civilização Brasileira, 1965.

ASCARELLI, Tulio. *Apresentação do Brasil*. Trad. de Olinto de Castro. São Paulo, Edições SAL, 1952.

BASTOS, Tocary Assis. *O positivismo e a realidade brasileira*. Belo Horizonte, Revista Brasileira de Estudos Políticos, 1965.

---

1 Somente foram arroladas algumas obras. Para ampliação deste pequeno rol: Philippe Charles Schmitter, José Nilo Tavares, *A bibliographical introduction to Brazilian revolution* (ed. mimeo.); e, especialmente, Nelson Werneck Sodré, *O que se deve ler para conhecer o Brasil*, Rio de Janeiro, Centro Brasileiro de Pesquisas Educacionais, 1960; Djacir Menezes, *O Brasil no pensamento brasileiro*, Rio de Janeiro, Inep, 1957; e sobre alguns documentos desse período, publicados em inglês, conforme: E. Bradford Burns, *A documentary history of Brazil*, Nova York, Alfred A. Knopf, 1966.

CARDOSO, Fernando Henrique. *O modelo político brasileiro*, apresentado em seminário na Universidade de Yale em 23/4/1971. (ed. mimeo.).

CASTRO, Sertório de. *A República que a revolução destruiu*. Rio de Janeiro, Freitas Bastos, 1932.

CENI, Franco. *Italianos no Brasil*. São Paulo, Livraria Martins Editora, s. d.

CONY, Carlos Heitor. *O ato e o fato: crônicas políticas*. Rio de Janeiro, Civilização Brasileira, 1964.

CORBISIER, Roland. *Formação e problema da cultura brasileira*. 2ª ed., Rio de Janeiro, Instituto Superior de Cultura Brasileira, 1958.

CUNHA, Euclides da. *Os sertões: campanha de Canudos*. 14ª ed. São Paulo, corrigida, Livraria Francisco Alves, 1938 (1ª ed., 1902).

DINES, Alberto; CALLADO, Antonio; ARAÚJO NETTO; CASTELLO BRANCO, Carlos; MELLO E SOUZA, Claudio; DUARTE, Eurilo; GOMES, Pedro e FIGUEIREDO, Wilson. *Os idos de março e a queda em abril*. 2ª ed., Rio de Janeiro, José Álvaro, ed., 1964.

FACÓ, Rui. *Cangaceiros e fanáticos, gêneses e lutas*. Rio de Janeiro, Livraria Civilização Brasileira, 1963.

FERREIRA, Oliveiros S. *As Forças Armadas e o desafio da revolução*. Rio de Janeiro, Edições GRD, 1964.

LIMA, Hermes. "O positivismo e a República", *Revista do Brasil*, Rio de Janeiro, 3ª Fase, II-17, 1939.

LIMA SOBRINHO, Barbosa. *Desde quando somos nacionalistas?* Rio de Janeiro, Civilização Brasileira, 1963; *A verdade sobre a Revolução de Outubro*. São Paulo, Unitas, 1933.

LOURENÇO FILHO, M. B. *Juazeiro do padre Cícero*. São Paulo, Companhia Melhoramentos, s. d.

MARIA, Padre Júlio. *O catolicismo no Brasil: memória histórica*. Rio de Janeiro, Agir, 1950.

MARTINS, Luís. *O patriarca e o bacharel*. São Paulo, Livraria Martins Editora, 1953.

MERCADANTE, Paulo. *A consciência conservadora no Brasil*. Rio de Janeiro, Saga, 1956.

MONIZ, Edmundo. *O golpe de abril*. Rio de Janeiro, Civilização Brasileira, 1964.

MOOG, Vianna. *Bandeirantes e pioneiros*. Porto Alegre, Globo, 1965.

MORAES, Walfrido. *Jagunços e heróis: a civilização do diamante nas lavras da Bahia*. Rio de Janeiro, Civilização Brasileira, 1963.

NOGUEIRA FILHO, Paulo. *Ideais e lutas de um burguês progressista: o partido democrático e a Revolução de 1930*. São Paulo, Anhembi, 1958, 2 vols.

OLIVEIRA, Franklin de. *Que é a revolução brasileira?* Rio de Janeiro, Civilização Brasileira, 1963; *Revolução e contrarrevolução no Brasil*. 2ª ed., Rio de Janeiro, Civilização Brasileira, 1962.

PEDREIRA, Fernando. *Março, 31: civis e militares no processo da crise brasileira*. Rio de Janeiro, José Álvaro, Editor, 1964.

PEREIRA, L. C. Bresser. *Desenvolvimento e crise no Brasil entre 1930 e 1967*. Rio de Janeiro, Zahar Editores, 1968.

PEREIRA, Osny. "O ISEB: o desenvolvimento e as reformas de base", *Revista Brasiliense*, São Paulo, nº 47, 1963, p. 23-41.

RODRIGUES, José Honório. *Conciliação e reforma no Brasil*. Rio de Janeiro, Civilização Brasileira, 1965; *Aspirações nacionais: interpretação histórico-política*. São Paulo, Fulgor, 1962.

ROSA, Virgínio Santa. *O sentido do tenentismo*. Rio de Janeiro, Schmidt Editor, 1933 (2ª ed., *Que foi o tenentismo?*, Rio de Janeiro, Civilização Brasileira, 1963).

RUFINO DOS SANTOS, Joel; MARTINS DE MELLO, Maurício; WERNECK SODRÉ, Nelson; ALCANTARA FIGUEIRA, Pedro de; CAVALCANTI NETO, Pedro C. Uchoa e FERNANDES, Rubens César. *História nova do Brasil*. São Paulo, Brasiliense, 1964, vol. IV.

TEJO, Limeira. *Retrato sincero do Brasil*. Porto Alegre, Globo, 1950.

TELLES, Jover. *O movimento sindical no Brasil*. Rio de Janeiro, Vitória, 1962.

6) *Antropologia*

ALBERSHEIM, Úrsula. *Uma comunidade teuto-brasileira (Jarim)*. Rio de Janeiro, Centro Brasileiro de Pesquisas Educacionais, 1962.

ALTENFELDER SILVA, Fernando. *Análise comparativa de alguns aspectos da estrutura social de duas comunidades do Vale do São Francisco*, publicação dos Arquivos do Museu Paranaense, N. S. Curitiba, 1955.

AZEVEDO, Thales. *Ensaios de antropologia social*. Salvador, Universidade da Bahia, 1959; *Les Élites de couleur dans une ville brésilienne*. Paris, Unesco, 1953; *Gaúchos*. Salvador, Tipografia Naval, 1943.

BALDUS, Herbert. *Tapirapé, tribo tupi no Brasil central*. São Paulo, Companhia Editora Nacional/Edusp, 1970; "Métodos e resultados da ação indigenista no Brasil", *Revista de Antropologia*, São Paulo, 10-1 e 2, 1962, p. 27-42;[2] "Tribos da bacia do Araguaia e o Serviço de Proteção aos Índios", *Revista do Museu Paulista*, N. S., São Paulo, II, 1948, p. 137-68 (com XVI pranchas fora do texto); *Ensaios de etnologia brasileira*. São Paulo, Companhia Editora Nacional, 1937 (especialmente p. 276-321, sobre problemas de mudança cultural em tribos indígenas).

BRANDÃO, Maria Azevedo. *Desenvolvimento e conduta governamental*. Salvador, Divisão de Pesquisa do Instituto de Serviço Público da Universidade da Bahia, 1965.

CARDOSO, Ruth Correia Leite. "Organização familial entre os japoneses de São Paulo", *Revista do Museu Paulista*, N. S., São Paulo, XIV, 1962, p. 277-82; "O agricultor e o profissional liberal entre os japoneses do Brasil", *Revista de Antropologia*, São Paulo, 11-1 e 2, 1963, p. 53-60; "O papel das associações juvenis na aculturação dos japoneses", *Revista de Antropologia*, 7-1 e 2, 1959, p. 101-22.

CASTALDI, Carlo. "Fatores culturais que influenciam o processo educacional dos descendentes de um grupo de imigrantes italianos na cidade de São Paulo", *Educação e Ciências Sociais*, Rio de Janeiro, 2-6, 1957, p. 323-42; "Mobilidade social em um grupo primário de imigrantes ita-

---

2 Sobre outras obras a respeito da ação indigenista no Brasil, ver a bibliografia contida neste trabalho.

lianos na cidade de São Paulo", *Educação e Ciências Sociais*, 2-5, 1957, p. 207-32; "Mobilidade ocupacional de um grupo primário de imigrantes italianos na cidade de São Paulo", *Educação e Ciências Sociais*, 2-4, 1957, p. 135-72; "Notas sobre a hierarquia das ocupações segundo os imigrantes italianos", *Educação e Ciências Sociais*, 1-3, 1956, p. 109-24.

CONSORTE, Josildeth Gomes. "A criança favelada e a escola pública", *Educação e Ciências Sociais*, Rio de Janeiro, 5-11, 1959, p. 45-60.

DIEGUES JÚNIOR, Manoel. *Imigração, urbanização, industrialização*. Rio de Janeiro, Centro Brasileiro de Pesquisas Educacionais, 1964; *Regiões culturais do Brasil*. Rio de Janeiro, Centro Brasileiro de Pesquisas Educacionais, 1960.

DURHAM, Eunice Ribeiro. "Os migrantes nacionais", em S. V. Freitas Marcondes e Oscar Pimentel, *São Paulo, espírito, povo e instituições*. São Paulo, Pioneira, 1968; *Migração, trabalho e família: aspectos do processo de integração do trabalhador de origem rural à sociedade urbano-industrial*. São Paulo, Faculdade de Filosofia, Ciências e Letras da Universidade de São Paulo, 1966 (ed. mimeo.), *Assimilação e mobilidade: a história do imigrante italiano num município paulista*. São Paulo, Instituto de Estudos Brasileiros da Universidade de São Paulo, 1966; "Mobilidade do imigrante italiano na zona rural", *Revista do Museu Paulista*, N. S., São Paulo, XIV, 1963, p. 299-310.

EDUARDO, Octavio da Costa. *The negro in Northern Brazil: a study in acculturation*. Seattle, University of Washigton Press, 1948.

FERRARI, Alfonso Trujillo. "Atitudes e comportamentos políticos do imigrante nordestino em São Paulo", *Sociologia*, São Paulo, XXIV-3, 1962, p. 159-80.

GALVÃO, Eduardo. "Estudos sobre aculturação dos grupos indígenas no Brasil", *Revista de Antropologia*, São Paulo, 5-1, 1957, p. 66-74.

HARRIS, Marvin. *Patterns of race in the Americas*. Nova York, Walker & Co., 1964; *Town and country in Brazil*. Nova York, Columbia University Press, 1956.

HUTCHINSON, Harry William. "Comunidades e fazendas", *Sociologia*, São Paulo, XX-2, 1958, p. 204-21; *Village and plantation life in Northeastern Brazil*. Seattle, University of Washington Press, 1957.

LAGENEST, H. H. Barruel de. *Marabá: cidade do diamante e da castanha*. São Paulo, Anhembi, 1958.

LARAIA, Roque de Barros e Matta, Roberto da. *Índios e castanheiros*. São Paulo, Difusão Europeia do Livro, 1967.

MAEYAMA, Takashi. *O imigrante e a religião: estudo de uma seita religiosa japonesa em São Paulo*. São Paulo, Escola de Sociologia e Política, 1967 (ed. mimeo.).

MELATTI, Júlio Cézar. *Índios e criadores*. Rio de Janeiro, Instituto de Ciências Sociais da Universidade Federal do Rio de Janeiro, 1967.

MUSSOLINI, Gioconda (org.). *Evolução, raça e cultura*. São Paulo, Companhia Editora Nacional/Edusp, 1969; "Os japoneses e a pesca comercial no litoral Norte de São Paulo", *Revista do Museu Paulista*, São Paulo, XIV, 1963, p. 283-98; "Persistência e mudança em sociedades de folk no Brasil", *Anais do XXXI Congresso de Americanistas*, São Paulo, Anhembi, 1955 p. 333-55, vol. I, "Aspectos da cultura e da vida no litoral Norte brasileiro", *Revista de Antropologia*, São Paulo, 1-2, 1953, p. 81-98; "Os pasquins no litoral Norte e suas peculiaridades na ilha de São Sebastião", *Revista Arquivo Municipal*, São Paulo, CXXXIV, 1950, p. 5-68; "O cerco da tainha na ilha de São Sebastião", *Sociologia*, São Paulo, VII-3, 1945, p. 135-147; (coautora): "Alterações da estrutura demográfico-profissional de São Paulo – da capital e do interior – num período de catorze anos", *Revista do Arquivo Municipal*, LXXXIX, 1943, p. 7-97.

OLIVEIRA, Roberto Cardoso. *Urbanização e tribalismo*. Rio de Janeiro, Zahar Editores, 1968; *O índio e o mundo dos brancos*. São Paulo, Difusão Europeia do Livro, 1964.

PEREIRA, João Baptista Borges. *A aculturação de italianos*. São Paulo, Faculdade de Filosofia, Ciências e Letras da Universidade de São Paulo, 1967 (ed. mimeo.).

RIBEIRO, Darcy. *As Américas e a civilização*, Rio de Janeiro, Civilização Brasileira, 1970, vol. II.; *O processo civilizatório*. Rio de Janeiro, Civilização Brasileira, 1968, vol. I. *A política indigenista brasileira*. Rio de Janeiro, Ministério da Agricultura, 1962.

RIBEIRO, René. *Religião e relações raciais*. Rio de Janeiro, Ministério da Educação e Cultura, 1956; *Os cultos afro-brasileiros do Recife: um estudo de ajustamento social*. Recife, Instituto Joaquim Nabuco, 1952.

SCHADEN, Egon. *Aculturação indígena*. Faculdade de Filosofia, Ciências e Letras da Universidade de São Paulo, 1964,[3] "Alguns problemas e aspectos do folclore teuto-brasileiro", *Revista de Antropologia*, São Paulo, 7-1 e 2, 1959, p. 123-35; "Aculturação de alemães e japoneses no Brasil", *Revista de Antropologia*, 4-2, 1956, p. 41-46.

STAUFFER, David Hall. "Origens e fundação do serviço de proteção aos índios", trad. de Jurn Philipson, parte publicada em português: *Revista de História*, São Paulo, X-3, 1959, p. 73-96; XI-42, 1960, p. 435-54; XI-43, 1960, p. 165-84; XI-44, 1960, p. 427-50; XII-46, 1961, p. 413-34.

VALENTE, Waldemar. *Misticismo e religião*. Recife, Instituto Joaquim Nabuco de Pesquisa Social, 1963.

VIEIRA, Francisca Isabel Schurig. *A absorção do japonês em Marília*. São Paulo, Faculdade de Filosofia, Ciências e Letras da Universidade de São Paulo, 1967 (ed. mimeo.).

VILLAS BOAS, Orlando e VILLAS BOAS, Cláudio. *Xingu: os índios, seus mitos*. Rio de Janeiro, Zahar Editores, 1972.

WAGLEY, Charles. *The latin american tradition, essays on the unity and the diversity of Latin American culture*. Nova York/Londres, Columbia University Press, 1968; *An introduction to Brazil*. Nova York/Londres, Columbia University Press, 1963; "Barreiras nas américas", *Educação e Ciências Sociais*, Rio de Janeiro, I-1, 1956, p. 5-12; *Amazon town: a study of man in the tropics*. Nova York, The MacMillan Co., 1953 (trad. de C. da Silva Costa, *Uma comunidade amazônica*. São Paulo, Companhia Editora Nacional, 1957).

WAGLEY, Charles e GALVÃO, Eduardo. *The Tenetehara indians of Brazil, a culture in transition*. Nova York, Columbia University Press, 1949 (edição brasileira: Rio de Janeiro, Ministério da Educação e Cultura, 1961).

WAGLEY, Charles e HARRIS, Marvin. *Minorities in the New World*. Nova York, Columbia University Press, 2ª ed., 1964.

---

3 Sobre as diferentes contribuições ao estudo dos contatos culturais e da aculturação entre tribos indígenas no Brasil, ver a bibliografia sistemática arrolada nesta obra.

WAGLEY, Charles; HUTCHINSON, Harry W.; HARRIS, Marvin e ZIMMERMAN, Ben. *Races et classes dans le Brésil rural*. Paris, Unesco, s. d.

WILLEMS, Emílio (ver anteriormente, entrada em Sociologia). *Followers of the new faith, culture change and the rise of protestantism in Brazil and Chile*. Nashville, Vanderbilt University, 1967; *Aspectos da aculturação dos japoneses no estado de São Paulo*. São Paulo, Faculdade de Filosofia, Ciências e Letras da Universidade de São Paulo, 1948.

WILLEMS, Emílio; e MUSSOLINI, Gioconda. *Buzios Island: a caiçara community in Southern Brazil*. Nova York, J. J. Augustin Publisher, 1952.

7) *Psicologia*

ANGELINI, Arrigo Leonardo. *O papel dos interesses na escolha da profissão*. São Paulo, Faculdade de Filosofia, Ciências e Letras da Universidade de São Paulo, 1957.

BICUDO, Virgínia Leone. "Atitudes dos alunos dos grupos escolares em relação à cor de seus colegas", Unesco-Anhembi, *Relações entre negros e brancos em São Paulo*. São Paulo, Anhembi, 1955, p. 227-310; "Atitudes de pretos e mulatos em São Paulo", *Sociologia*, São Paulo, IX-3, 1947, p. 195-219.

GINSBERG, Aniela. "Pesquisas sobre as atitudes de um grupo de escolares de São Paulo em relação com as crianças de cor", Unesco-Anhembi, *Relações entre negros e brancos em São Paulo*. São Paulo, Anhembi, 1955, p. 311-61.

LEITE, Dante Moreira, *Caráter nacional brasileiro, história de uma ideologia*. São Paulo, Pioneira, 1969; *Psicologia diferencial*. São Paulo, Desa, 1966; "Preconceito racial e patriotismo em seis livros didáticos brasileiros", *Boletim de Psicologia*, São Paulo, nº 3, Faculdade de Filosofia, Ciências e Letras da Universidade de São Paulo, 1950, p. 207-31; "Conceitos morais em seis livros didáticos primários brasileiros" (idem, p. 175-206).

MARTUSCELLI BORI, Carolina. "O julgamento das ocupações" e "O indivíduo e a mobilidade". In: HUTCHINSON, Bertram (org.). *Mobilidade e trabalho: um estudo da cidade de São Paulo*. Rio de Janeiro,

Centro Brasileiro de Pesquisas Educacionais, 1960 caps. 3 e 10; "Uma pesquisa sobre aceitação de grupos nacionais, grupos 'raciais' e grupos regionais em São Paulo", *Boletim de Psicologia*, nº 3, São Paulo, Faculdade de Filosofia, Ciências e Letras da Universidade de São Paulo, p. 53-73.

SANTOS, Oswaldo de Barros; PIRES, Nelson de Campos; NEDER, Mathilde; VIEIRA da Cunha, Mário Wagner e RUDOLFER, Noemy Silveira. *Problemas psicológicos da industrialização*. São Paulo, Fórum Roberto Simonsen, 1959.

8) *Geografia*

AB'SABER, Aziz Nacib. "A cidade de Manaus (Primeiros Estudos)", *Boletim Paulista de Geografia*, São Paulo, nº 15, 1953, p. 18-45.

ANDRADE, Manoel Corrêa de. *A terra e o homem no Nordeste*. São Paulo, Brasiliense, 1963.

ARAÚJO FILHO, J. R. de. *A baixada do rio Itanhaém*. São Paulo, Faculdade de Filosofia, Ciências e Letras da Universidade de São Paulo, s. d.; O *café, riqueza paulista*, separata do *Boletim Paulista de Geografia*, São Paulo, nº 23, 1956.

AZEVEDO, Aroldo (org.). *Brasil: a terra e o homem*. São Paulo, Companhia Editora Nacional, 1964 (publicado o vol. I); *A cidade de São Paulo*. São Paulo, Companhia Editora Nacional, 1958, 4 vols.

AZEVEDO, Aroldo. "Embriões de cidades brasileiras", *Boletim Paulista de Geografia*, São Paulo, nº 25, 1957, p. 31-69; *Panorama da produção agropecuária brasileira em 1958*. São Paulo, Faculdade de Filosofia, Ciências e Letras da Universidade de São Paulo, 1960.

BERNARDES, Nilo. "Características gerais da agricultura brasileira em meados do século XX", *Revista Brasileira de Geografia e Estatística*, Rio de Janeiro, ano XXIII, nº 2, abr.-jun. 1961, p. 363-419.

BORGES SCHMIDT, Carlos. *Lavoura caiçara*. Rio de Janeiro, Ministério da Agricultura, 1958; "Áreas de alimentação", *Revista de Antropologia*, São Paulo, 4-2, p. 151-56; *O meio rural*. 2ª ed., São Paulo, Secretaria da Agricultura, 1946; "Paisagens rurais", *Boletim de Agricultura*, São Paulo, nº de 1942.

CARLI, Gileno de. "Geografia econômica e social da cana-de-açúcar no Brasil", *Boletim Geográfico*, Rio de Janeiro, ano VII, nº 61, p. 8-33.

CARNEIRO, J. F. *Imigração e colonização no Brasil*. Rio de Janeiro, Faculdade Nacional de Filosofia, 1950.

CARVALHO, Anna. "Contribuição para um estudo de geografia industrial", *Boletim Baiano de Geografia*, I-2, 1960, p. 37-47.

CASTRO, Josué de. "O dilema brasileiro: pão ou aço", *Revista Brasiliense*, São Paulo, nº 39, 1962, p. 10-36; *Geografia da fome: a fome no Brasil*. Rio de Janeiro, Empresa Gráfica Brasileira, 1946.

DEFONTAINES, Pierre. *Geografia humana do Brasil*. Rio de Janeiro, Conselho Nacional de Geografia, 1940.

DENIS, Pierre. *Le Brésil au XX siècle*. Paris, Librairie A. Colin, 1928.

FRANÇA, Ary. *A ilha de São Sebastião*. São Paulo, Faculdade de Filosofia, Ciências e Letras da Universidade de São Paulo, 1951; *The coffee trail and pioneer fringes* (Guia de Excursão). Rio de Janeiro, International Geographical Union, 1956.

GEIGER, Pedro Pinchas. *Evolução da rede urbana brasileira*. Rio de Janeiro, Centro Brasileiro de Pesquisas Educacionais, 1963; "Urbanização e industrialização na orla oriental da Baía da Guanabara", *Revista Brasileira de Geografia*, Rio de Janeiro, 18-4, 1956, p. 435-518.

GEIGER, Pedro Pinchas e DAVIDOVICH, Fany. "Aspectos do fato urbano no Brasil", *Revista Brasileira de Geografia e Estatística*, Rio de Janeiro, ano XXIII, nº 2, abr.-jun. 1961, p. 263-360.

JAMES, Preston Edward. *Brazil*. Nova York, The Odyssey Press, 1946; "Belo Horizonte e Ouro Preto: estudo comparativo de duas cidades", *Boletim Geográfico*, Rio de Janeiro, IV-48, 1947, p. 1.598-1.609; "Industrial development in São Paulo state, Brazil", *Economic Geography*, II, 1935, p. 258-66; "Rio de Janeiro and São Paulo", *Geographical Review*, 23, 1933, p. 271-78.

JUILLARD, Etienne. "Europa industrial e Brasil: dois tipos de organização do espaço periurbano", *Boletim Baiano de Geografia*, I-4, 1961, p. 3-10.

LE LANNOU, Maurice. *Le Brésil*. Paris, A. Colin, 1955.

MATOS, Dirceu Lino de. *Vinhedos e viticultores de São Paulo e Jundiaí*. São Paulo, Faculdade de Filosofia, Ciências e Letras da Universidade de São Paulo, 1951.

MAZZONI, Gui Tarcísio e MAZZONI, Marcos de Carvalho. *Favelas*, Documentário Arquitetônico, Belo Horizonte, nº 3, 1961.

MELLO, A. da Silva. *Nordeste brasileiro*. Rio de Janeiro, Livraria José Olympio Editora, 1953.

MELO, Mario Lacerda de. *As migrações para o Recife: estudo geográfico*. Recife, Instituto Joaquim Nabuco de Pesquisa Social, 1961.

MENDES, Renato Silveira. *Paisagens culturais da Baixada Fluminense*. São Paulo, Faculdade de Filosofia, Ciências e Letras da Universidade de São Paulo, 1950.

MONBEIG, Pierre. *Novos estudos de geografia brasileira*. Difusão Europeia do Livro, 1957; *Le Brésil*, Paris, Presses Universitaires de France, 1954; *La croissance de la Ville de São Paulo*. Grenoble, Institute et Revue de Geógraphie Alpine, 1953; *Pioniers et planteurs de São Paulo*. Paris, A. Colin, 1952; *Ensaios de geografia humana brasileira*. São Paulo, Livraria Martins Editora, 1940.

MULLER, Nice Lecocq. "Contribuição ao estudo do norte do Paraná", *Boletim Paulista de Geografia*, nº 22, 1956 (separata); *Sítios e sitiantes no estado de São Paulo*. São Paulo, Faculdade de Filosofia, Ciências e Letras da Universidade de São Paulo, 1951.

PETRONE, Pasquale. *A baixada do Ribeira*. São Paulo, Faculdade de Filosofia, Ciências e Letras da Universidade de São Paulo, *Boletim*, nº 283, Geografia, nº 14, 1966; "As indústrias paulistanas e os fatores de sua expansão", *Boletim Paulista de Geografia*, São Paulo, nº 14, 1953, p. 26-37.

ROCHE, Jean. *La Colonisation allemande et le Rio Grande do Sul*. Paris, Institut des Hautes Études de l'Amérique Latine, 1959; "Porto Alegre, metrópole do Brasil meridional", *Boletim Paulista de Geografia*, São Paulo, nº 19, 1955, p. 30-51.

RUE, E. Aubert de la. *Brésil aride: la vie dans la caatinga*. Paris, Gallimard, 1957.

SANTOS, Milton. *A cidade nos países subdesenvolvidos*. Rio de Janeiro, Civilização Brasileira, 1965; *Zona do cacau. Introdução ao estudo geográfico*. Salvador, Artes Gráficas, 1955.

SILVEIRA, João Dias da. *Baixadas litorâneas quentes e úmidas*. São Paulo, Faculdade de Filosofia, Ciências e Letras da Universidade de São Paulo, 1950 (especialmente p. 182 e ss.).

STERNBERG, Hilgard O'Reilly. "Brazil: complex giant", Berkeley, Center for Latin American Studies, Reprint nº 169, 1965; "Land and man in the tropics", Berkeley, Center for Latin American Studies, Reprint nº 174, 1964.

TRICART, Jean. "A contribuição do Centro de Geografia Aplicada para a *Mise en Valeur* do Estado da Bahia", *Boletim Baiano de Geografia*, I-3, 1960, p. 35-48.

VALVERDE, Orlando. *Geografia agrária do Brasil*. Rio de Janeiro, Centro Regional de Pesquisas Educacionais, 1964.

WAIBEL, Leo. *Capítulos de geografia tropical e do Brasil*. Rio de Janeiro, Conselho Nacional de Geografia, 1958; "Princípios da colonização europeia no sul do Brasil", *Revista Brasileira de Geografia*, Rio de Janeiro, XI-2, 1949, p. 159-222; "As zonas pioneiras do Brasil", *Revista Brasileira de Geografia*, nº 4, Rio de Janeiro, ano XVII, 1955, p. 389-417.

WANDERLEY, Alberto. *Transportes no Brasil*. Belo Horizonte, Faculdade de Ciências Econômicas da Universidade de Minas Gerais, 1959.

9) *Educação*[4]

ABREU, Jayme. *A Educação secundária no Brasil*. Rio de Janeiro, Cileme, 1955.

---

4 Como sucede com as bibliografias anteriores, esta enumeração tem em vista os centros de interesses já mencionados. Ela poderá ser facilmente completada por meio das bibliografias fornecidas em Fernando de Azevedo, *A cultura brasileira* (loc. cit., ao fim de cada capítulo) e pelas indicações contidas em *Bibliografia brasileira de educação*, Rio de Janeiro, publicação do Centro Brasileiro de Pesquisas Educacionais. Seria impraticável mencionar aqui as principais leis recentes sobre educação ou os aspectos estatísticos e administrativos da organização do ensino no Brasil contemporâneo.

ALMEIDA Júnior, A. *E a escola primária?*, São Paulo, Companhia Editora Nacional, 1959.

AZEVEDO, Fernando. *A cultura brasileira*. 2ª ed., São Paulo, Companhia Editora Nacional, 1944 (terceira parte, p. 287-456); *A educação e seus problemas*. 3ª ed., São Paulo, Edições Melhoramentos, 1953; *A educação pública em São Paulo*. Companhia Editora Nacional, 1937; *Novos caminhos e novos fins: uma nova política de educação no Brasil*. 2ª ed., São Paulo, Companhia Editora Nacional, 1934; *A reforma do ensino no Distrito Federal*. São Paulo, Companhia Editora Nacional, 1929.

BOLONHA, Ítalo. *O preparo da mão de obra na fase de industrialização do Brasil*. São Paulo, Senai, 1957.

BREJON, Moisés. *Racionalização do ensino industrial: resultados de uma pesquisa*. São Paulo, Faculdade de Filosofia, Ciências e Letras da Universidade de São Paulo, 1962.

CALDEIRA, Clóvis. *Menores no meio rural: trabalho e escolarização*. Rio de Janeiro, Centro Brasileiro de Pesquisas Educacionais, 1960.

CARDOSO, Fernando Henrique e IANNI, Octavio. "As exigências educacionais da industrialização", *Revista Brasiliense*, São Paulo, nº 26, 1959, p. 141-68.

Centro Regional de Pesquisas Educacionais de Recife, *Educação e região, problemas de política e administrações escolares no Nordeste brasileiro*: Recife, MEC-INEP, 1966.

CHAGAS, Valnir. *A reforma universitária e a Faculdade de Filosofia*. Fortaleza, Imprensa da Universidade do Ceará, 1961.

DANNEMANN, Robert N. *Mobilização de recursos humanos: aspectos demográficos e de formação profissional*. Rio de Janeiro, Departamento Nacional do Senac, 1964.

FARIA Góis Filho, Joaquim. *Produtividade: aspecto educacional*, Rio de Janeiro, Instituto de Ciências Sociais da Universidade do Brasil, 1960.

FERNANDES, Florestan. "Dados sobre a situação do ensino", *Revista Brasiliense*, São Paulo, nº 30, 1960, p. 67-138.

FREIRE, Paulo Reglus Neves. *Educação e atualidade brasileira*. Recife, Escola de Belas-Artes de Pernambuco, 1959.

HAVIGHURST, Robert J. et al. *La sociedad y la educación en América Latina*. Buenos Aires, Eudeba, 1962.

Lei nº 4024. *Fixa as diretrizes e bases da educação nacional*. Brasília, 20/12/1962; edição da Faculdade de Filosofia, Ciências e Letras da Universidade de São Paulo, Seção Gráfica, 1962.

LEMME, Paschoal. *Estudos de Educação*. Rio de Janeiro, Livraria Tupã, 1953 (especialmente partes três e quatro, sobre a situação do ensino em 1945 e em 1950).

LOURENÇO FILHO, M. B. *Tendências da educação brasileira*. São Paulo, Edições Melhoramentos, 1940.

MACIEL DE BARROS, Roque Spencer (org.). *Diretrizes e bases da educação nacional*. São Paulo, Livraria Pioneira Editora, 1960.

Manifestos: 1) *A reconstrução educacional no Brasil*. Manifesto dos pioneiros da educação em 1932 (redigido por Fernando de Azevedo); reedição do Departamento de Educação do Sesi, São Paulo, s. d, 2) *Mais uma vez convocados Manifesto ao povo e ao governo* (redigido por Fernando de Azevedo); edição do Centro Regional de Pesquisas Educacionais de São Paulo, 1959.

MASCARO, Carlos Correia. *O município de São Paulo e o ensino primário*. São Paulo, Faculdade de Filosofia, Ciências e Letras da Universidade de São Paulo, 1960; *TWI no ensino e na administração: relatório de uma experiência de aplicação e de adaptação*. São Paulo, Faculdade de Filosofia, Ciências e Letras da Universidade de São Paulo, 1957.

MENUCCI, Sud. *100 anos de instrução pública (1822-1922)*. São Paulo, Salles Oliveira, Rocha & Cia., 1932.

MOACIR, Primitivo. *A instrução e a República*. Rio de Janeiro, Ministério da Educação e Saúde, 1941, 3 vols.

MONTEIRO, Duglas Teixeira. "Necessidades educacionais de áreas em expansão demográfica da sociedade brasileira: o norte do Paraná", *Estudos e documentos*, Centro Regional de Pesquisas Educacionais, 1968, vol. 6.

MOREIRA, J. Roberto. *Educação e desenvolvimento no Brasil*. Rio de Janeiro, Centro Latino-americano de Pesquisas em Ciências Sociais, 1960.

NASSAR, Raja. *Diagnóstico de uma situação educacional*. São Paulo, Serviço de Medidas e Pesquisas Educacionais, 1959 (ed. mimeo.), *Rendimento e deficiência do ensino secundário brasileiro*, São Paulo, Ms.

OLIVEIRA, Américo Barbosa de; e SÁ CARVALHO, José Zacarias. *A formação de pessoal de nível superior e o desenvolvimento econômico*. Rio de Janeiro, Capes, 1960; *O ensino, o trabalho, a população e a renda*. Rio de Janeiro, Capes, 1953.

OLIVEIRA JÚNIOR, Ernesto Luiz. *Ensino técnico e desenvolvimento*. Rio de Janeiro, Instituto Superior de Estudos Brasileiros, 1959.

PINTO, Estevão. *A escola e a formação da mentalidade popular do Brasil*. São Paulo, Companhia Melhoramentos, s. d.

PINTO, João Bosco. "A alfabetização e desenvolvimento econômico da agricultura brasileira", *Sociologia*, São Paulo, XXV-1, 1963, p. 49-64.

PLANO NACIONAL DE EDUCAÇÃO. Rio de Janeiro, Ministério da Educação e Cultura, Gabinete do Ministro, 1962.

REIS, J. *Educação é investimento*. São Paulo, Ibrasa, 1968.

RIBEIRO, Darcy. *A universidade necessária*. Rio de Janeiro, Paz e Terra, 1969; *Universidade de Brasília*. Rio de Janeiro, Centro Brasileiro de Pesquisas Educacionais, 1960.

RIBEIRO, José Querino. *Pequenos estudos sobre grandes problemas educacionais*. São Paulo, Faculdade de Filosofia, Ciências e Letras da Universidade de São Paulo, 1952; *Racionalização do sistema escolar*. São Paulo, Faculdade de Filosofia, Ciências e Letras da Universidade de São Paulo, 1954.

RODRIGUES, Milton da Silva. "Problemas atuais do ensino superior no Brasil", separata da *Revista da Pedagogia*, V-10, 1960, p. 5-23; *Educação comparada*, São Paulo, Companhia Editora Nacional, 1938 (parte sobre o Brasil, p. 233-90).

SILVA, Geraldo Bastos. *Introdução à crítica do ensino secundário*. Rio de Janeiro, Ministério da Educação e Cultura, 1959; *Educação e desenvolvimento nacional*. Rio de Janeiro, Instituto Superior de Estudos Brasileiros, 1957.

TEIXEIRA, Anísio S. *Educação no Brasil*. São Paulo, Companhia Editora Nacional, 1969; *A Educação é um direito*. São Paulo, Companhia Editora Nacional, 1968; *Educação não é privilégio*. Rio de Janeiro, Livraria José Olympio Editora, 1957; *A Educação e a crise brasileira*. São Paulo, Companhia Editora Nacional, 1956; *Educação para a democracia*, 2ª ed., São Paulo, Companhia Editora Nacional, 1953; *Relatório apresentado ao governador do Estado da Bahia (...) pelo Diretor-Geral da Instrução*. Salvador, Imprensa Oficial do Estado, 1928.

WEREBE, Maria José Garcia. *Grandezas e misérias do ensino brasileiro*. São Paulo, Difusão Europeia do Livro, 1963; *Levantamento do ensino secundário e normal do Estado de São Paulo*. São Paulo, Centro Regional de Pesquisas Educacionais, 1958.

10) *Administração*

ANDRADE, Almir. *Contribuição à história da administração do Brasil*. Rio de Janeiro, Livraria José Olympio Editora, 1950.

CADEIRA DE ADMINISTRAÇÃO ESCOLAR E EDUCAÇÃO COMPARADA, *I Simpósio Brasileiro de Administração Escolar*. São Paulo, Faculdade de Filosofia, Ciências e Letras da Universidade de São Paulo, 1961.

CAJUEIRO, Ivan Turgueneff. "As mudanças tecnológicas nas empresas rurais", *Sociologia*, São Paulo, XXIV-4, 1962, p. 291-316.

DELORENZO Neto, A. "A reorganização político-administrativa de Belo Horizonte", *Revista Brasileira de Estudos Políticos*, Belo Horizonte, nº 13, 1962, p. 170-214; *Problemas fundamentais na organização dos municípios: a reforma da Lei Orgânica*. São Paulo, Escola de Sociologia e Política, 1958; *A codificação municipal de Florianópolis*. Rio de Janeiro, Presidência da República, Serviço de Documentação, 1957.

FLEIUSS, Max. *História administrativa do Brasil*. São Paulo, Companhia Melhoramentos, s. d.

GOVERNO CARVALHO PINTO. *Plano de ação 1959-1963*. São Paulo Imprensa Oficial do Estado, 1959.

GOVERNO LOMANTO JÚNIOR. *Reforma administrativa do Estado*. Salvador, Imprensa Oficial da Bahia, 1956.

LOPEZ, Juarez Rubens Brandão. *Informação e organização: estudo de uma empresa industrial*. São Paulo, Instituto de Administração, 1960.

OLIVEIRA, Américo Barbosa de. *Exploração dos serviços públicos*. Recife, Comissão de Desenvolvimento Econômico de Pernambuco, 1963; *O desenvolvimento planificado da economia brasileira*. Rio de Janeiro, Fundação Getulio Vargas, 1946.

OLIVEIRA JÚNIOR, Ernesto Luiz de. *Produtividade. Aspecto tecnológico*. Rio de Janeiro, Instituto de Ciências Sociais da Universidade do Brasil, 1960.

OLIVEIRA PENA, Paulo Camilo de. *Introdução ao planejamento na administração pública*. Belo Horizonte, Faculdade de Ciências Econômicas da Universidade de Minas Gerais, 1959.

RIBEIRO, José Querino. *Ensino de uma teoria da administração escolar*. São Paulo, Faculdade de Filosofia, Ciências e Letras da Universidade de São Paulo, 1952.

Simpósio de Políticas Governamentais. Salvador, Instituto de Serviço Público da Universidade da Bahia, 1965.

VIEIRA DA CUNHA, Mário Wagner. *O sistema administrativo brasileiro (1930-1950)*. Rio de Janeiro, Centro Brasileiro de Pesquisas Educacionais, 1963; *A burocratização das empresas industriais*. São Paulo, Faculdade de Ciências Econômicas e Administrativas da Universidade de São Paulo, 1951.

Nota: Os estudos demográficos não foram mencionados separadamente em virtude de os economistas, sociólogos, cientistas políticos etc. tratarem dos principais aspectos da população, que poderiam interessar à presente bibliografia. Uma obra recente apresenta, comparativamente, alguns dados da estrutura e crescimento demográficos do Brasil em face de outras nações do mundo moderno (Olavo Baptista Filho, *População e desenvolvimento: interpretação da dinâmica demográfica*, São Paulo, Livraria Pioneira, 1965). Os principais estudos demográficos concernentes à população brasileira são feitos no Laboratório de Estatística do Conselho Nacional de Estatística (IBGE). *Os estudos de estatística teórica e aplicada* elaborados pelo grupo de especialistas desse laboratório podem ser facilmente compilados na enumeração contida numa das seguintes obras: Giórgio Mortara (coordenador e principal autor), *Contribuições para o estudo da demografia do Brasil* (Rio de Janeiro, IBGE, 1961); Alceu Vicente de Carvalho (coord.), *A população brasileira*, Rio de Janeiro, IBGE, 1960; *Estudos demográficos, Política de população e previsão econômica*, Rio de Janeiro, IBGE, 1964.

Outros títulos da Coleção Florestan Fernandes:

O Negro no Mundo dos Brancos
ISBN 978-85-260-1230-1
320 PÁGINAS

Capitalismo dependente e classes sociais na América Latina
ISBN 978-85-260-0152-7
152 PÁGINAS

Brancos e Negros em São Paulo
ISBN 978-85-260-1258-5
304 PÁGINAS

Leituras & legados
ISBN 978-85-260-1462-6
376 PÁGINAS

A Investigação Etnológica no Brasil e Outros Ensaios
ISBN 978-85-260-0138-1
320 PÁGINAS

Mudanças Sociais no Brasil: Aspectos do Desenvolvimento da Sociedade Brasileira
ISBN 978-85-260-1334-6
328 PÁGINAS

Impresso por :

gráfica e editora
Tel.:11 2769-9056